Freud contra Dios

Cómo la psiquiatría perdió su alma y el cristianismo perdió su cabeza

Dan Blazer

Grupo Editorial Lumen
Buenos Aires - México

Colección: **Psicología**

Título original:
Freud vs. God.
How Psychiatry Lost Its Soul & Christianity Lost Its Mind.

Publicado por InterVarsity Press, P. O. Box 1400, Downers Grove, IL 60515, EE. UU.

Traducción: Marcelo Pérez Rivas
Supervisión de texto: Pablo Valle, S. Díaz Terán
Diagramación: Damián Errante
Coordinación gráfica: Lorenzo Ficarelli
Diseño de tapa: Gustavo Macri

Todas las citas bíblicas, a menos que se lo especifique de otro modo, han sido tomadas de la *Biblia de Jerusalén*, Bilbao, Desclée de Brouwer.

ISBN 987-00-0205-6

Grupo Editorial Lumen
Viamonte 1674, (C1055ABF) Buenos Aires, República Argentina
4373-1414 (líneas rotativas) Fax (54-11) 4375-0453
E-mail: editorial@lumen.com.ar
http://www.lumen.com.ar

Atenas 42,
(06600) México D.F., México
Tel. (52-5) 592-5311 • Fax: (52-5) 592-5540
E-mail: edilumex@prodigy.net.mx

Hecho el depósito que previene la ley 11.723

LIBRO DE EDICIÓN ARGENTINA
PRINTED IN ARGENTINA

A

Bill Wilson,

quien cree de manera apasionada,

debate de manera poderosa

y se preocupa sin cesar

por los enfermos mentales.

Ìndice

Reconocimientos

Son muchas las personas que han contribuido a este volumen.

Sin embargo, soy yo, solamente, el que carga con la responsabilidad de lo que en él se dice. A cada una de ellas le reconozco su crédito por ayudarme en la formulación de mis argumentos. Ninguna de ellas, sin embargo, puede considerarse responsable por mis conclusiones.

Ross Thomson, en una de nuestras periódicas conversaciones filosóficas de los sábados por la mañana, encendió la chispa que dio inicio a este proyecto. Stanley Hauerwas me ayudó a dar forma a mis argumentos y me desafió cuando necesité que alguien lo hiciera. Además, siempre tenía para sugerirme un libro o artículo más para leer. Keith Meador, Judy y Richard Hays, Bailey Forrest, Jerry Sprange y Bobbi Hendrix leyeron, cada uno de ellos, partes del manuscrito y me brindaron retroalimentación crítica.

Sería imposible e injusto subestimar el excelente trabajo de Rachel Toor. Rachel me ayudó a encontrar mi género, el ensayo, como el medio más cómodo para compartir mis argumentaciones, estimulándome a poner "más de mí mismo" en el libro. Esto convirtió el trabajo en una experiencia gozosa. Lavon Perkins, con mucha paciencia, pasó a máquina los sucesivos borradores del manuscrito. Su personalidad agradable y complaciente, junto con su fe profunda, fue una inspiración durante los meses que llevó la preparación.

Quiero agradecer a Rodney Clapp, de IVP, tanto por sus palabras de aliento como por su lectura integral y bien pensada del original.

Por último, quiero agradecer a los que, para mí, hacen que valga la pena vivir la vida: Sherrill, Tracy y Tasha. No solamente me han apoyado en mi carrera secular, sino que también somos compañeros del alma en nuestro viaje sagrado.

Advertencia de los editores

A fin de hacer más comprensibles las referencias del libro al panorama eclesiástico en los Estados Unidos, permítasenos hacer la siguiente y muy sumaria reseña. Las iglesias protestantes se reparten entre "iglesias históricas", que derivan del la Reforma (luteranos, reformados —calvinistas—, presbiterianos, episcopales —los anglicanos en los Estados Unidos, por razones obvias, adoptaron este nombre, son también calvinistas—, congregacionalistas y metodistas), que están repartidos en todos los Estados Unidos pero son mayoritarios en el Norte y, pese a que poseen declaraciones dogmáticas o "confesiones", por lo general se manejan con una gran latitud en materia teológica; e "iglesias evangélicas" (incluyen a los bautistas y muchas otras "denominaciones" de cristianos conservadores). Excepto los bautistas, todas estas "iglesias evangélicas" tienen su origen en los Estados Unidos y son anabaptistas (no reconocen el bautismo de otras iglesias y vuelven a bautizar a sus miembros cuando llegan a la edad adulta) y fundamentalistas (corriente teológica que sostiene la infalibilidad y la inspiración literal de las Escrituras, y adhiere a una formulación doctrinal ortodoxa protestante). Al carecer, por lo general, de estructuras conexionales (que unan a una congregación con otra en una unidad administrativa, y de doctrina y práctica litúrgica uniformes), es muy frecuente encontrar entre ellos algunas diferencias importantes en lo doctrinario, lo litúrgico y todo lo relacionado con el orden eclesiástico. Dan mucha importancia a la experiencia de la conversión, que en algunos casos es condición sine qua non para pertenecer a la iglesia. En el Sur de los Estados Unidos, los evangélicos son muy numerosos, y en muchos estados, mayoritarios. De origen más reciente y en gran parte de teología fundamentalista, están también los pentecostales (que ubican la doctrina del Espíritu Santo en el centro de su reflexión teológica y su práctica eclesiástica). La Guerra de la Secesión dividió a la mayoría de las iglesias evangélicas en Iglesia (bautista, por ejemplo) del Norte e Iglesia Bautista de Sur. Esta división, que al principio fue de naturaleza política, es hasta hoy de interés teológico. Las Iglesias del Sur son netamente conservadoras y fundamentalistas. Siguiendo hacia abajo, están las sectas. Éstas se definen en cuanto tales por la heterodoxia de sus doctrinas: adventistas, mormones, ciencia cristiana, testigos de Jehová, etc. Este grupo es minoritario. Todas las iglesias protestantes practican la intercomunión (excepto algunas pocas iglesias muy conservadoras, que incluso llegan a no permitir la comunión de miembros de otras congregaciones de la misma denominación). La Iglesia católica romana fue, al principio, en los Estados Unidos, una iglesia de inmigrantes, irlandeses e italianos y, más recientemente, "latinos". Solamente las iglesias históricas, que practican el ecumenismo, aceptan a los católico-romanos como cristianos. Entre los evangélicos, la opinión está dividida. El autor de este libro es evangélico del Sur. Por lo general, las iglesias protestantes afirman la separación entre la Iglesia y el Estado.

Como editores, creemos que la utilidad de un libro como éste excede los límites eclesiales que el autor —con total honestidad— se ha impuesto. El diálogo entre la psiquiatría y el cristianismo (u otras religiones) es un imperativo perfectamente generalizable, ecuménico y acuciante.

Introducción: cristianismo y psiquiatría

Soy un cristiano que practica la psiquiatría. No es incómodo. Es tan cómodo, en realidad, que me resulta perturbador. Hay algo que falta.

En tanto médico cristiano evangélico fundamentalista, cuando empecé mi capacitación como psiquiatra iba preparado para una batalla y una oportunidad que nunca se presentaron. Temía que mis mentores en la psiquiatría intentarían volver a contar la historia de mi vida y a moldear mis creencias de tal manera que ya no podría aceptar la fe de mi herencia. Un psiquiatra se metería muy adentro de mí y me robaría a mi buen Padre que está en el Cielo. Pero eso no sucedió. Yo, por mi parte, también quería tender un puente que salvara el abismo entre la psiquiatría y el cristianismo evangélico. En retrospectiva, el deseo de salvar el abismo resultó ser innecesario, tanto para los psiquiatras como para los cristianos.

En los veinticinco años durante los que he estudiado y practicado la psiquiatría, he sido testigo de un cambio dramático y rápido, una evolución muchas veces no reconocida en el enfoque, tanto de la psiquiatría como de los cristianos, con respecto a los que padecen de perturbación emocional. Esta evolución, fundada en influencias que datan de principios del siglo XX, ha reestructurado profundamente la conversación entre la psiquiatría y el cristianismo, especialmente el cristianismo evangélico. Escribo este libro para traer a la luz lo que yo creo que está faltando en la conversación actual.

Durante la primera mitad del siglo XX, los psiquiatras, más que otros médicos, estaban preocupados con la religión, y especialmente con el cristianismo. Esta preocupación, ejemplificada en los escritos de Sigmund Freud, C. G. Jung y otros, primero me atrajo a la psiquiatría como especialidad médica, porque encontré que sus escritos se dirigían a las necesidades de las personas en sus relaciones con otros, antes que a conglomerados de partes aisladas como la vejiga o el corazón. Los cristianos, del mismo modo, se hacían preguntas con respecto a la exploración psicológica de sus creencias individuales, especialmente las creencias asociadas con el pecado, y con las teorías psicológicas que, por un lado, informaban la experiencia religiosa y, por el otro, ofrecían una guía práctica para la atención pastoral. Dentro de mi comunidad de fe, mientras yo asistía a la Facultad de Medicina, los pastores y otros líderes eclesiásticos estaban intentando combinar los principios bíblicos con algunas ideas extraídas de la psicología, para ayudar a las personas, dentro de la comunidad, que experimentaban sufrimiento emocional.

Los intereses comunes de los psiquiatras y los cristianos derivaban, como es natural, de reconocer que la enfermedad psiquiátrica era, al mismo tiempo, un problema de mal funcionamiento cerebral, un conflicto psicológico y una crisis espiritual. Estos intereses comunes llevaron, al principio, a conversaciones significativas y, más tarde, a fogosos debates entre los psiquiatras y los cristianos. Yo no podía entrar en contacto con mi comunidad de fe, o ir al hospital donde me capacitaba como psiquiatra, sin sentir la tensión de los debates. En ambas comunidades, era un extraño: los psiquiatras opinaban que debía dedicarme a la psiquiatría y los cristianos pensaban que mi compromiso lo debía al cristianismo; pero ninguno de los dos lados pensaba que pudiera o debiera estar comprometido con ambos.

Las conversaciones entre la psiquiatría y el cristianismo llegaron a su cumbre hace unos cincuenta años o un poco menos, y muy a menudo se las enfocaba como "el debate de Freud contra Dios". "Freud contra Dios" ha sido, desde el principio, una metáfora de la tensión entre la teoría psicoanalítica y la teología cristiana, que son dos visiones del mundo diferentes. Tanto los psiquiatras como los teólogos cristianos experimentaron de manera honesta e inteligente la angustia que vive la humanidad moderna.

En la última década del siglo XX, sin embargo, los psiquiatras y los cristianos (en particular, los cristianos evangélicos) parecen haber logrado un acercamiento en el cual ambos se sienten cómodos. La conversación se ha ido aquietando, el debate, para todo efecto práctico, ha terminado. Yo me siento, personalmente, más cómodo y menos desafiado en ambas comunidades, más seguro, pero mucho menos estimulado. Y creo que la tarea de zanjar el abismo apenas había comenzado cuando se la dio prematuramente por concluida.

Una conversación

Para mí, la conversación entre la psiquiatría y el cristianismo tiene un interés personal y profesional. Mi raíces están en el cristianismo fundamentalista evangélico y en la psiquiatría académica. Mi motivación para escribir este libro es repasar y reflexionar cómo fue que la conversación de hace apenas algunas décadas ha desaparecido.

La psiquiatría y el cristianismo nunca han mantenido antes mejores relaciones superficiales. Ambos se han acomodado al otro y, en cierto grado, lo han asimilado. La tensión entre lo dos, que debiera estimular progresos en nuestra comprensión de los dolores emocionales más profundos, ha cedido lugar a una cómoda separación entre el cerebro y el alma.[1] ¿Por qué? El dolor existencial y la experiencia subjetiva de la enfermedad psiquiátrica carecen de interés para los psiquiatras modernos. Mientras tanto, las implicaciones teológicas y filosóficas de los desórdenes del cerebro y las terapias psiquiátricas modernas son de escaso interés para los teólogos cristianos. Como resultado, en mi opinión, la psiquiatría ha perdido su alma y el cristianismo ha perdido su cabeza.

Mantener enfocado el problema

La bibliografía sobre la relación entre la psiquiatría y la religión podría llenar una biblioteca pública. Si le agregáramos la literatura sobre la psicología de la religión, la biblioteca podría llegar a ser bastante grande. Personalmente, esta literatura me fascina, pero será necesario que en esta presentación omita muchos temas que a mí o a otros podrían resultarnos interesantes. En otras palabras, no deseo escribir un tratado histórico y teológico-filosófico sobre el tema. En cambio, presento mi argumentación, en la forma de un ensayo, extraído principalmente de mi experiencia como psiquiatra académico profesional y, al mismo tiempo, cristiano evangélico. Creo que mi experiencia puede generalizarse a la dominante falta de conversación entre los psiquiatras y los cristianos. De manera que apoyo lo que digo con aquello que creo es la parte central de esta biblioteca, y no con referencias exhaustivas de la abundante bibliografía existente.

Un libro que describa y reflexione sobre la psiquiatría y el cristianismo omitirá necesariamente temas históricos y actuales significativos sobre la interacción entre la religión y la psiquiatría. La psiquiatría interactúa con otras religiones, además del cristianismo: la fe judía, el islam y las religiones orientales (que probablemente se han concentrado en la mente más que otras religiones). La psiquiatría que se practica entre los judíos ortodoxos o los musulmanes fundamentalistas posee cualidades muy distintas de las de la psiquiatría que se practica entre los cristianos. Por ejemplo, un psiquiatra que trata de su abuso y dependencia con respecto al alcohol a un paciente musulmán estricto (¡también sucede!) cuenta con el respaldo pleno de la autoridad del Estado y con una fuerte presión por parte de los pares de su paciente, que refuerzan cualquier prescripción de abstinencia por parte del profesional. Aun la recomendación de orar ayuda al psiquiatra a reforzar las sanciones morales de islam, porque el musulmán alcohólico ora junto con todos los otros musulmanes fieles.

En mi tratamiento del tema, presto menos atención a la Iglesia católica que a los distintos grupos protestantes, porque creo que la conversación de la Iglesia católica con la psiquiatría es cualitativamente diferente de la conversación con el cristianismo protestante. Por ejemplo, el psiquiatra no católico, sea religioso o no, muy a menudo no puede entender la fuerza y el apoyo que el paciente católico recibe de las prácticas sacramentales de la Iglesia. Estas prácticas podrán parecerle ritualistas y forzadas al protestante, quien con mucha facilidad las descartaría como poco sanas.

Tampoco me dedico a explorar algunas variantes significativas del cristianismo histórico protestante de primera línea o de algunas iglesias evangélicas. La iglesia afroamericana, por ejemplo, tiene un interés particular en la pertinencia de la fe en situaciones de sufrimiento emocional y social. La cantidad de afroamericanos de ambos sexos que recurren a servicios de psiquiatras es proporcionalmente menor a la de otros grupos, así como sigue siendo sorprendente, en los Estados Unidos o Europa, la escasa cantidad de psiquiatras afroamericanos. Si los psiquiatras en general subestiman el apoyo que puede brindar la religión a las personas que sufren problemas emocionales severos, también subestiman el papel central que juega la iglesia negra en la vida de las comunidades afroamericanas. La iglesia ha llegado a ser el punto desde donde se extienden tanto los poderes espirituales como los poderes políticos hacia todos los rincones de la vida de la comunidad afroamericana. Los dirigentes negros de la iglesia son no solamente colaboradores privilegiados sino incluso indispensables; como, por ejemplo, en los problemas que plantea el abuso en el consumo de drogas. Pero en este libro me concentro en las relaciones entre mi propia tradición religiosa, el cristianismo protestante evangélico, y la psiquiatría.

No enfoco otras profesiones de la salud mental cuyos profesionales también están preocupados con el sufrimiento emocional y lo enfocan desde sus creencias religiosas. Éstos incluyen a los psicólogos, los trabajadores sociales, los médicos que no son psiquiatras y las enfermeras. No repaso aquí en profundidad los diversos tratamientos del tema con respecto a la mente y el cerebro a la luz de los descubrimientos más recientes sobre las funciones del cerebro, un tema desarrollado recientemente por algunos filósofos, teólogos y psicólogos. La psicología, como disciplina, ha participado más de cerca que la psiquiatría en la investigación sobre la mente y el alma. Entidades académicas, tales como la asociación para los temas relacionados con la religión y los valores en el cuidado pastoral y el asesoramiento, o Asociación Cristiana de Estudios Psicológicos, están dominadas por los psicólogos y no por los psiquiatras. Hay una división (División 36) de la Asociación Psicológica Estadounidense *(American Psychological Association)* que se dedica al estudio de la psicología y la religión. Además, con el correr de los años, y hasta de los siglos, se ha desarrollado un movimiento para integrar la psicología y la religión-teología. En contraste, la psiquiatría, especialmente en los años más recientes, se ha desviado de la tarea de la interpretación, muy posiblemente como principio de otros acomodamientos de mayor calibre. De manera que escribo desde la perspectiva de mi propia profesión: la psiquiatría. Aún así, mi perspectiva resultará extraña a los psiquiatras no cristianos y, en cierto grado, también a los protestantes de las iglesias históricas. El peso numérico de los cristianos evangélicos, para no mencionar la influencia política de la llamada "derecha religiosa" en los Estados Unidos, establece la pertinencia de mi perspectiva. Sin embargo, algunos podrían cuestionar si yo, o cualquier otra persona para el caso, puede representar con exactitud el pensamiento evangélico. Dentro de la comunidad evangélica, las diferencias son significativas. Por ejemplo, los miembros de mi propia tradición de fe podrían discutir si tengo el derecho de adjudicarme la etiqueta de evangélico o de protestante. Soy miembro de la Iglesia de Cristo, en su variedad no instrumental.* Nos des-

* Esto significa que rechazan el uso de instrumentos musicales en la liturgia, limitándose a cantar *a capella* en un marco de silencio. (N. de T.)

cribimos a nosotros mismos como miembros de un movimiento de restauración; es decir, nuestra intención es rescatar el cristianismo de las influencias históricas, sean éstas católicas, protestantes o *evangélicas*, y restaurar la única iglesia verdadera del siglo I de la era cristiana. Aún así, para los propósitos de este libro, creo que hablo desde la perspectiva de decenas de millones de cristianos alistados en las filas de las iglesias evangélicas.

Dos fuerzas

Cuento la historia de dos fuerzas que fueron dominantes en la última década del siglo XX, a saber, la industria del asesoramiento pastoral cristiano evangélico y la neuropsiquiatría.

No soy filósofo. Soy un psiquiatra profesional que trata como pacientes también a los cristianos que sufren de enfermedades psiquiátricas y que examina la teoría a la luz de esta práctica. Sin embargo, tanto las necesidades percibidas de los pacientes como las respuestas que reciben de los psiquiatras adoptan su forma a partir de la acción de ciertas fuerzas que, creo, son exteriores a la teoría psiquiátrica y a la teología cristiana. Muy a menudo ni siquiera se las reconoce.

Por ejemplo, el deseo de recibir alivio inmediato de ciertos problemas específicos ha llevado, tanto a muchos cristianos como a muchos psiquiatras, a buscar y prescribir soluciones rápidas, brindando poca atención a la totalidad de la persona. Estas fuerzas han llevado a los consejeros cristianos y a los psiquiatras a ignorar o negar la dimensión existencial del sufrimiento emocional más severo, a descuidar la historia de vida del paciente, a separar la historia de vida de la historia cristiana de una misma persona, a trivializar la comunidad cristiana como fuente de sanidad, y a adaptarse superficialmente el uno al otro en el discurso, en vez de tomarse el trabajo de entrar en un diálogo significativo. Los psiquiatras y los cristianos, en gran parte, han drogado o negado el dolor y el sufrimiento, y han quitado énfasis a la importancia de mantener las historias muchas veces perturbadas de las vidas individuales dentro del marco de una cierta comunidad de vida.

De manera que ofrezco a mis lectores una crítica tanto de los psiquiatras como de los cristianos que trabajan de manera paralela para aliviar los sufrimientos emocionales. Y, al hacer esto, recuerdo la historia de una conversación que en una época se mantuvo, pero que hoy se ha abandonado. Y propongo que, cuando los psiquiatras y los cristianos reflexionen de manera honesta sobre las formas más severas de sufrimiento emocional, reconozcan que su único camino de salida atraviesa por un diálogo serio y significativo, un debate quizá tenso pero productivo. Tal como están las cosas, los psiquiatras y los cristianos mantienen hoy una conversación superficial, como podría darse en una reunión social, en lugar de sentarse a ambos lados de una mesa para mantener una conversación seria. Quizá tanto los psiquiatras como los cristianos podrían aprender del poeta Rainer María Rilke cuando dice en sus *Cartas a un joven poeta:*

> Cualquiera que los contemple seriamente [el amor y el matrimonio], descubrirá que no es posible encontrar regla general alguna que esté basada en el acuerdo mutuo... Las exigencias que el dificultoso trabajo del amor plantea a nuestro desarrollo son mayores que el tamaño de nuestras vidas, y como principiantes no estamos a la altura de su desafío. Pero, si mantenemos nuestra posición y aceptamos el amor como una *carga* y un aprendizaje, en vez de perdernos en un juego liviano y frívolo, donde muchos se han escondido de la exigencia más grave de su existencia, quizá los que vengan después de nosotros percibirán un pequeño progreso y un cierto alivio; y eso será mucho.[2]

No espero que los psiquiatras y los cristianos contraigan matrimonio en el plano de sus puntos de vista. Sin embargo, tanto los psiquiatras como los cristianos están comprometidos con muchas personas que sufren dolor emocional. Si verdaderamente nos preocupan aquellos con quienes nos ocupamos, debiéramos asumir la carga de la conversación y el debate. Entonces, vamos a poder empezar a esperar de manera realista que haya un "pequeño progreso" en nuestras propias capacidades como terapeutas de personas con problemas emocionales severos.

Mi historia

Creo que mi propia historia ofrece un ejemplo de la rapidez con que uno puede caer en el acomodamiento fácil y evitar la carga de la conversación seria. Por eso, describo mis temores iniciales ante la psiquiatría, mi inesperada pero prontamente aceptada comodidad como psiquiatra y las preguntas quejumbrosas de los pacientes con los que he trabajado. Estos pacientes, a su vez, me han obligado a no mantener una conversación exclusivamente interior sino a exponer mis conflictos y mi ignorancia desnuda a los demás.

Escribir este libro es probablemente la tarea más difícil que he emprendido como psiquiatra académico. Sin embargo, es una tarea que no me acarreará créditos en cuanto psiquiatra. Ya he establecido mi reputación y he progresado bastante en las filas académicas. Este libro no contará como uno de mis logros académicos, porque no es el producto de una tarea escolástica rigurosa. Antes bien, en él intento explorar y expresar preocupaciones que me acosan personalmente y no busco solamente referirme a una pregunta interesante desde un punto de vista intelectual.

El trabajo en este libro me ha obligado asumir otro desafío: cruzar los límites de la zona académica dentro de la cual me siento cómodo. He presentado mis ideas y creencias a teólogos profesionales, y a los mismos consejeros cristianos y psiquiatras que critico. En otras palabras, he ampliado y hecho más profundas mis propias relaciones. Esta exposición ha sido estimulante, porque me ha abierto todo un mundo nuevo de investigación intelectual y me ha dirigido a escritos que hacen referencia a las mismas cuestiones que me preocupan a mí; libros de cuya existencia no tenía siquiera idea. Algunas de las conversaciones más estimulantes y desafiantes de mi carrera se han producido como resultado de haber escrito este libro. Sin embargo, estas relaciones han puesto de manifiesto mi ignorancia en temas sobre los que creía saber algo. Había perdido la costumbre de que se me dijera que no estaba informado, que era un "aficionado" y que me faltaba pasear un poco más por las bibliotecas. Al escribir sobre la interfaz entre la psiquiatría y la religión, me siento más como un alumno que como un profesor. Y, sin embargo, creo que el esfuerzo es necesario para avanzar en un camino en el cual podría quedarme empantanado. El camino que he elegido no es el que yo esperaba, ni el que se esperaba de mí.

Crecí en la "hebilla" del *Bible belt* ("cinturón bíblico") del sur de los Estados Unidos: Nashville, estado de Tennessee. Mi familia había sido fiel al cristianismo fundamentalista por lo menos durante tres generaciones, por ambas partes, y mis padres mantenían la tradición. Desde mi perspectiva, como niño, los "fundamentos" empezaban con la Biblia como palabra infalible de Dios. Para salvarme del Infierno, tenía que aceptar las Escrituras literalmente como guía para mi vida. Y porque, como cristiano, estaba entre los salvados, yo era diferente. Estaba "separado del mundo", y esto implicaba ciertas conductas exteriores determinadas.* Tres veces por semana asistía a la fundamentalista Iglesia de Cristo. No fumaba, no bebía alcohol ni usaba malas palabras, y aun durante mi adolescencia procuraba "dar el ejemplo" a los que me rodeaban de lo que significaba ser cristiano.

En retrospectiva, reconozco que mi percepción de "ser diferente" también significaba que me separaba de la teología, la filosofía y la mayoría de las profesiones. No podía concebir mi futuro en una disciplina académica. Aún hoy me siento muy cómodo, muy como en mi propia casa, en la Iglesia de Cristo, donde sirvo como "anciano".* Es cierto que en el transcurso de mi vida mi familia eclesial ha cambiado, ha llegado a poseer mayor educación y se ha hecho menos rígida. Sin embargo, ni yo ni la Iglesia de Cristo nos hemos apartado de nuestras raíces fundamentales, simples y separatistas.

Cuando era adolescente, soñaba con llegar a ser médico misionero, para poder combinar mi interés en curar a los enfermos y mis creencias religiosas. El sueño de ser médico era un sueño de servicio, no un sueño de explorar el funcionamiento del cuerpo o de la mente. Realicé este sueño, después de mi graduación de la Facultad de Medicina y el internado, pasando dos años como misionero en África. Aun cuando no esperaba que el trabajo misionero en un país subdesarrollado fuera fácil, la idea de servir me hacía sentirme cómodo. Cada día esperaba el momento de empezar mi trabajo de ese día con la convicción de que mi trabajo y mi fe obraban de manera conjunta. ¿De qué manera más apta podía un seguidor de Jesucristo vivir la historia del "gran Sanador", ministrando las necesidades físicas y espirituales de los que sufrían?

Sin embargo, mientras aún estaba en la Facultad de Medicina, antes de ir a África, me descarrilé de mi sueño adolescente y empezaron a atraerme los escritos psiquiátricos, especialmente los de Sigmund Freud. Me di cuenta de que no me entendía muy bien a mí mismo, especialmente con ese deseo serio pero puritano de servir, y quizá de su-

* Los cristianos evangélicos y fundamentalistas son, por lo general, más puritanos que sus hermanos de las iglesias históricas. (N. de T.)

* Miembro laico de la comisión directiva de una iglesia local. (N. de T.)

frir. Freud sugería que podía estar motivado por otros factores, que nada tenían que ver con mi simple fe en Dios, y el deseo de hacer su voluntad. Sin embargo, Freud me parecía anticristiano y sus enseñanzas dominaban la psiquiatría en aquellos tiempos. De manera que, pensé, es natural que los cristianos estén en conflicto con los psiquiatras. Sin embargo, descubrí que Freud hablaba un lenguaje que apelaba a mi percepción de la naturaleza del ser humano, un lenguaje de integración y relaciones. En el tratamiento de las emociones, no solamente debían tenerse en cuenta lo biológico y lo psicológico, sino también lo cultural y lo espiritual. Y Freud iba aún más allá. Lo neurofisiológico y lo espiritual eran lo mismo. Freud parecía hablar del cuerpo y el alma como una sola cosa, que no estaba en conflicto. Para mí, Freud era un médico del alma. Yo quería ser un doctor que trabajara con mis pacientes en relación con los demás y con Dios.

Decidí capacitarme para la psiquiatría después de completar mi tiempo como médico misionero. Mis amigos y mi familia creyeron que me estaba seduciendo una carrera que no era compatible con mi fe. Sin embargo, en aquel momento, el potencial de curar las emociones dolorosas parecía valer el conflicto interno que se me plantearía como cristiano en la psiquiatría secular. Esperé el desafío a mi fe, y que mi estilo de vida fuera considerado extraño, o aun puritano, por mis maestros y colegas. Cuando ingresé a la especialidad, en 1973, en la medida de mi conocimiento no había ningún psiquiatra entre los dos millones de miembros activos de las iglesias fundamentalistas de Cristo. Podía llegar a ser un pionero, luchando para resolver el conflicto entre la psiquiatría y el cristianismo fundamentalista, demostrando que uno podía seguir siendo un cristiano fiel al mismo tiempo que practicaba la psiquiatría. La práctica (en contraste con la teoría) de la psiquiatría freudiana no parecía estar muy lejos de lo que es la práctica cristiana de la confesión de pecados entre hermanos. El crecimiento por medio del milagro del diálogo era el fundamento tanto de la terapia psiquiátrica como de la salvación cristiana. La misión que me propuse llevar adelante podía ser mucho más difícil que el trabajo misionero en África. Tendría que enfrentar a mis colegas psiquiatras, desde afuera, al mismo tiempo que procuraba integrar la psiquiatría y el cristianismo.

Llegué a la Facultad de Medicina de la Universidad de Duke, para hacer mi especialización en psiquiatría después de haber pasado dos años en África. Me sorprendió lo que encontré. Encontré un miembro del cuerpo de profesores que era cristiano evangélico y expresaba su fe tanto en sus conversaciones informales como en su práctica profesional. ¡Hasta rezaba con sus pacientes! Y no estaba ni más ni menos aislado de la psiquiatría que se practicaba en Duke, que cualquier otro de sus colegas. No había un grupo privilegiado que fuera dueño de la situación. Entre los profesores, encontré conductistas, analistas freudianos ortodoxos, analistas junguianos, psiquiatras sociales y psicofarmacologistas. La mayor parte del cuerpo de profesores era ecléctico, combinando de distintos modos las diferentes terapias que parecían funcionar de manera efectiva. Sospecho que el Departamento de Psiquiatría de Duke era único comparado con otros departamentos de psiquiatría en los Estados Unidos hacia fines de la década del sesenta y principios de la del setenta, porque no predominaba ninguna ideología. Sin embargo, Duke estaba en la vanguardia de lo que iba a pasar en la psiquiatría durante las próximas décadas.

También me sorprendió cómo me recibieron en Duke. No solamente provenía de un trasfondo cristiano conservador. También provenía de una universidad estatal del sur. Yo temía que no solamente mis creencias religiosas sino también mi carencia de una formación académica sofisticada (incluyendo mi acento sureño) me aislarían del resto de la comunidad académica de los psiquiatras. Nada hubiera podido estar más lejos de la realidad durante mis años de estudio de la psiquiatría en Duke. Fui aceptado, guiado e incluso estimulado a seguir una carrera académica.

Y decidí hacerlo: algo que, esperaba, cristalizaría el conflicto inherente entre la psiquiatría y el cristianismo. He trabajado en el centro de la psiquiatría académica. He seguido siendo un cristiano practicante, activo en la iglesia, mis creencias apenas si cambiaron un poco y, sinceramente, me hice de una vida cómoda dentro de mi profesión y en mi comunidad de fe. Mis inquietudes académicas jamás me obligaron a explorar los conflictos teológicos o filosóficos entre la psiquiatría y el cristianismo, y menos aún tuve que luchar con ellos.

¿Qué sucedió? ¿Por qué el conflicto que yo esperaba nunca se materializó? ¿Cómo puedo hacer para tratar a mis pacientes gravemente deprimidos en mi consultorio con medicación antidepresiva y una psicoterapia moderna, mientras, al mismo tiempo, enseño sobre la realidad del pecado y la inevitabilidad del sufrimiento emocional todos los domingos por la mañana en una clase de la Escuela Dominical?

Volver a abrir la conversación

Durante principios y mediados del siglo XX, se plantearon conversaciones entre algunos psiquiatras y algunos teólogos cristianos que compararon e integraron las teorías de Freud sobre el origen del sufrimiento emocional y las explicaciones cristianas del pecado y del crecimiento espiritual. Estas conversaciones, sin embargo, en la mayoría de los casos, alcanzaron al cristiano evangélico común, más conservador, en el banco de la iglesia. Se formó una idea algo vaga pero potente de que los cristianos practicantes creyentes debían evitar el psicoanálisis, por lo general dentro del marco del denominado "debate de Freud contra Dios". Los cristianos evangélicos tenían miedo de la psiquiatría freudiana y expresaban muy poco interés en mantener con ella diálogo alguno. Entre algunos psiquiatras, los cristianos que interpretaban las Escrituras de manera literal eran considerados emocionalmente inmaduros, y su fe se descartaba antes de otorgarle el privilegio de un examen profundo. De este modo, el conflicto entre la psiquiatría y el cristianismo conservador nunca llegó a ser importante, y en la mayoría de los casos simplemente desapareció.

Empecé mi carrera como psiquiatra en el mismo momento en que el debate de Freud contra Dios estaba haciendo mutis por el foro, tanto entre los psiquiatras como entre los cristianos evangélicos. En la actualidad, los psiquiatras y los cristianos evangélicos son amigos superficiales que se acomodan entre sí cuando es necesario, y dependen el uno del otro, llegado el caso. Los psiquiatras modernos han llegado a aceptar la fe cristiana, aunque en realidad no les interesa, y los cristianos evangélicos por lo general aceptan la psiquiatría moderna. Hay muy poco diálogo significativo que haya mediado las diferencias entre la psiquiatría predominante y el asesoramiento pastoral cristiano evangélico.

Hay un movimiento de "atención pastoral" integrado por la psiquiatría y ciertos constructos de la psicología en el cristianismo protestante tradicional, aunque los teólogos (aun algunos considerados como "liberales") suelen expresar de vez en cuando su precaución e incomodidad. Aún aquí, nunca se planteó, sin embargo, un debate serio. Los consejeros pastorales fueron los principales en aceptar y en implementar en su práctica las teorías de Freud y sus sucesores, especialmente las teorías de Carl Rogers. La terapia rogeriana ha dominado la atención pastoral durante una gran parte de la historia más reciente.

Mientras tanto, la psiquiatría ha dejado de poner el acento en Freud o Rogers. De esto ha resultado que las oportunidades para un debate entre la atención pastoral y la psiquiatría hayan sido escasas. La atención pastoral y la psiquiatría han evolucionado independientemente la una de la otra, produciéndose poca o ninguna fertilización cruzada durante los años más recientes. Sin embargo, en el lapso más prolongado de los últimos veinticinco años, ha aparecido y se ha desarrollado entre los cristianos evangélicos toda una industria del asesoramiento pastoral. Aunque los líderes de esta industria al principio atacaron a la psiquiatría, estos ataques se desvanecieron muy pronto y, hoy, el asesoramiento cristiano evangélico trabaja en paralelo tanto con la atención pastoral como con la psiquiatría, estimulando muy poca conversación o debate. No puedo negar que mis preocupaciones derivan en parte de mi incapacidad para integrar mi vida espiritual y mi vida profesional. Es decir, a veces me parece que no hay prácticamente relación alguna entre ellas. La integración es una tarea que tiene que ver con el desarrollo, a la que he dedicado muchas horas de pensamiento y oración. Es una tarea que nunca terminará del todo. Mis propios esfuerzos me servirán solamente a mí y carecen de interés para el lector. Pero sí me empuja a escribir este libro la sensación de un trabajo que queda incompleto en muchos de los pacientes con los que he pasado años, a veces años de frustración, observando su adaptación espiritual a los más graves problemas emocionales. Creo que puede desarrollarse una conversación que ayude a crecer nuestra comprensión y capacidad para atender a estos pacientes y que, por lo tanto, es de gran importancia para los psiquiatras.

¿Dónde puedo empezar? Quizás esto sea lo menos difícil. Empecé con las experiencias que me llevaron a sentirme perturbado con mi vida, demasiado cómoda. Presentaré las historias de tres personas a las que he tratado como psiquiatra y que me han planteado preguntas para las que todavía no tengo respuestas. He trabajado con cada una de estas personas durante más de diez años. Han sufrido problemas emocionales, han vivido dentro de comunidades cristianas influyentes y han expresado creencias cristianas fuertes.[3] Como cristiano, yo mismo, en una tradición de fe similar a la suya, y como psiquiatra profesional que ha vivido y trabajado con estas personas, todavía tengo incertidumbres sobre mi comprensión de sus problemas y mis intentos por ayudarlos. Las descripciones son limitadas y las preguntas que planteo están lejos de ser abarcadoras o puntuales. Sin embargo, son preguntas que tocan el alma: las relaciones de esas personas con Dios y con los demás. También tocan la mente: la comprensión de sus problemas en el contexto de sus relaciones.

1

Historias y preguntas

Los mejores médicos son los que conocen las historias de sus pacientes, del mismo modo que sus diagnósticos. Éstas son historias de sufrimiento emocional a lo largo del tiempo, en relación con los otros y con Dios. Las personas más seguras en la tradición de una fe tal como el cristianismo también son aquellas que conocen las historias, y no solamente las doctrinas, de su fe, y saben contar sus historias de sufrimiento dentro de la tradición de esas historias más amplias. La vida de una persona es una historia que está todo el tiempo desplegándose y que puede muy bien incluir un episodio de grave dolor emocional o lo que los psiquiatras denominan un desorden psiquiátrico. El episodio no puede separarse de la historia, sin embargo, y la mejor atención médica es la que incluye una buena capacidad para escuchar.

La cura del dolor emocional, lo sabemos intuitivamente (aunque nunca hayamos leído una página de Freud), puede resultar de la buena capacidad para contar historias. Sin embargo, las historias, por lo general, dejan muchas preguntas sin respuestas, porque las historias, y especialmente las historias complejas, de dolor emocional grave, no se pueden catalogar y archivar con facilidad. Las historias, por su naturaleza, dejan cabos sueltos.

Las historias de algunos de los pacientes que he tratado, aun cuando el tratamiento haya arrojado resultados satisfactorios, plantean preguntas que me llevaron a pensar que faltaba algo en la conversación entre la psiquiatría y el cristianismo. De manera que he decidido empezar mi argumentación con tres historias. Las preguntas que estas historias plantean no reciben respuesta en este capítulo. Se las usa como ejemplos de las interacciones que se dan entre la psiquiatría y el cristianismo. En el último capítulo, intento de alguna manera dar respuestas, o por lo menos señalar la dirección en la que quizá puedan encontrarse algunas respuestas. Además, cuento la historia de otro paciente. Tanto las preguntas como un avance hacia las respuestas están, mejor que en ningún otro lugar, en las historias mismas.

Barbara y sus demonios

Conocí a Barbara hace quince años. Me pidió que fuera su psiquiatra porque le habían dicho que era cristiano. En aquella época, la mayoría de los líderes de las iglesias en la zona de Durham, Carolina del Norte, conocían a los profesores de psiquiatría de la Universidad de Duke, incluyendo algunos cristianos evangélicos.

Desde la perspectiva de la psiquiatría moderna, no era difícil explicar los sufrimientos emocionales de Barbara. Sufría de esquizofrenia, una condición en la que la persona experimenta dificultades para establecer la diferencia entre lo real y lo irreal. La esquizofrenia está asociada con la locura sólo de una manera muy poco rigurosa. Es la más grave de todas las enfermedades mentales. Casi todos atribuyen la esquizofrenia a un funcionamiento defectuoso del cerebro. Sin embargo, la esquizofrenia, como todas las denominadas "enfermedades mentales", no es fácil de comprender. Barbara es un buen ejemplo de esta afirmación.

Había sido tratada por numerosos psiquiatras, tanto en sus consultorios privados como en centros de salud mental, durante casi toda su vida adulta. Había tomado prácticamente todos los remedios psicotrópicos conocidos durante algún período de su prolongado tratamiento. A los treinta años de edad, cuando yo la conocí, vivía con su madre. Había trabajado en numerosos empleos, en ninguno durante demasiado tiempo. No trabajaba en el momento en que nos conocimos. Había solicitado una pensión por incapacidad para trabajar, alegando la cantidad de veces que había tenido que cambiar de trabajo. Cualquier trabajo, después de unos pocos días o semanas, se le volvía insoportable, no podía manejar la situación y renunciaba, sin aviso previo.

En la medida en que pude determinarlo, Barbara nunca fue despedida de un trabajo porque no fuera capaz de hacerlo. Barbara creía que había demonios que la asediaban, seres malignos decididos a socavar su fe y obligarla a hacer cosas que ella sabía que estaban mal. Se quedaba sentada durante horas conversando con ellos. Cuando venían los demonios, no podía trabajar.

Los "demonios" de Barbara eran típicos síntomas de su esquizofrenia. Cuando la afligían, no podía distinguir entre lo real y lo irreal. Durante largos períodos, sin embargo, los demonios la dejaban y experimentaba deseos de trabajar y de mantener una vida social más activa.

La madre de Barbara trabajaba de manera regular en un restaurante y apenas si ganaba suficiente dinero como para cubrir el alquiler y los alimentos para Barbara y para ella. El padre de Barbara había muerto cuando la niña tenía seis años. Barbara no tenía hermanos. Mientras su madre trabajaba, Barbara estaba obligada a quedarse en casa, porque vivían lejos del transporte público. Siendo que su madre trabajaba más de ochenta horas por semana, Barbara tenía pocas oportunidades para la interacción social, excepto a través de la iglesia bautista local, a la que asistían todos los domingos.

Cuando la conocí, Barbara estaba tomando varios medicamentos, incluyendo Mellaril (una droga antipsicótica usada frecuentemente para tratar la esquizofrenia). También tomaba Pamelor (un antidepresivo), Artane (para contraatacar algunos efectos colaterales indeseados de Mellaril) Y Valium (una droga ansiolítica). Ninguna medicación que Barbara hubiera tomado en el pasado o al presente había conseguido aquietar sus demonios. Sin embargo, cuando Barbara, muy de vez en cuando, decidía dejar de tomar sus remedios, siempre terminaba internada en el hospital.

En general, hasta ese momento, la medicación antipsicótica había demostrado su eficacia, calmando los síntomas de la esquizofrenia. Específicos tales como Thorazine, Mellaril y Haldol son primordialmente los responsables por el fenomenal descenso de la cantidad de pacientes o personas que requieren tratamientos de largo plazo en las clínicas y hospitales (especialmente, los grandes hospitales psiquiátricos estatales). Barbara poseía una gran tolerancia hacia los remedios que tomaba. Podía consumir grandes dosis de muchos remedios sin manifestar efectos colaterales indeseables.

Desde el principio, las sesiones con Barbara fueron agradables. Aparentemente, era una persona cálida y que se interesaba de manera genuina por los demás. A diferencia de muchas personas diagnosticadas como esquizofrénicas, Barbara era alguien con quien no resultaba difícil "conectarse". Me sugería libros que me haría bien leer (por lo general, libros evangélicos que ella había leído y encontrado interesantes). Venía muchas veces a preguntar cómo andaba y a desearme un buen día. Me decía que muchas veces oraba por mí, porque sabía que mi trabajo debía ser difícil.

Pese a sus problemas financieros, Barbara siempre encontró la manera de pagar sus cuentas de psiquiatría y, en las pocas ocasiones cuando no podía hacerlo de inmediato, me pedía perdón de manera profusa. Precisamente, debido al gasto que significaba para ella que siguiéramos viéndonos, le sugerí que considerara la posibilidad de volver al centro de salud mental, donde se la atendería sin costo alguno. Sin embargo, ella insistía en que prefería seguir viéndome a mí.

Durante los años que la conozco, Barbara ha asumido algunas conductas verdaderamente extrañas. La forma como se viste a veces resulta inadecuada e incluso embarazosa: *blue jeans* o una minifalda. Puede, por ejemplo, llegar a mezclar seis prendas distintas: *blue jeans*, una minifalda, o calcetines de distintos colores en cada pie. Muy a menudo no se peinaba, o se pintaba la cara con lápiz labial como si no tuviera un espejo para mirarse. Barbara hablaba y se reía tan fuerte que yo temía que estuviéramos molestando a mis colegas, aun cuando nuestros consultorios son relativamente a prueba de ruidos. Ríe a carcajadas muy a menudo, sin razón aparente.

Todos esos síntomas clasifican a Barbara fácilmente como esquizofrénica. Para que se le diagnostique una esquizofrenia según nuestros métodos modernos de emitir un diagnóstico, una persona debe poner de manifiesto ciertos síntomas poco usuales durante varios meses y expresar ciertas incapacidades a partir de esos síntomas. Barbara expresa creencias falsas, tal como estar convencida de que hay demonios que la acosan. También experimenta alucinaciones, o percepciones falsas, tales como escuchar que los demonios le dicen cosas. Pone de manifiesto afectos inadecuados. Es decir, sus respuestas emocionales no siempre se ajustan a las situaciones. Ha perdido capacidad de funcionamiento, porque no puede trabajar. Ha llegado a estar aislada, socialmente. El deterioro del funcionamiento en Barbara ha llegado a afectar su higiene personal y el cuidado de sí misma.

Sin embargo, Barbara es algo más que una diagnosis clásica de esquizofrenia. He encontrado una persona por debajo de esos síntomas: una persona que parecería poseer una fe real y persistente, una persona que ha llegado a ser un miembro bien integrado de una comunidad cristiana evangélica.

Ni Barbara ni su madre han desarrollado muchas interacciones sociales. Habiendo hablado con su madre durante estos años, estoy convencido de que ama a Barbara, se siente responsable por ella y tolera sus comportamientos extraños. Pero no entiende muy bien cuáles son los problemas verdaderos de Barbara. Aun cuando la madre de Barbara no expresa convicciones religiosas fuertes, ella y Barbara han encontrado una congregación de cristianos en su pequeño pueblo y se han convertido en miembros activos del grupo. Los "hermanos" visitan a Barbara durante la semana, a veces la llevan a reuniones sociales y le proporcionan transporte a y desde la iglesia, por lo menos dos veces por semana, además del domingo por la mañana, cuando Barbara y su madre van juntas a la iglesia. Antes que yo conociera a Barbara, varios miembros de la iglesia habían intentado conseguir algún trabajo para ella. Sin embargo, al descubrir su incapacidad para trabajar, no hicieron presión sobre ella. Nunca le brindaron ayuda financiera, pero estoy seguro de que lo harían si se les pidiese. Esta congregación es conocida por cuidar a los que poseen menos ventajas que la mayoría. Barbara no es la única que está recibiendo una atención especial por parte de sus miembros.

Pese a la falta de interés por la religión entre los miembros de la familia de Barbara, la comunidad en la que vive es muy religiosa. Cuando Barbara cursaba la escuela primaria, la mayoría de sus amigos asistían a la iglesia de manera regular, y Barbara empezó a ir con ellos, sin que sus padres protestaran. Estaba bien integrada en su iglesia local cuando empezó a experimentar problemas emocionales serios.

A los dieciséis años, Barbara estuvo hospitalizada durante un mes en una institución mental del Estado. Se había vuelto totalmente disfuncional y hablaba constantemente de los demonios que la poseían. Se le administraron medicamentos, mientras estuvo internada, que la ayudaron a mejorar. Cuando tomaba sus remedios, no expresaba tanta preocupación por los demonios. Cuando le permitieron salir del hospital, se reintegró sin problemas a su escuela y a la iglesia. Asistía a un centro mental de la comunidad, donde se la medicaba, mientras recibía asesoramiento de su pastor. Además, algunas mujeres mayores de la congregación se pusieron a su disposición, no sólo para aconsejarla sino, sobre todo, para ayudarla en las actividades rutinarias de cada día.

El psiquiatra local que la atendía estimuló a Barbara para que tomara parte activa en el programa que ofrecía el centro de salud mental. Barbara nunca participó en esos programas y, antes que yo empezara a verla, el único tratamiento psiquiátrico que había recibido eran los remedios que tomaba. El pastor que la asesoraba no estaba muy interesado en comunicarse con los doctores del centro de salud mental y, pese a la conducta muy extraña de Barbara, él estaba satisfecho con el asesoramiento que le brindaba y el apoyo que Barbara recibía de la congregación.

Barbara expresa afecto por sus amigos cristianos, pero muy rara vez habla de ellos. Sólo preguntándole me entero de cuán activamente y hasta qué punto de manera íntima, su congregación está comprometida con ella y con qué frecuencia ellos la ayudan. Reconoce que no podría funcionar sin su ayuda, pero no gasta demasiado tiempo hablando del valor que ellos representan en su vida. Prefiere hablar de sus creencias. "Yo sé que Dios tiene una misión especial para mí. Creo que me ha llamado para que sea misionera." Desde que la conozco, está buscando la mejor manera de servir a Dios. Por momentos, ha deseado ser ministro de la Iglesia, maestra, incluso psiquiatra. Habla a menudo de los proyectos que ha iniciado, proyectos que nunca lleva a término. En una ocasión, estaba escribiendo un libro; en otra, había empezado un curso de estudio de teología que le conferiría un grado académico por correspondencia.

Durante todos los años en que he conocido a Barbara, no puedo señalar con exactitud qué es lo que en realidad cree. Por ejemplo, hay momentos en que expresa total confianza en que Dios la ha salvado del Diablo. En otros momentos, cree que Dios la ha castigado con demonios y la ha condenado por razones que ella no puede conocer. Yo estoy convencido de que la mayor parte del tiempo (aunque no sé cuánto tiempo es eso) el contenido de su pensamiento religioso está fuertemente bajo la influencia de sus desórdenes esquizofrénicos. Sin embargo, no dudo de la realidad de la fe de Barbara.

La fe ha sido la única constante en la vida de Barbara. Creo que su fe y la ayuda que recibe de su comunidad cristiana la han librado de hospitalizaciones psiquiátricas más frecuentes y del uso excesivo de servicios psiquiátricos, aparte de la medicación que recibe. El hilo que recorre sin cortarse la historia de la vida de Barbara, una vida que a un extraño podrá parecerle un fracaso, totalmente fragmentada, es su creencia en estar creciendo y desarrollándose como cristiana. El único aspecto de su vida en el que verdaderamente ha crecido es su fe. No ha sido productiva en conseguir y mantener un trabajo, en desarrollar un margen más amplio de relaciones sociales o en asumir tareas y responsabilidades más independientes.

Barbara me intriga. En la actualidad, la veo una vez por mes durante treinta minutos. Controlo que esté tomando sus medicamentos, porque es evidente que cuando deja de tomarlos los demonios vuelven. La estimulo a seguir participando en su congregación local, porque a veces cree que los demonios han entrado en la congregación y entonces busca distanciarse. La he entusiasmado a volver a la escuela, a trabajar con el centro de salud mental de la comunidad, insertándose en alguno de sus programas de atención ambulatoria y a conseguir trabajo en un taller protegido, todo esto sin resultado alguno.

En un análisis, Barbara es más o menos la misma que cuando la conocí hace quince años. Quizá no ha tenido que ser hospitalizada con la misma frecuencia. Hay unos pocos signos de éxito que puedo señalar. Ella parece estar muy feliz y contenta con mi tratamiento. Creo que me he convertido en parte de su comunidad cristiana, una parte necesaria, puesto que soy yo quien puede prescribirle la medicación, que tan evidentemente necesita. Sin embargo, Barbara plantea muchas preguntas pertinentes sobre la conversación entre la psiquiatría y el cristianismo.

¿Quién es Barbara? No creo que pudiera trabajar con Barbara de manera efectiva sin conocerla tan a fondo y sin que ella me conozca a mí. Tampoco creo que el pastor de Barbara o sus amigos en la congregación puedan trabajar con ella de manera efectiva hasta que ellos lleguen a conocerla y ella los conozca. Me imagino que quienes mantienen una cierta relación regular con Barbara en la congregación están tan intrigados como yo por la pregunta ¿Quién es Barbara? Algunos me lo dijeron, más o menos en esas mismas palabras. Me han pedido que les "explique" qué pasa con ella.

Una barrera se levanta cada vez que intento conocer mejor a Barbara: es demasiado fácil rotularla. Cualquier psiquiatra lo dirá de inmediato: Barbara es "esquizofrénica". Desde el punto de vista de la religión, tampoco es difícil: Barbara es bautista. Pese a que, a veces, las expresiones de la fe que tiene son extrañas, muy pocos discutirían que Barbara puede clasificarse como cristiana evangélica de la variedad bautista. Por su incapacidad funcional, tanto el gobierno federal como el local rotulan a Barbara como "discapacitada". Recibe los beneficios de la seguridad social y muy pocas veces ha aparecido alguien que cuestionara si Barbara merecía este privilegio. A la mayoría de nosotros, Barbara nos haría rotularla como "loca" o quizá "rara".

De manera que Barbara es una bautista loca, una esquizofrénica discapacitada. Cada uno de estos rótulos es una barrera para establecer relaciones entre Barbara y quienes la rodean. Cuando la encajamos en el lecho de Procusto de la esquizofrenia y la discapacidad, es más fácil prescribirle un tratamiento. Cuando leemos en su rótulo que dice "esquizofrénica", cae de su propio peso que puede ayudarla una droga antipsicótica como Mellaril. Cuando se la califica de "bautista", se autoriza a una congregación bautista a desempeñar toda una serie de roles que salen al encuentro de las que ella expresa como sus necesidades específicas, porque se sienten responsables por ella. Sin embargo, estos rótulos también nos limitan, a mí, su psiquiatra, y a su comunidad cristiana.

Barbara puede ser divertida, a veces. Yo me río, verdaderamente, de sus chistes; no de ella. Me llama con frecuencia para preguntarme cómo me va y parecería ser capaz de reconocer la tensión, la que yo siento, y otros estados de ánimo que muy pocos otros percibirían. A veces, Barbara decide que necesita mejorar su vida, con la ayuda de Dios, como por ejemplo bajando de peso, y baja los veinte kilos que le estaban sobrando: una demostración de voluntad observada en muy pocos esquizofrénicos. Por lo tanto, Barbara trasciende los rótulos que le hemos colgado. Hay una persona en ella, pero nosotros hemos creado una barrera entre esa persona y nosotros.

Se han escrito libros sobre la personalidad y no tengo deseos de dedicarme aquí, ahora, a definir este concepto intuitivo.[1] Baste con decir que hay alguien y no algo que me enfrenta cuando me encuentro con Barbara. Una conversación entre la psiquiatría y el cristianismo, entre el pastor de Barbara y yo, puede ayudarnos a conocer a Barbara mejor, a la persona y no solamente a los rótulos.

¿Qué puede hacer Barbara? ¿Qué debiera hacer? Barbara es una persona sumergida en una cultura, en una comunidad. Esa cultura y comunidad, sin embargo, no tienen expectativas claras con respecto a

Barbara. Por un lado, debiera ser capaz de trabajar. Sus ideas extrañas no debieran controlar su conducta. Tendría que ser más sociable; debiera independizarse, gradualmente, de su madre. Lo más seguro es que su madre muera antes que ella, y entonces no quedará nadie que la cuide. Sin embargo, la sociedad no sabe cuáles son las cosas que Barbara puede hacer o si sus expectativas con respecto a ella son adecuadas. Recibe mensajes dispares: del Gobierno, que se ha manifestado bien dispuesto a proveerle un medio de vida a través de la seguridad social, o de su congregación, que ha aceptado su dependencia y aun algunas actitudes extrañas suyas, sin hacerle demasiadas preguntas.

Yo la he estimulado a buscar empleo, a volver a la escuela y buscar alguna forma de no tener que seguir viviendo con su madre. No ha sido capaz o no ha estado dispuesta a seguir muchas de estas sugerencias. A veces, su comunidad cristiana ha intentado disciplinarla porque ha expresado creencias que encuentran extrañas o incluso directamente heréticas. Han criticado inmediatamente algunas de sus conductas, como por ejemplo su falta de disposición para dejar de fumar. Sin embargo, no han ejercido una verdadera presión sobre ella para que se haga menos dependiente de la congregación.

No sé si Barbara tiene metas para el futuro o si es capaz de establecerse objetivos a largo plazo. Expresa, a veces, ciertos deseos suyos con respecto al futuro, muchos de los cuales, desde mi punto de vista, no son realistas. Estas metas cambian casi todos los meses. Por lo menos, cincuenta veces, durante los últimos quince años, la he oído expresar un vivo anhelo de volver a trabajar, pero no lo ha hecho. De manera ocasional, se la escucha lamentarse por cosas que no ha hecho; quisiera ser productiva y llevar una vida normal, como la gente que la rodea. A veces, se lamenta de no tener hijos. Otras veces, sin embargo, parece perfectamente satisfecha de sí misma y le da gracias a Dios por todas las bendiciones que ha recibido de Él. Las bendiciones de Dios, según Barbara, son la salud de su madre, una visita de alguna amiga o un libro que le ha producido placer al leerlo.

En los Estados Unidos de finales de siglo, la industria de la atención de la salud tiene poca paciencia con los psiquiatras que han tenido tan poco éxito objetivo como yo en mejorar el funcionamiento de pacientes como Barbara. Muy pronto, se me va a sugerir que espacie las entrevistas y que desarrolle un plan de tratamiento más comprehensivo, orientado hacia su comportamiento y con metas más claras, que demuestre la efectividad de la medicación que le estoy prescribiendo e incluya un plan de atención más estructurado, que se oriente en torno a su conducta, con una meta final que sea devolver a Barbara a su lugar de trabajo. Puedo defenderme aduciendo que he reducido el tiempo que Barbara hubiera tenido que pasar internada durante los quince años que la he tratado. Pero no es mucho más lo que puedo aducir.

Es posible, también, que la comunidad cristiana de Barbara vaya cambiando su actitud hacia ella. Situada en una población pequeña de Carolina del Norte y caracterizada por la asistencia mutua mucho más que por la autosuficiencia, esta comunidad cristiana es algo fuera de lo común. Un pastor nuevo, con una nueva orientación, cualquier conflicto que lleve a la tensión con la congregación o innumerables problemas de alguna otra naturaleza podrían plantearse que cambien esta congregación y la hagan ponerse en concierto con la religión norteamericana del individualismo, la autosuficiencia y la responsabilidad personal. Los miembros de la congregación pueden perderle la paciencia a la dependencia de Barbara y sus planes frecuentes pero nunca realizados de conseguir un trabajo, volver a la escuela o valerse sola en muchas otras tareas por el estilo.

Si estos cambios se produjeran, Barbara me preocuparía. Sospecho que no puede (o no quiere) volver a trabajar. Si se rompiera el delicado equilibrio que se ha establecido entre su atención psiquiátrica y el apoyo que recibe de su comunidad de fe, creo que las consecuencias para Barbara serían trágicas.

Pero no tengo manera de saber si lo que creo es correcto. Quizás he sido demasiado paciente con Barbara. Quizás yo vea más de lo que verdaderamente hay en la cómoda (la mayor parte del tiempo) relación con Dios que se percibe. Quizá la congregación de la que forma parte es una fantasía, un medio no realista y protegido que la ha controlado y ha limitado su habilidad para desarrollarse.

Una conversación entre el cristianismo y la psiquiatría podría responder por lo menos algunas de estas preguntas. Después de quince años, yo tengo pocas respuestas y su congregación tiene pocas respuestas. Barbara, su psiquiatra y su comunidad de fe siguen perdidos en la niebla.

El dolor poco común de Jason

Jason tenía treinta años cuando lo conocí, hace once años. Del mismo modo que Barbara, vino a mí porque yo era reconocido como un psiquiatra cristiano. No estaba del todo convencido, sin embargo, de que su problema era psiquiátrico. No creía en la "enfermedad mental", argumentando que en nuestra sociedad se llama enfermedad mental a algo que en realidad no es sino, simple y llanamente, pecado. Si una persona vivía su vida como Dios lo ordenaba, esa persona jamás podía experimentar dolor emocional o, por lo menos, demostraría el poder de voluntad que se necesita para vivir una vida cristiana productiva en medio del dolor.

Pero Jason no era un idealista, sin embargo. No esperaba estar lleno de gozo todo el tiempo, fuera cual fuera la ocasión. La vida había sido una lucha para él y, muchas veces, durante su adolescencia y sus años de adulto joven, perdió el ánimo y la esperanza.

Jason describe su adolescencia como pasablemente normal. Aunque muy pocas veces se metió en líos, tampoco se veía a sí mismo como un joven particularmente moral. Asistía a una iglesia protestante histórica, de manera irregular. Sin embargo, no fue criado en una familia cristiana. No experimentaba (o apenas si experimentaba) presiones por parte de su familia en orden a sus creencias o conducta. No se aplicaba lo suficiente (no tanto como hubiera podido) durante sus estudios en la escuela intermedia, pero aprobó con notas lo suficientemente altas como para ingresar en una universidad de la comunidad. Más tarde, se transfirió a una universidad estatal y terminó con un grado en negocios. Se empleó como gerente de un restaurante de comidas rápidas en una comunidad pequeña, mientras tomaba cursos complementarios en contabilidad en un colegio de la zona. Al completar estos cursos, se mudó a nuestra área y encontró trabajo como controlador en un negocio mediano. Unos seis meses después de recibir su título, Jason se casó con una maestra de escuela primaria.

Las experiencias religiosas de Jason lo separaron de sus pares. En el colegio, admite que perdió mucho el tiempo, quedándose sentado pero dejando que su mente vagara en el espacio. Muchas veces, hubiera preferido poder concentrarse en sus estudios y no abandonarlos, a veces, mientras su mente vagaba durante horas, preguntándose: ¿Qué significa todo esto? En su primer año en la Universidad, se lo invitó a participar en un estudio bíblico. Quedó impresionado por el entusiasmo, la concentración y la orientación que brindaba el director del estudio bíblico. Se convirtió en miembro habitual del grupo. El estudio estaba patrocinado por una iglesia local que había llegado a ser reconocida por su actitud evangelizadora agresiva. En cierta medida, ofrecía características similares a las de una secta. Jason conocía la reputación de esa iglesia pero "no había pensado en ello". Dos o tres semanas después de entrar a formar parte del grupo de estudio bíblico, Jason empezó a asistir a la iglesia. A continuación, entró a formar parte de la vida social de este grupo religioso. Conoció allí a su futura esposa, muy pronto después de hacerse miembro de la iglesia.* Ella también era miembro.

Jason creía que su vida había cambiado totalmente cuando "fue salvado" en esta iglesia. No era cuestión de volver atrás. Debía comprometerse totalmente a una vida al servicio de Jesucristo. Sin embargo, se describía como un "niño" que necesitaba mucha orientación y guía. Un hombre soltero, aproximadamente de la misma edad de Jason, se convirtió en su mentor espiritual. Aconsejaba a Jason sobre virtualmente todos los aspectos de su vida, desde sus hábitos de estudio hasta cómo llegar a ganar experiencia en el evangelismo personal. Jason no solamente asistía a los estudios bíblicos, sino que invitaba asiduamente a sus conocidos, y aun a totales desconocidos, a venir a los estudios bíblicos. Después de dos años, aproximadamente, empezó a estudiar la Biblia de manera independiente, con esta persona, convirtiéndose, a su vez, en guía espiritual. Cree que por lo menos doce personas llegaron a ser miembros de la iglesia debido a su influencia.

Jason no parecía estar sufriendo como consecuencia de su extrema devoción religiosa. Sus notas en la Universidad mejoraron, aunque nunca superó el término medio de su facultad. Pasaba algún tiempo con sus padres, aunque sus intentos de convertirlos a su nueva descubierta fe fueron poco efectivos. Sus relaciones no se deterioraron. A ellos las creencias religiosas de Jason no le despertaban ninguna sos-

* Las iglesias evangélicas y protestantes no cuentan a todos los bautizados como "miembros" de la iglesia, sino solamente a aquellos que, de alguna manera, forman parte activa de la iglesia: por su militancia, asistiendo a las celebraciones religiosas (sobre todo el "culto" dominical), contribuyendo económicamente al sostén de la iglesia que no cuenta con otros ingresos, formando parte de algunos de sus grupos de acción, etc. Anualmente se revisan sus registros y se eliminan a los que han dejado de ser activos. (N. de T.)

pecha. Mary, la esposa de Jason, compartía con él su devoción por el trabajo de la iglesia y habían arreglado sus vidas de manera que la iglesia estuviera en el centro de todo. Cuando se vio obligado a mudarse, para buscar trabajo, Jason y su esposa eligieron nuestra zona porque encontraron que en ella había un grupo religioso similar al suyo.

Sus estados de ánimo cambiantes, su falta de dirección y las dificultades para concentrarse que, según el mismo Jason, eran típicas de su adolescencia, durante la escuela media y el primer año de la Universidad, ya habían desaparecido prácticamente del todo cuando se unió a ese grupo religioso. Su nivel de energía nunca había sido tan alto, su estado de ánimo era constantemente positivo y alerta (aunque no de manera exagerada), y disfrutaba tanto de las personas en su congregación como de las personas con quienes trabajaba. Por momentos, podía llegar a tener algunos problemas en su trabajo, por su excesivo celo evangelizador, pero en general parece hacer sido bien aceptado allí. En mi trato con Jason, siempre fue muy evidente su devoción extrema. Sin embargo, no era difícil hablar con él. Yo, personalmente, lo encontraba una persona muy agradable.

Jason describía su dolor muy poco común de la siguiente manera. Recientemente había sido pasado por alto en su trabajo al producirse una promoción para la cual no se lo consideró elegible, pese a que él creía que le correspondía. Aunque se daba cuenta de que "ésta no es la cosa más importante en mi vida", toda la circunstancia había sido un gran desencanto para él. Una noche se despertó y sintió un dolor agudo y muy severo que "parecía que me cortaba por la mitad". Recuerda que le dieron ganas de llorar, pero no recuerda por qué. En retrospectiva, su estado de ánimo ya había dado muestras de apatía antes de esta experiencia dolorosa; había estado experimentando dificultades para concentrarse en el trabajo y su energía había disminuido. Sin embargo, siguió trabajando sin mayores dificultades y había continuado sus prácticas religiosas como de costumbre. Le preocupaba, sin embargo, que su vida de oración "no fuera todo lo que debía ser". Específicamente, se quejaba de que, aun cuando empleaba entre cuarenta y cinco minutos y una hora en devociones y oración (una práctica que había iniciado en sus años de escuela media), encontraba difícil concentrarse durante la oración y se preguntaba si se estaba comunicando efectivamente con Dios. Conversó con su guía espiritual sobre las dificultades que experimentaba al ponerse a orar y éste lo invitó a pensar en algún pecado que se hubiera inmiscuido en su vida, quizá sin que él mismo fuera consciente, y que estaba actuando como una barrera entre él y Dios. Jason, sin embargo, no podía identificar algo que fuera especialmente "pecaminoso". Su consejero, después de hablar sobre el caso con el pastor, decidió que Jason debía ser referido para una evaluación psiquiátrica.

No me resultó muy difícil ponerle nombre al problema psiquiátrico de Jason. Estaba pasando por un período de depresión, que los psiquiatras denominan "depresión importante con melancolía". Su estado de ánimo había cambiado, y había perdido interés en algunas actividades que en otra época le resultaban agradables o estimulantes. El cambio en el estado de ánimo resultaba claro en su persistencia, pese a que Jason no había modificado, en lo sustancial, su conducta de todos los días. Calculé que el principio de este estado depresivo databa de dos meses antes de que yo tomara contacto con él. Antes, había dedicado una parte de su día al ejercicio físico y esto sí había cambiado: ya no se ejercitaba más y su peso había subido, de manera concomitante, unas cinco libras. Jason nunca había experimentado antes un aumento de peso. Tenía dificultades para dormir. Aunque se quedaba dormido tan pronto como apagaba las luces, por lo general se despertaba a las dos o tres de la mañana y no podía volver a dormirse el resto de la noche. Este tiempo Jason lo usaba para orar, pero no sentía que su oración "llegara" a Dios.

Jason se sentía cansado todo el tiempo y su esposa reconocía que sus intereses, especialmente su interés en el sexo, habían disminuido de manera significativa. Cuando Jason entró a la iglesia, se le dijo que el esposo es responsable de iniciar relaciones sexuales con su esposa por lo menos tres veces por semana. Hacía todo lo que podía para cumplir su obligación hacia su esposa. Mary, sin embargo, había llegado a sentirse frustrada, porque las relaciones sexuales para él ahora parecían una tarea por cumplir antes que un placer para disfrutar. Jason cometía errores en su trabajo, errores que él mismo detectaba y corregía, pero que, sin embargo, no hubiera cometido en el pasado.

Cuando le hablé de una "depresión biológica, un desequilibrio químico", no pudo entender mi explicación de su problema. Él no se sentía "deprimido" y tenía tantas esperanzas para el futuro cuando lo encontré por primera vez como las había tenido en el pasado. Si sólo pudiera ordenar su vida con Dios, todo estaría bien. Sin embargo, Jason sabía que había alguna otra cosa que no andaba bien. Se concentraba en su dolor muy poco común. Algo debía funcionarle mal en el cerebro. Tenía miedo de haber sufrido algo como un derrame cerebral o alguna otra anormalidad neurológica. No atribuía este problema a ninguna fuerza sobrenatural tal como el Diablo, pero lo frustraba que su fe no lo ayudara a superar el dolor.

Jason quería que el problema mejorara pronto, de tal manera que pudiera regresar a sus actividades regulares, tanto en la iglesia como en su trabajo. Los miembros de su iglesia expresaban la misma impaciencia. Dos meses son demasiado tiempo para que alguien "se deje vencer". Aunque al principio le brindaron apoyo, sus mayores empezaron a cuestionar la sinceridad de la fe de Jason, al oírlo en repetidas y sucesivas ocasiones decir que el problema no había mejorado. También expresaron una extrema ambivalencia con respecto a su búsqueda de ayuda psiquiátrica, aun tratándose de un psiquiatra cristiano. Ellos sabían que yo condenaba muchas de su prácticas sectarias, especialmente el excesivo control que ejercían los dirigentes sobre los miembros de la iglesia. Por otro lado, se encontraron cara a cara con un problema que no sabían cómo explicar o corregir. No querían perder a Jason de su iglesia. Había sido un miembro productivo durante por lo menos tres años, en el nivel local, así como durante los siete años duante los cuales había asistido a la iglesia en la ciudad donde se había radicado para ir a la Universidad.

El grupo religioso al que pertenecía Jason era un desprendimiento de una denominación evangélica importante. Este grupo reaccionaba sobre todo contra la falta de espiritualidad y disciplina de vida que percibía en su denominación. Los líderes tenían predominantemente menos de 30 años, tendían a ser muy dinámicos y habían tenido éxito en muchas ciudades grandes de los Estados Unidos, "sembrando y cultivando congregaciones". La congregación local había crecido de un grupo de unas 35 personas, al principio, hasta más de 250, cinco años después. Jason y su esposa se habían mudado a nuestra zona, en parte, para colaborar en los esfuerzos evangelizadores de esta congregación joven, y habían sido efectivos en esta tarea. Se conocía al grupo por su negativa a aceptar cualquier tradición (secular o sagrada). No reconocían ninguna autoridad fuera de sus límites. Por ejemplo, negaban la necesidad de recibir una capacitación académica formal cualquiera para desempeñarse en el ministerio, ni siquiera recomendaban poseer una base académica para impartir asesoramiento pastoral, a menos que se estuviera buscando socavar la unidad de la iglesia. Se rechazaba en principio la terapia psiquiátrica, pero la iglesia no tenía una posición tomada al respecto. La iglesia no tenía problemas en remitir los enfermos físicos a los médicos. No creían en la sanidad por la fe, aunque oraban a favor de los enfermos. Sospecho que su interpretación del problema de Jason quedaba en algún lugar entre su reconocimiento de que podía haber problemas biológicos que perturbaran el cerebro y su sospecha de que en algunos sentidos la psiquiatría podía ser más valiosa que el asesoramiento pastoral.

Le dije a Jason que debía tomar un antidepresivo. Específicamente, le recomendé que tomara imipramina. Imipramina es un remedio que normalmente se recomienda a las personas que sufren de períodos depresivos agudos. Como la mayoría de los antidepresivos, esta droga no tiene un máximo y no es adictiva; es efectiva en el tratamiento de la mayoría de los episodios severos de depresión.

También le dije a Jason que me gustaría verlo sobre una base semirregular, para que pudiéramos hablar de sus problemas en mayor detalle. Me dijo que estaba de acuerdo con esto, siempre que sus mentores espirituales lo aprobaran. Más adelante, me dijo que sus mentores aceptaban sin ningún problema el uso de medicamentos. Siempre que no nos viéramos con demasiada frecuencia, también aceptaron la psicoterapia. Creo, sin embargo, que, si yo hubiera sugerido un tratamiento más intenso, más profundo o invasor, su comunidad cristiana hubiera respondido negativamente a mi tratamiento y probablemente hubieran recomendado a Jason buscar atención en algún otro lado y que dejara de trabajar conmigo.

Jason respondió bien a la imipramina. Su sueño mejoró casi instantáneamente y, después de las primeras tres semanas, aumentó su energía, mejoró su concentración, manifestó más interés en diversas actividades, como el sexo, así como otras cosas en las que había estado interesado en el pasado. Si hubiera calificado a Jason en una escala de mejora de los síntomas, estaba "curado". Su calificación en una escala normal de síntomas había pasado, en las pocas semanas de tratamiento con imipramina, de "moderadamente grave" a "normal".

En este momento, con perfecta buena conciencia, hubiera podido dejar de ver regularmente a Jason, mientras lo seguía por medio de los controles periódicos que eran necesarios para el control de la medicina que tomaba, hasta que la droga ya no fuera necesaria. Desde el punto de vista de su comunidad cristiana, la terapia de Jason también había sido todo un éxito. Sus quejas a la comunidad disminuyeron, y volvió a ser tan efectivo y enérgico como antes de su episodio depresivo.

Sin embargo, me perturbaba un aspecto de la recuperación de Jason, a saber, su propia percepción de lo que había sucedido. Jason nunca integró su experiencia con la depresión en la historia de su vida. El hecho lo intrigaba y lo perturbaba, y seguía buscando una explicación. Veía a Jason una vez por mes durante los primeros seis meses de su tratamiento. Las entrevistas siempre duraron una hora. Durante estas entrevistas, yo empleaba una buena parte del tiempo (quizá demasiado) explicando a Jason que sufría una enfermedad fisiológica, una depresión grave con melancolía, que había respondido bien a la medicación. Aunque Jason sentía que algo había pasado con su cerebro, no podía aceptar que sus sentimientos derivaran de un desequilibrio químico y que su dolor pudiera responder a una medicación. Al principio, quería abandonar la medicación tan rápido como fuera posible, para demostrarme que él mismo podía ejercer el control de sus síntomas depresivos. Lo intentó, en dos ocasiones desconocidas para mí, durante los seis primeros meses, disminuyendo la dosis que estaba tomando. Los síntomas depresivos volvieron a manifestarse; no podía dormir, volvió experimentar el dolor. Después de seis meses, Jason terminó aceptando la medicación, porque reconoció que funcionaba mejor con ella, pero eso no terminaba de convencerlo, porque se sentía dependiente de la droga. Un individuo responsable, una persona con una voluntad que podía aceptar o rechazar "los caminos del Señor", no debería ser prisionero de una medicación, especialmente si ésta influía en la medida en que podía afirmar su voluntad y experimentar su relación con Jesús.

Jason también tenía dificultades con la perspectiva de no poder explicar, dentro del contexto de la historia de su vida, por qué había experimentado ese dolor y angustia. ¿Por qué se había deprimido? ¿Qué había hecho? ¿Acaso Dios lo estaba probando? Se sentía especialmente perturbado porque, durante su experiencia de la depresión, había dudado de que Dios estuviera escuchando sus oraciones. Quizá Dios lo estaba tratando como había tratado a Job.

Después de haber experimentado y descubierto que necesitaba tomar su medicación si quería evitar una recurrencia de la depresión, ha estado tomando, durante diez años, la droga recomendada. Una vez por año, intenté reducir la dosis, aunque yo también descubrí que necesitaba tomarla para evitar una recurrencia. En la actualidad, veo a Jason cada seis meses. A los cuarenta años de edad, Jason tiene dos hijos y ha avanzado en su carrera como contador. Siete años después de su experiencia depresiva, atravesó una crisis de fe, según él la describe, y empezó a cuestionar algunas de las prácticas religiosas excesivas del grupo religioso al que pertenecía. Su esposa había sido la primera en expresar dudas sobre el grupo. Después de un período en el que ella y su esposo no asistieron a ninguna congregación, empezaron a ir a otra iglesia evangélica más tradicional, donde han llegado a ser hoy miembros regulares satisfechos.

Aún hoy, sin embargo, Jason no ha integrado su enfermedad depresiva a la historia de su vida. No ha experimentado otros episodios de depresión grave desde aquel episodio inicial, y el regreso de los síntomas, cuando intentaba reducir o suprimir su insumo, desaparecía al volver a la dosis prescrita. Jason había hecho abundantes lecturas, en su intento por comprender su experiencia. Había leído explicaciones seculares de la depresión grave, escritos evangélicos sobre la depresión y varios libros de autoayuda (cristianos y seculares). Ninguno lo había satisfecho. En particular, Jason no aceptaba su necesidad de una medicación para restituir un equilibrio químico en su cerebro, cuyo desequilibrio lo había llevado a pensar ciertas ideas y experimentar ciertos sentimientos. Estas ideas y sentimientos le eran extraños, estaban separados de lo demás y no encajaban en la percepción que tenía de sí mismo.

He ayudado a Jason de la mejor manera que pude. Estoy convencido de que podría encajar esta experiencia en mi propia historia. Podría explicarla, desde un punto de vista intelectual, y no perturbaría mi fe ni mi identidad. En una cierta medida, mis puntos de vistan dejan a Jason confundido y hacen que yo sienta que, aun durante todos estos años, nunca he sido capaz de establecer un verdadero lazo de empatía con este joven, con quien comparto muchas creencias y una porción importante de mi trasfondo cultural.

¿Cómo puede una persona asimilar una cura por medio de drogas en su viaje sagrado, el peregrinaje que es su vida? Los psiquiatras que examinan a una persona como Jason tienen pocas dificultades para interpretar, sea su dolor emocional, sea su respuesta a la imipramina, una droga antidepresiva. Tenemos pocas dificultades para comprender por qué Jason necesita seguir consumiendo esa droga. Algunas personas

tienden a recaer en la depresión cuando ya han sufrido un episodio depresivo, y la terapia prolongada con una droga antidepresiva puede impedir esas recaídas. Esto no quiere decir que Jason sea "adicto" a la imipramina, que la imipramina sea una muleta en la que confía, aunque no la necesita para vivir una vida relativamente normal. Antes, interpretamos la necesidad que Jason tiene de la droga como similar a la de una persona que sufre de un corazón congestivo que falla, pero responde bien al digitalis. Esa persona no es adicta al digitalis, pero es posible que deba tomar esta droga durante el resto de su vida, porque evidentemente mejora el funcionamiento de su organismo. La analogía entre el digitalis y la imipramina para mí es obvia.

Sin embargo, no es obvia para Jason. Pese a las descripciones de su episodio depresivo que Jason me ha dado a lo largo de los años y pese a sus intentos por comprenderlo, hasta hoy no entiendo qué es lo que Jason sintió. La explicación más parsimoniosa de por qué el episodio se produjo en ese momento es que sucedió de manera espontánea y tuvo un desencadenante biológico. Sigo buscando con Jason, sin embargo, hechos en su vida que puedan haber contribuido al desencadenamiento de su depresión. Para Jason, su experiencia de depresión no puede divorciarse de su vida con los otros y con Dios. Pese a la desilusión de no haber sido promovido en su trabajo, pese a los conflictos que enfrentaba en su viaje espiritual, Jason encuentra difícil, y yo también junto con él, que cualquier acontecimiento o conjunto de éstos, o cualquier quebrantamiento de relaciones, pueda haber precipitado su depresión grave.

La depresión de Jason no encaja con su historia de vida porque se produce fuera de tiempo. Es decir, no aparece en el momento en que él esperaba que sucediera. Jason hubiera aceptado mejor su depresión si ésta se hubiera producido en la época anterior a su conversión religiosa profunda, porque en aquella época no tenía a Dios y la depresión hubiera podido interpretarse como la ausencia de una relación con Dios. Aun si hubiera estado tomando algún remedio y lo hubiera seguido tomando para la depresión, el hecho de haber cambiado su vida y su "actitud" después de la conversión, le hubieran permitido a Jason entender mejor su depresión. Quizás, incluso, si la depresión hubiera ocurrido antes de que abandonara la comunidad religiosa extremista, similar a una secta, hubiera podido asociarla a ese medio restrictivo, y al alivio con su salida de ese medio (y quizás atribuido su recuperación a su crecimiento y desarrollo espiritual).

Sin embargo, no podía correlacionar la depresión con ningún hecho de su vida. Si hubiera podido siquiera asociar la depresión con alguna de las más frecuentes fuentes de tensión en la vida, como la pérdida de una persona querida, hubiera podido usar el episodio depresivo, su recuperación y su subsecuente crecimiento en la fe con un paradigma de tensión/adaptación. Por ejemplo, Jason hubiera podido ver el episodio depresivo como una respuesta a una fuente de tensión, tal como el rompimiento de una relación romántica que lo hubiera obligado a poner en juego recursos que hasta ese momento nunca había tocado, aunque estaban en él, recursos ahora disponibles porque había aprendido a adaptarse a los fracasos en sus relaciones sentimentales. Jason, sin embargo, todavía tiene que identificar alguna explicación, a fin de poder extraer algún valor o significado de la experiencia de su depresión grave.

Yo no tengo una respuesta clara con respecto a cómo Jason podría integrar su episodio depresivo en la historia de su vida. Quizá interpreté su sufrimiento emocional como algo susceptible de responder a medicamentos. Dudo, sin embargo, de que un asesoramiento tradicional prolongado, conmigo o con su pastor, hubiera servido para facilitar esta integración. Jason no estaba motivado para pasar horas con cualquiera que fuese para llegar a responder a esta pregunta, porque su experiencia con el asesoramiento pastoral o secular, así como su lectura de libros sobre el tema, no le habían servido para nada. Él mismo debía, en último término, encontrar su propia respuesta. Por mi parte, yo debo encontrar una forma de comunicarme con Jason, basada en la psiquiatría y la teología, para llegar mejor a él que en mi forma actual de comunicación.

William Styron, en *Esa visible oscuridad,*[2] brinda una descripción gráfica de un episodio depresivo que él mismo experimentó en su vejez. A causa de su fama y de su disposición para exponerse a sus lectores, y especialmente a exponer el dolor de su depresión, ha llegado a ser un orador muy popular entre los psiquiatras y los pacientes psiquiátricos. Mi lectura de *Esa visible oscuridad* es que Styron luchaba para explicar su depresión grave y estaba muy frustrado con los profesionales de la salud mental con los que trabajaba, porque se comunicaban de manera muy pobre y le ofrecían poca ayuda para comprender su depresión, así como para tratarla de manera exitosa. Durante años, Styron había escrito novelas que exploraban la necesidad de sus personajes de explicar sus acciones exteriores basándose en sus sentimientos más íntimos. Su libro *The Confessions of Nat Turner* es el ejemplo prototípico de este tipo de exploración, aun cuando la interpretación que hace Styron de la conducta de su personaje al liderar una rebelión de esclavos contra una comunidad blanca en el sudeste de Virginia no ha sido aceptada por muchos activistas afroamericanos.[3] Desde mi perspectiva, el punto más importante es que Styron, por naturaleza, busca significados, respuestas. Al enfrentar sus propias tinieblas, su propio viaje a través de la depresión, no podría aceptar una explicación médica como la única respuesta. Su experiencia depresiva, desde su punto de vista, tiene que haber estado relacionada con la historia de su vida, especialmente con sus relaciones con los otros cuando era niño.

Styron llama la atención de los psiquiatras no solamente porque es un escritor bien conocido, sino porque lucha contra una pregunta a la que los psiquiatras no han sabido cómo responder cuando sus pacientes la plantean: "¿Qué es lo que me está pasando y por qué?" Los psiquiatras han dado la bienvenida al diálogo con Styron porque él no sólo trajo la realidad del sufrimiento mental a la vista de todo el público, sino que también estimuló a los psiquiatras a reexaminar ciertos aspectos de sus psicoterapias, especialmente todo lo que tiene que ver con la relación con sus pacientes.

Ni los psiquiatras ni los teólogos hubieran prestado mucha atención a un libro escrito por Jason. Sin embargo, Jason, del mismo modo que Styron, describe un ejemplo concreto de una cuestión importante sobre la cual vale la pena conversar entre la psiquiatría y la teología cristiana. Cómo puede hacerse para encajar un proceso de depresión grave en la historia de la vida del paciente, una historia en la cual las relaciones con Dios y con la propia comunidad de fe evolucionan y cambian todo el tiempo.

¿Hasta qué punto debiera un psiquiatra interpretar o interferir de algún modo en prácticas religiosas que parecen restrictivas, incluso sectarias, cuando estas prácticas no tienen un impacto directo sobre la enfermedad del paciente?

Tengo pocas dudas de que Freud, si hubiera trabajado con Jason, habría explorado de manera profunda las creencias y prácticas religiosas de Jason, en medio de su depresión.

¿Cuáles son las características de la personalidad y las experiencias a lo largo de su desarrollo que contribuyeron a la atracción que ejercía sobre él su grupo religioso, estructurado de manera muy rígida? ¿Cuáles serían los pasos en el desarrollo psicológico de Jason que lo liberarían a su debido tiempo de la estrechez de su comunidad cristiana?

Cuando conocí a Jason por primera vez, tenía preocupaciones significativas con respecto al grupo religioso al que pertenecía. Sospechaba que llegaría un día en el que Jason abandonaría el grupo. Quizá en ese momento abandonaría del todo su fe, reaccionando contra las restricciones que se le habían impuesto durante tanto tiempo. Sin embargo, en el momento en que yo conocí a Jason, el medio todavía no había tenido prácticamente influencia directa alguna sobre la depresión que él experimentaba. Se recuperó de su episodio, y su funcionamiento volvió ser normal sin haber cambiado sus prácticas religiosas o el grupito de personas con las que se asociaba con mayor frecuencia.

Mi enfoque fue concentrado y empírico, teniendo en cuenta el dolor emocional que Jason había experimentado, ni más ni menos, de modo que no me resultó difícil justificar la no intervención en las prácticas religiosas de su comunidad de fe. Éste es el enfoque que recomendaría la neuropsiquiatría moderna, y es interesante que la comunidad religiosa restrictiva a la que pertenecía Jason también recomendaba un tratamiento de no intervención con respecto a su sufrimiento emocional. La experiencia que Jason experimentó fue lo suficientemente extraña como para que a nadie se le ocurriera explorar la relación que podía tener con sus pecados o el perdón de esos pecados dentro de la comunidad. Cuando Jason se recuperó de la depresión, regresó a las actividades en las que había participado antes y, en la medida de mi conocimiento, ningún miembro de la iglesia lo examinó con respecto a su experiencia con la depresión.

La iglesia y yo, de este modo, logramos un acomodamiento que funcionó muy bien. Porque Jason recibió el tratamiento médico sin interferencias de su comunidad religiosa y fue capaz de elaborar su relación con la comunidad sin interferencias mías.

Sin embargo, este acomodamiento fácil me dejó incómodo. Para entender a Jason como persona, era necesario entender el entorno social donde vivió su vida y sus creencias religiosas. Para Jason, su vida era su vida en esa comunidad cristiana. Ésta influía, si no controlaba, tanto sus creencias como sus actividades sociales. La autoridad de la comunidad era tan grande que, aun la primera vez que Jason sintió la necesidad de ayuda, no hubiera venido a verme sin haber recibido primero permiso de la comunidad para hacerlo. Sin el consentimiento de su comunidad, no hubiera buscado mi ayuda. Sin duda, hay muchos otros en esa comunidad que sufren problemas emocionales y que potencialmente podrían beneficiarse de la atención psiquiátrica. La comunidad puede no actuar siempre de manera tan rápida, identificando y remitiéndome a esas otras personas, como lo hizo con Jason. Como profesional de la salud mental, debe preocuparme el bienestar emocional de las personas en la sociedad. Y eso significa que debo ocuparme de las comunidades en las que viven mis pacientes. Y, si los líderes de la comunidad religiosa de Jason han de desempeñarse de manera responsable con respecto a los sufrimientos emocionales de los miembros de su comunidad, deberían aprender a trabajar de manera efectiva con la psiquiatría. Su comunidad es un imán que atrae a personalidades con problemas psiquiátricos graves, dado su enfoque agresivo de la evangelización. Prometen amistad, guía y apoyo a las personas que están luchando para sobrevivir a las tensiones de la vida moderna. Se esfuerzan por alcanzar y brindar ayuda a aquellos que están buscándola.

Si los psiquiatras rechazaran a estas comunidades semisectarias, me temo que levantarían barreras frente a muchas personas para quienes la atención psiquiátrica podría resultar beneficiosa. Si la comunidad de culto eliminara la psiquiatría sin más consideración, erigiría una barrera similar. Sin embargo, una conversación productiva entre esta comunidad de cristianos y los psiquiatras sería, en el mejor de los casos, difícil.

Betty, la psiquiatra aficionada

Betty buscó mi ayuda por primera vez hace unos quince años, porque sufría de ataques graves de pánico. En sus lecturas privadas, había aprendido que su problema podía tratarse por medio de una terapia psiquiátrica. Como había sido el caso con Jason, el problema de Betty era relativamente fácil de identificar y el tratamiento fue eficaz. Aunque vino a buscar mi ayuda la primera vez porque había oído que yo era un "psiquiatra cristiano", durante los dos o tres primeros meses de terapia no me dijo mucho sobre su comunidad cristiana. Betty era miembro de una iglesia evangélica grande. Se sentía segura en su fe y creía que su problema estaba lo suficientemente circunscrito como para no requerir una exploración larga y detallada de sus creencias y cómo éstas podían contribuir a su problema o a su solución. De manera que yo no insistí agresivamente en el tema.

El problema de Betty era que experimentaba períodos de intenso temor o incomodidad, que por lo general duraban sólo unos pocos minutos, pero que, cuando se producían, la paralizaban. Estos ataques le sobrevenían aproximadamente dos veces por semana y habían aumentado la frecuencia antes de que yo empezara a verla. Aun cuando recordaba ataques muy poco frecuentes (una vez cada seis meses o una vez por año) durante su adolescencia, el problema se había hecho más grave al alcanzar los treinta años, cuando yo empecé a verla. Estos ataques se caracterizaban por una sensación febril, mareos, palpitaciones y aceleración del pulso sanguíneo, pérdida de sensibilidad en las extremidades, dolor en el pecho y la sensación de que estaba a punto de morir. Los ataques se presentaban y desaparecían espontáneamente. Aunque no la despertaban durante la noche, podían presentarse a cualquier otra hora durante el día. Se había visto forzada a limitar muchas de sus actividades, entre ellas manejar. Entre estos episodios de pánico, experimentaba una ansiedad liviana pero persistente, una ansiedad que no era peor de la que normalmente sentía desde su adolescencia y que no interfería con sus actividades normales.

Betty respondió bien a la terapia. Yo le expliqué la naturaleza de sus ataques de pánico. Ella aceptó sin problemas ni reservas mi explicación. Le dije que algunas personas tienen la tendencia a desarrollar episodios de ansiedad extrema, que en parte son de origen biológico y que pueden desestabilizar completamente a la persona si se producen con demasiada frecuencia. Estos episodios, sin embargo, pueden controlarse por medio del tratamiento. Trabajaríamos juntos, usando dos enfoques distintos para la terapia, uno farmacológico y otro conductista. Empezó a tomar imipramina a la noche. Imipramina, el antidepresivo que tomaba Jason, también sirve para prevenir episodios de pánico. Además, le dije, le podía prescribir un ansiolítico como Xanax, pero primero debíamos determinar si la imipramina era efectiva. También le enseñé a Betty algunas técnicas de relajación y le sugerí que las practicara dos o tres veces por día. Era una aprendiz rápida y persistente. En la práctica de relajación, se ayudaba con imágenes de un escenario pacífico. Para Betty, ese escenario pacífico era un prado rodeado de árboles y atravesado por una corriente de agua burbujeante. Se imaginaba que se reclinaba en la hierba, escuchaba el murmullo del agua, miraba las nubes que pasaban, sin prisa, por su pedazo de cielo, y se sentía una con Dios y su creación.

Betty respondió bien a la imipramina y a la terapia de relajación. Dentro del primer mes, los ataques de pánico prácticamente desaparecieron y ella misma describía su nivel de ansiedad como significativamente mucho más bajo. Experimentó algunos efectos colaterales como consecuencia de la medicación, pero estaba dispuesta a seguirla tomando todo el tiempo que fuera necesario. Dado que la terapia había sido eficaz, decidimos que la vería con menor frecuencia, ante todo para ajustar la dosis de la medicación y para estar seguro de que los efectos colaterales no aumentaban o se hacían indeseables.

Betty ha estado tomando imipramina durante quince años. En varias ocasiones, intentamos, sin éxito, sacarle la droga. Cada vez que lo hicimos, experimentó un regreso a los episodios de pánico. Excepto en esos momentos, cuando no estaba tomando su medicación, los episodios de pánico han sido poco frecuentes, sucediendo sólo dos o tres veces por año. Fuera de esto, Betty no experimentaba otros problemas. En su actividad, había estado funcionando de manera normal.

Si éste fuera el final de la historia, no se plantearía necesidad alguna de una conversación entre la psiquiatría y el cristianismo con respecto a Betty. Buscó ayuda psiquiátrica, fue tratada, mejoró y regresó a sus actividades habituales, sin que expresaran preocupaciones su pastor, sus hermanos en la fe, miembros de su congregación, o ella misma, con respecto a conflictos con su fe. En contraste con Jason, sin embargo, era capaz de ver su enfermedad como un problema, sobre todo y ante todo, biológico, una enfermedad que pueden controlar las rutinas habituales de la psiquiatría. No tiene dificultades para integrar esta enfermedad en su historia general de vida. El problema que surgió con Betty es que, de manera totalmente inesperada, quedó cautivada con la efectividad de la terapia psiquiátrica.

Antes de esto, incluso antes de que tuviera ataques de pánico frecuentes, Betty no había estado fuertemente a favor ni en contra de la psiquiatría. Tenía amigos y amigas, tanto dentro como fuera de su comunidad cristiana, que habían sufrido enfermedades psiquiátricas. Ella los había apoyado sin expresar demasiado interés en su terapia psiquiátrica. De hecho, Betty interactuaba con muchas personas que sufrían dolor emocional. Le gustaba ayudar. Incluso, podía entrometerse más de lo necesario y ser molesta por su insistencia. Betty tenía una sorprendente habilidad para reconocer a las personas, especialmente en su iglesia, que estaban sufriendo problemas emocionales. Los buscaba hasta encontrarlos, los invitaba a desayunar juntos o a almorzar, los estimulaba para que le contaran su problema, oraba con ellos, los ayudaba de cualquier modo que pudiera y reunía a otras personas en la congregación que pudieran hacer lo mismo. Dentro de su congregación, Betty era el eje de una red que apoyaba a las personas que experimentaban sufrimiento emocional, y esta red funcionaba de manera muy efectiva. Su pastor y otros dirigentes de la iglesia reconocían la efectividad de la red y muy a menudo se comunicaban con Betty, a título de coordinadora informal de la red, para identificar a las personas que podían brindar distintos tipos de ayuda a los necesitados, desde asesoramiento sobre problemas de pareja hasta la formas más sencillas de ayuda en las tareas comunes de todos los días. No habiendo necesitado ella misma ayuda personal antes de su problema de pánico, Betty tenía en baja estima los servicios profesionales que podían llegar a ser necesarios para curar las emociones. Creía, en cambio, en la eficacia de las relaciones informales de ayuda.

Todo esto cambió cuando Betty respondió a la medicación y a la instrucción sobre cómo relajarse. Se convirtió en mi principal adherente y empezó a mandarme a prácticamente todas las personas que conocía con problemas emocionales. Yo no podía atenderlos a todos, de manera que empecé a referir la mayoría de ellos a otros colegas. En algunos casos, las referencias fueron adecuadas y los individuos respondieron al cuidado psiquiátrico y volvieron a sus familias y comunidades de manera más productiva que antes. En otros casos, sin embargo, los individuos entraron en relaciones prolongadas y poco productivas con sus psiquiatras, o rechazaron la psiquiatría de entrada. Pero este éxito a medias no enfrió el entusiasmo de Betty. ¡La psiquiatría era la respuesta!

Betty llegó a ser extremadamente activa en un grupo de apoyo para personas que sufrían problemas de pánico. A los dos años, era líder de este grupo y había reclutado a muchas personas para que colaboraran en él. Entabló relaciones con unos diez psiquiatras locales conocidos por su interés y conocimiento experto del pánico y de los desórdenes que éste provoca. Por otro lado, Betty acumuló una biblioteca de libros de autoayuda y libros que se ocupaban del pánico y otros desórdenes psiquiátricos. Todas las veces que nos encontrábamos, me preguntaba si no conocía algún libro útil. Si ella, al visitar librerías, encontraba algún libro de autoayuda que le parecía útil, me compraba varios ejemplares y me los traía. Ninguno de estos libros tenía una perspectiva cristiana. Por lo general, eran libros escritos por profesionales de la salud mental y tenían como finalidad explicar las enfermedades mentales a los legos. He encontrado muy útiles algunos de los libros que Betty me envió. La mayoría puede leerse sin dificultades y describen de manera precisa los desórdenes psiquiátricos más comunes, tales como la depresión, el pánico y los desórdenes obsesivo-compulsivos.

Betty sigue siendo miembro de su iglesia local. Sin embargo, la red de hombres y mujeres que había establecido y mantenía quedó en el pasado de sus intereses. Ahora Betty busca voluntarios y aplica sus dotes como organizadora a grupos de autoayuda fuera de la iglesia y que atienden a los que sufren de desórdenes mentales. Se comunica con su pastor de manera poco frecuente, para hablar sobre las necesidades de la iglesia. Pero ahora se dedica a arrojar sus redes en círculos cada vez más amplios, para encontrar a las personas que necesitan ayuda. Sigue estableciendo contacto con psiquiatras y psicólogos, para que estas personas puedan recibir el tratamiento que necesitan. Emplea la misma, si no más energía que antes haciendo de embajadora de la psiquiatría, del mismo modo como anteriormente facilitaba la existencia de una comunidad curativa dentro de la parroquia. Betty ha encontrado una misión para su vida o, por lo menos, ha encontrado una misión nueva.

Y yo no puedo imaginar una mejor amiga de la psiquiatría que Betty. Sin embargo, percibo, ahora, que está actuando en la periferia de la comunidad cristiana y no como parte integrante de ésta. A partir de lo que ella me dice, parecería que muy pocos de sus amigos cristianos "entienden" la enfermedad mental y la necesidad de una ayuda profesional. Para ella, carecen de la educación necesaria para comprender. No cree que valga la pena usar una parte de su tiempo para instruirlos en las maravillas de la psiquiatría moderna, piensa que sus esfuerzos han sido menos exitosos entre sus hermanos en la fe que con sus vecinos y amigos fuera de la iglesia, y especialmente con los grupos de apoyo a la salud mental con los que está trabajando ahora.

¿Debiera yo, como psiquiatra, estimular a Betty a adquirir una visión más realista de las limitaciones de la psiquiatría? La psiquiatría, como una especialidad de la medicina, ha buscado, desde sus inicios, el respeto de la sociedad. El respeto, por lo menos entre los educados, llegó a un pico máximo durante los años en que el psicoanálisis domi-

nó la psiquiatría. Hoy, sin embargo, la psiquiatría sufre de falta de respeto y reconocimiento, aun cuando es más capaz que nunca antes para aliviar los sufrimientos emocionales. Necesitamos todo el apoyo que podamos reunir. Personas como Betty son nuestros amigos más valiosos. Ayudan a disipar el mito de que los psiquiatras no curan y que los pacientes con enfermedades psiquiátricas no tienen esperanza y están marcados con un estigma.

Betty es una persona activa, "entradora", con quien no resulta difícil establecer una relación. Aunque desborda de actividad y algunas veces puede ser algo agresiva, tiene habilidad para manejar sus relaciones con los demás. Muy pocos cuestionarían la salud mental de Betty, y la mayoría envidia su actitud siempre positiva, sus conocimientos y su capacidad para movilizar a las personas. Cuando Betty dice que la psiquiatría tiene algo para ofrecer, la gente la escucha. Aun cuando yo creo que Betty tiene una visión exagerada del potencial de la psiquiatría, mis colegas y yo mismo lo pensaríamos dos veces antes de atemperar a Betty en su búsqueda por mejorar el nivel y los resultados de los servicios de salud mental. ¡Necesitamos mantenernos en buenas relaciones con Betty!

Cuando reviso la situación como cristiano, sin embargo, Betty me enfrenta con un dilema. Creo que ha transformado la psiquiatría en una religión, ha sobrevalorado la efectividad del psiquiatra en el tratamiento total de las personas que padecen dolor emocional y, sin tener conciencia de ello, ha dejado de lado un ingrediente igualmente potente para el cuidado de los que sufren emocionalmente: una comunidad religiosa de apoyo. Aun cuando Betty parecía poder moverse con facilidad entre la comunidad cristiana y los grupos no religiosos de autoayuda, muchos cristianos no pueden hacerlo con tanta facilidad como ella. Hay muchos cristianos que no pueden pasar, de manera tan rápida y con tan poco esfuerzo, de grupos religiosos a grupos seculares de autoayuda. En la medida en que yo puedo determinarlo, Betty ha sido el elemento movilizador en la creación de un grupo muy efectivo de mujeres y hombres que estaban dispuestos a ofrecer ayuda dentro de su congregación. Más tarde, impresionada por su rápida respuesta al tratamiento de su desorden de pánico, no fue capaz de reconocer la bondad del trabajo que había hecho en su comunidad de fe.

¿Respondió Betty, acaso, con demasiada facilidad? Aunque Betty no estaba deprimida y no tomaba Prozac, creo que cae dentro de una cate-

goría de personas que han quedado como "encantadas" por su respuesta total y benéfica al tratamiento por medio de psicofármacos. No quiero que se me entienda mal. Betty sufría un desorden psiquiátrico, y su respuesta a la medicación no fue un estado de euforia química, artificial, sino el alivio de una enfermedad que la hacía sufrir. Sin embargo, su reacción fue similar a la de las personas que se han enamorado de las maravillas de la psicofarmacología, los "proselitistas de Prozac" que describe Peter Kramer en su libro *Listening to Prozac*.[4] Aunque incluso Kramer se siente incómodo con el celo misionero de algunas personas que recomiendan la psicofarmacología, curas casi mágicas, como la que experimentó Betty, son la publicidad más positiva para la psiquiatría desde la época en la que Freud era popular, a principios del siglo XX.

Betty se ha unido a las filas de los que buscan la droga milagrosa. Melvin Konner, en un artículo reciente en el *The New York Times Magazine,* nota que los médicos están recetando antidepresivos a pacientes que no son enfermos mentales y que a los pacientes simplemente les gusta el efecto. Él se pregunta: "¿Y por qué no?" Konner describe su propia experiencia con una depresión de toda la vida y cómo, después de años de psicoterapia, se sintió "enormemente mejor" después de tomar un antidepresivo tradicional como la desipramina. De hecho, Konner sospecha que los medicamentos que tomó no solamente aliviaron su desorden psiquiátrico, sino que le cambiaron el temperamento. "Para mí, la medicación llegó a ser una plataforma sobre la cual podía funcionar de una manera totalmente distinta." El cambio se produjo cuando empezó a tomar Zoloft (una réplica de Prozac). "Los críticos nos quieren hacer creer que nos hace bien experimentar el dolor, la angustia existencial, y trabajar para salir de ese estado con amigos, terapeutas o pastores. Yo lo intenté, durante muchos años... Los críticos nos alertan que, si hacemos que el dolor no sea tan agudo, no vamos a poder enfrentar los problemas externos e internos que lo están causando. Éste es un sentimiento muy noble. ¿Pero por qué limitarlo a la depresión o la obsesión?" Konner sugiere entonces que tomar cualquier medicación, como un analgésico para la artritis, significa evitar el dolor y quizá, de este modo, evitar las realidades de la vida.

Konner tiene algo para decir, que es importante. Dudo de que cualquier persona racional sugeriría que dejemos de tomar remedios que alivian el dolor o evitan el sufrimiento. Debemos notar que las medicaciones para aliviar el dolor datan de la antigüedad; incluso el profeta Jeremías preguntaba si no había quien tuviera bálsamo en Gilead (cf. Jr 8, 22). Sin embargo, creo que Konner no ve otra dimensión del sufrimiento emocional. Konner se olvida de que *el sufrimiento, durante miles de años, ha servido para unir a las personas*. A lo largo de la mayor parte de la historia, el sufrimiento ha sido más una preocupación de la comunidad que de profesionales. La medicina, recientemente, ha ingresado en una era en que se han encontrado medios extraordinarios para aliviar algunas enfermedades, incluyendo las enfermedades mentales. Sin embargo, ¿qué pasará si ponemos todo nuestro apoyo y fe en la medicina y sus nuevas tecnologías? Hay un gran riesgo de que se disuelvan las comunidades de ayuda, grupos tales como los de autoayuda que Betty apoya de manera tan ardiente.

Por cada Betty, por cada Melvin Konner, hay alguien que no está tan impresionado como ellos con las terapias psiquiátricas existentes. Para ellos, la psiquiatría no funciona. ¿Hemos de dejarlos que sufran aislados? Betty había reunido un grupo de personas en su congregación para aliviar esa sensación de aislamiento que de manera natural acompaña al sufrimiento emocional. Es cierto, en una segunda etapa transfirió su interés y apoyo a la sociedad, en el sentido más amplio. Me pregunto por qué hizo esa transferencia. Quizá Betty experimente la misma necesidad de especializarse que aflige a muchos de nuestros esfuerzos. Quizá necesitaba una concentración que diera mayor especificidad a su esfuerzo. Como, por ejemplo, el pánico en cuanto desorden mental: una plataforma sobre la cual poder ofrecer ayuda. Antes de su tratamiento al problema de pánico que sufría, sin embargo, no necesitaba esa plataforma. Era suficiente ofrecer apoyo general para aquellos que, dentro de su comunidad cristiana, experimentaban dolor emocional.

Sopesando la pregunta

Las preguntas que he planteado, derivadas de los tres casos presentados en este capítulo, no son las más profundas que podrían plantearse, tanto para los psiquiatras como para los cristianos. Algunos lectores podrán decir que las respuestas son evidentes. Podré parecerles ingenuo al no haber reconocido las respuestas evidentes. Otros quizá me critiquen por no quedarme satisfecho con los tratamientos exitosos de Barbara, Jason y Betty.

Sin embargo, permítanme que les pida no criticarme con demasiada rapidez. Cada una de las personas que he descrito son individuos que conozco a fondo. Comparto con ellos una fe común. Les he servido como psiquiatra durante muchos años, del mismo modo en que he estado interesado en sus almas, esto es, en sus personas en relación con los otros y con Dios. He sido cuidadoso en mi trabajo con estas personas, en parte porque me han planteado interrogantes, dejando preguntas sin respuesta, pese al éxito superficial de la terapia.

Dentro de mí, la conversación prosigue. A veces, la convierto en el tema de mis intercambios con otros colegas psiquiatras o con mis hermanos y hermanas cristianos. Sin embargo, siento que entre ellos no hay una gran necesidad de esta conversación. En algunos casos, se despierta algo de interés, pero la mayoría de mis colegas están preocupados por otras cuestiones. Sin embargo, estoy persuadido de que las preguntas que planteo llegan al corazón del sufrimiento emocional de millones de cristianos profesos en el mundo occidental actual, y son las cuestiones que se ven obligados a resolver los profesionales que los tratan.

2

Conversación y debate

La conversación que describo en el capítulo uno, una conversación que se me planteó a mí y se ha planteado a otros, no surge del vacío. La conversación, el problema, las preguntas que han quedado sin respuesta son muy parecidas a las preguntas que los pacientes hacen a sus médicos.

A la preocupación que abre el diálogo entre el doctor y el paciente, la llamaremos "queja principal". Muchas quejas principales, sin embargo, significan muy poco para el médico hasta que consigue colocarlas en su contexto histórico. Por ejemplo, si una persona dice "Me siento gravemente ansioso, no puedo quedarme quieto, siento como si estuviera a punto de saltar de mi piel", yo inmediatamente empiezo a buscar el contexto, la historia de esa ansiedad.

—¿Es la primera vez que se siente ansioso?

—Hábleme de usted mismo.

—Cuénteme algo de su pasado.

Solamente cuando comprendo el contexto y la historia de la queja, estoy en condiciones de prescribir un remedio.

Mi preocupación por la falta de una conversación significativa entre la psiquiatría y el cristianismo, mi queja principal, sólo puede entenderse en este contexto. Desde la antigüedad, tal como lo describo más abajo, la relación mutua entre el sufrimiento emocional y la religión ha sido un tema central, tanto de la filosofía como de la teología.

Sin embargo, desde mi punto de vista, sólo con los escritos de Sigmund Freud surge una verdadera conversación y debate entre la psiquiatría y el cristianismo.

Freud trajo a la superficie la necesidad crítica de entender el sufrimiento, tanto dentro del contexto de la atención psiquiátrica, como en el de la filosofía y la teología. Este breve repaso histórico no se propone ser completo, y algunos quizá piensen que es parcial. Quizá lo sea. Sin embargo, este repaso es la historia a través de mis ojos, los ojos de un psiquiatra y un cristiano, que está intentando estimular una conversación inteligente y, para eso, empezar colocando mi queja dentro de su contexto. El contexto es el sufrimiento emocional y su tratamiento en relación con otros y con Dios.

El cuidado del sufrimiento emocional antes de Freud

Las mayores religiones del mundo han reflexionado sobre el sufrimiento emocional y luchado contra él desde la antigüedad.[1]

Cada una ha reconocido la realidad de la depresión y de la ansiedad, así como ha provisto vehículos para expresar el sufrimiento, tales como la oración. El rey David, en el Salmo 31, rezaba:

> Tenme piedad, Yahveh,
> que en angustia estoy.
> De tedio se corroen mis ojos,
> mi alma, mis entrañas.
>
> Pues mi vida se consume en aflicción
> y en suspiros mis años;
> sucumbe mi vigor a la miseria,
> mis huesos se corroen.
>
> De todos mis opresores,
> me he hecho el oprobio;
> asco soy de mis vecinos,
> espanto de mis familiares.
>
> ....

> Escucho las calumnias de la turba,
> terror por todos lados,
> mientras se aúnan contra mí en conjura,
> tratando de quitarme la vida (vv. 9-13)

En el Corán, también es evidente la inevitabilidad del dolor emocional (2.210)

> ¿Te parece que podrás entrar en el jardín sin que allí te alcancen aquellos que han pasado ante ti?
>
> Los males y las penas los han afligido, tanto temblaban que el apóstol y aquellos que estaban con él dijeron: ¿Cuándo vendrá la ayuda de Dios?

Las descripciones del sufrimiento emocional atraviesan toda la literatura, tanto sagrada como secular, desde que la humanidad empezó a registrar su historia. A lo largo de los siglos de la Iglesia, los cristianos han interpretado los conflictos emocionales como luchas espirituales. Pero no se han interesado en el concepto de enfermedad mental. Desde la antigüedad, las personas, por medio de sus religiones, han revelado su dolor emocional y han tratado de comprender sus orígenes y obtener algún alivio en sus revelaciones y explicaciones espirituales. Las preguntas de Jason (véase capítulo uno), por lo tanto, no son nuevas.

El apóstol Pablo, durante el siglo primero de la era cristiana, fue quizá el primer escritor cristiano que expresó el dolor emocional que resulta de un conflicto interno. En Romanos 7, 7-24, describe el conflicto del que cayó presa, entre las exigencias de la ley y sus deseos personales:

> No hago lo bueno que quiero; sino lo malo que no quiero, eso practico. Así que hallo esta ley: Que cuando yo quiero hacer lo bueno, lo malo está conmigo. Porque según el hombre interior me deleito en la ley de Dios; mas veo en mis miembros diferente ley que combate la ley de mi mente, y que me cautiva bajo la ley del pecado que está en mis miembros. ¡Desgraciado de mí! ¿Quién me librará del cuerpo de esta muerte? (vv. 19-24)

Puede debatirse si la lucha que Pablo describe aquí es análoga a la lucha entre el inconsciente y la conciencia, o superyó, que Sigmund Freud propondrá dos mil años después. Pocos discutirán, sin embargo, que Pablo experimentó un doloroso conflicto emocional y usó esta lucha como una manera de entender la gracia de Jesucristo.

La expresión más profunda de conflicto interno entre los cristianos primitivos fue la de Agustín de Hipona, nacido el año 354 de nuestra era. Después de experimentar un conflicto de fe que lo llevó por un tiempo a adoptar la filosofía estética de los maniqueos, atravesó por una profunda experiencia de conversión al cristianismo que describe en sus *Confesiones.* Al leer un pasaje de las Escrituras, dice:

> Me recosté, creo, aunque no estoy muy seguro, bajo una higuera, llorando desconsoladamente y las cataratas de mis ojos vertieron un sacrificio aceptable a ti... E instantáneamente, al final de esa oración, inundó mi corazón una luz como si fuera de serenidad y todas las tinieblas de la duda se desvanecieron.[2]

Agustín resulta interesante a los psicoanalistas modernos por el método introspectivo que utiliza para llegar a las conclusiones sobre las que basa su fe. Esto es, Agustín pasa revista a su vida por medio del autoanálisis (como lo hizo Freud) y revela en *Confesiones* sus recuerdos más tempranos. También expresa sin vergüenza sus pensamientos más íntimos. Agustín, entonces, cuenta su historia, toda su historia, recibiendo alivio de su conflicto emocional. Una interpretación psicológica de las *Confesiones* de Agustín podría ser que la introspección lo llevó a entenderse a sí mismo y, por lo tanto, hizo la paz con su pasado y consigo mismo. La interpretación de Agustín fue que Dios hizo la paz con él. Las *Confesiones* no tratan de la manera de solucionar conflictos internos; se ocupan del alma, es decir, de la relación de su alma con Dios.

Robert Burton (1577-1640) reflexiona de manera abundante sobre sus cambios de ánimo en *The Anatomy of Melancholy.* Humanista en todo el sentido de la palabra, bien plantado y nutrido por el iluminismo del siglo XVII, describe sus problemas emocionales de manera gráfica y poética, pese a que su descripción está llena de conceptos erróneos con respecto al origen de su melancolía:

Cuando ando meditando, solitario,
pensando en diversas cosas bien conocidas,
cuando construyo castillos en el aire,
vacío de lamentaciones y de temores,
satisfaciéndome con dulces fantasmas,
pienso que el tiempo corre demasiado rápidamente,
para él todos los gozos son tontos
y ninguno tan dulce como la melancolía.[3]

Para Burton, el sufrimiento psicológico no sólo era una carga, sino también un estímulo para obtener una visión más completa de la vida. Alcanzaba el conocimiento, en parte, con la confesión de sus problemas a otros:

Entonces, si nuestro juicio ha de ser tan depravado, si hemos de negar nuestra razón, de manera recíproca, no podemos buscar el bien común o moderarnos, en cuanto en esta enfermedad [la melancolía] por lo común sucede, la mejor forma de aliviarla es comunicar las imágenes a algún amigo, no dejarla que extinga su fuego quemante en nuestro pecho; porque el dolor oculto estrangula el alma; pero cuando lo compartimos con un amigo discreto, a quien tengamos confianza, alguien que nos ama, instantáneamente desaparece... El consejo de un amigo es un encantamiento; como el vino de Mandrake, alivia nuestro mal.[4]

Novelistas del siglo XIX, tales como Dostoievsky, Balzac, Tolstoi y Stendhal, siguieron en esta corriente de exploración del alma, poniendo el acento en los temas psicológicos y espirituales, en nuestra enfermedad del alma y en sus obras.[5] En *Los hermanos Karamazov*, de Dostoievsky, Iván desea la muerte de su padre, obsceno y desencariñado. Pero, cuando sabe que alguien lo ha matado, se siente profundamente conmovido y culpable, aunque no participó del asesinato. Escribiendo antes de los tiempos de Freud, Dostoievsky captura de manera gráfica el conflicto interno del hijo introspectivo que al mismo tiempo ama y odia a su padre.[6]

Los conflictos psicológicos de Iván invaden también sus contemplaciones espirituales. Cree en Dios, pero no puede aceptar el mundo de Dios. A partir de este conflicto espiritual, Iván tiene una visión en la cual un inquisidor de la Inquisición española somete a juicio a Jesús por sus respuestas a las tentaciones del Diablo (cf. Mt 4, 1-11): Jesús debiera haber convertido las piedras del desierto en panes, porque entonces hubiera podido alimentar a las masas. Jesús debiera haber saltado desde el punto más alto del Templo, porque de ese modo las masas hubieran volcado a él su atención. Jesús debiera haber adorado al Diablo, porque de ese modo hubiera obtenido el control de todas las naciones para hacer el bien. La relación de amor y odio de Iván con su padre se proyecta en una relación de amor-odio con Jesús. Dostoievsky, por lo tanto, sirve como ejemplo del conflicto que puede plantearse cuando las verdades aceptadas del cristianismo se someten a la prueba del autoexamen de la psiquis.

Filósofos del siglo XIX, especialmente Nietzsche, Schopenhauer y Kierkegaard, también examinaron la mente perturbada. Kierkegaard resolvió su propia crisis convirtiéndose al cristianismo, aunque no a la fe tradicional de su Iglesia luterana en la que había sido bautizado. Después de ganar el amor de Regina Olson, a quien amaba de manera profunda, sus conflictos internos fueron tan grandes que llegó a romper el compromiso. Este tormento marcó el origen de una vida dedicada a ayudar a las personas para que aprendieran qué significa verdaderamente ser cristiano.

Creía que Dios no puede ser el objeto del pensamiento humano sino un desafío vivo que obliga a las personas a tomar una decisión. Las personas no se salvan por llegar a saber algo sino por la transformación de su existencia por medio de la gracia divina. Solamente podemos llegar a ser cristianos por medio de un salto de la fe, un compromiso radical de la propia vida con el Otro divino. Aunque las dudas intelectuales nunca se superan del todo, en un salto de fe la humanidad puede lograr la certidumbre moral.

Nietzsche, en contraste, negaba a Dios, el Otro, y creía que el dolor emocional puede superarse reconociendo nuestro propio poder, el poder del superhombre. Tanto para Nietzsche como para Kierkegaard, sin embargo, vencer el dolor emocional empieza enfrentando un problema con alma, a saber, la relación de la persona con los demás, especialmente el Otro percibido divino.

Los orígenes de la atención pastoral para los que sufren emocionalmente

A lo largo de la historia, el clero cristiano ha estado entre los primeros en escuchar sobre los problemas emocionales de las personas. A los doscientos años de la muerte de Cristo, los líderes cristianos escribían cartas y tratados que contenían instrucciones sobre la dirección espiritual, el consuelo, el arrepentimiento y la disciplina, el dolor y el crecimiento. El clero interpretaba su tarea como, en parte, la cura de almas, y escribieron in extenso sobre sus distintas teorías para curar el alma herida. Muchos de estos tratados subrayaban el carácter privado de la guía y el carácter público del castigo. Después de la Reforma, en el siglo XVI, muchas de las prácticas prescriptivas de los católicos fueron rechazadas por los protestantes. Sin embargo, las tradiciones protestantes desarrollaron sus propias prácticas para curar a los que estaban emocionalmente heridos.

E. Brooks Holifield describe cuatro estilos de atención pastoral de las personas con problemas emocionales, que derivan de las cuatro principales tradiciones religiosas en la época de la colonia en América.[7] Los teólogos católicos escribían manual tras manual sobre cómo suscitar confesiones detalladas y administrar los castigos adecuados. La confesión tenía una tradición de más de mil años en el catolicismo, de manera que los católicos en América siguieron con su práctica tradicional. Los sufrimientos emocionales se aliviaban restableciendo la relación de la persona con Dios.

Dentro de la tradición luterana, el pecado era interpretado como una incapacidad para confiar en Dios, que se ponía de manifiesto en el orgullo del "recto". Por lo tanto, la atención pastoral no consistía en el recuento de los pecados específicos sino en estimular los sentimientos de arrepentimiento, especialmente en la confesión pública comunitaria durante la celebración de la Eucaristía. La cura emocional provenía de la comunión con Dios y con la comunidad.

Los ministros anglicanos practicaban el cuidado pastoral dentro del contexto de un orden cósmico aceptado. El pecado involucra un quebrantamiento voluntario de la paz social y de la unidad religiosa. El cuidado pastoral, por lo tanto, se concentraba en asegurarse de que todas las cosas se hicieran "de la manera correcta y en el orden adecuado" (1 Co 14, 40). El pastor anglicano participaba en todas las actividades de su comunidad, y el cuidado pastoral tenía que ver con el mantenimiento de una parroquia pacífica y ordenada. El restablecimiento de las relaciones dentro de la parroquia facilitaba la salud emocional.

Dentro de la tradición reformada, el pecado se interpretaba como idolatría. El pastor puritano, por lo tanto, se convirtió en un especialista en el cuidado del corazón idólatra y era capaz de examinar el reverso de las conductas, allí donde estaban las motivaciones y los sentimientos. La salud era una consecuencia del restablecimiento de una relación correcta con el Dios verdadero.

En cada una de estas tradiciones, el desarrollo espiritual del parroquiano normal era el punto donde se concentraba todo lo relacionado con el cuidado de la atención pastoral. La vida es difícil. Es, para cada cristiano, el "lento progreso de un peregrino a través de un mundo de pecado". El pastor marcaba los niveles de crecimiento del cristiano a lo largo de la vida. Por ejemplo, el teólogo puritano William Perkins (1558-1602) sugirió diez niveles de crecimiento religioso, empezando con una "cruz" exterior o interior que pone de manifiesto la insuficiencia del alma. Después de ciertas obras preparatorias, la gracia nos lleva a la contemplación, la cual a su vez hace que aparezcan chispas de fe y finalmente el gozo de la sumisión a Dios, de todo corazón y absolutamente voluntaria. El viaje de la vida consiste en la reconciliación progresiva con Dios y una relación pacífica con los demás, que son las necesidades de un alma sana.[8]

Los orígenes del tratamiento médico del sufrimiento emocional

El cuidado pastoral no incluía la atención de los enfermos mentales, las personas gravemente enfermas. No hay una definición universal de "enfermedad mental", e incluso algunos, como Thomas Szasz, sugieren que la enfermedad mental es un mito.[9] Sin embargo, estudios interculturales e históricos verifican que en prácticamente todas las sociedades hay personas cuya conducta se desvía tanto de la conducta normal que se las llama "enfermas" o "locas". No se las trata como personas cuyo dolor emocional puede esperarse como respuesta racional a sus circunstancias, ni se las tiene por totalmente responsables de las cosas que hacen.[10]

Desde la antigüedad, se han propuesto causas biológicas para los problemas mentales más graves. Hipócrates, por ejemplo, describe las causas biológicas de la histeria (un útero itinerante) y de la depresión grave (un exceso de bilis negra). Ya en la antigüedad algunos médicos se dedicaban al tratamiento de los sufrimientos emocionales, de manera que la psiquiatría, como vocación (aunque no como especialidad médica), es anterior al cristianismo.

Antes de que llegara Freud, sin embargo, había poco contacto, poca conversación entre el cristianismo y la psiquiatría. El cuidado de las personas con perturbaciones severas no se consideraba una responsabilidad de la Iglesia, ni era la responsabilidad individual de los pastores. Tampoco era una obligación social. El tratamiento humano de los problemas de perturbación más graves no apareció sino hasta bien empezado el Renacimiento de los siglos XV y XVI. Aun las fuerzas históricas que habían abierto el camino a las ciencias médicas y hecho florecer el humanismo tuvieron poco impacto sobre el tratamiento de los enfermos mentales. Los locos y los mentalmente angustiados eran cargados en barcos y confiados a los marineros. Se pensaba que el agua y la locura se correspondían de alguna manera misteriosa.[11] Estas "naves de locos" navegaban los mares, ríos y canales de Europa con su carga de hombres debilitados y perturbados, virtualmente aislados del resto de la sociedad.

Más tarde, durante todo el siglo XIX, los enfermos mentales fueron recluidos en asilos, ocultos de la sociedad de los sanos. Fuera de la vista, también se los sacó de la mente. La Iglesia, que siguió dominando los pensamientos y los sentimientos del hombre común, expresó poco interés en el loco, a menos que se lo considerara poseído por demonios, o que había concertado pactos con el Diablo. Algunas de las mujeres juzgadas y declaradas culpables durante la caza de brujas en Salem, en 1692, hoy serían tenidas por enfermas mentales, tanto por los cristianos como por los no cristianos.

La relación con Dios y con los otros, por parte de los enfermos mentales, no se entendía como un desafío especial para la Iglesia. La gente se limitaba a etiquetarlos como personas de alguna manera relacionadas con el Diablo, en el peor de los casos o, en el mejor, como personas a quienes les faltaba la capacidad para relacionarse con Dios. Por ejemplo, la depresión grave de las personas que habían profesado una fuerte fe se denominaba "melancolía religiosa". El médico y clérigo Timothic Bright, en el siglo XVI, diferenciaba entre la melancolía debida a una conciencia culposa y la "verdadera melancolía".[12]

Además de la melancolía religiosa, la Iglesia se vio obligada a enfrentar las pasiones y la catarsis que se produjeron durante el Gran Despertar de fines del siglo XVIII y principios del XIX. Los reavivamientos religiosos del Despertar mantenían muy ocupados a los pastores. Los abatidos, los ansiosos y los paranoicos venían de las ciudades y los bosques, contándoles a sus pastores visiones, trances y sanaciones. Las personas inspiradas por el Gran Despertar incluían a muchos que hoy calificaríamos de emocionalmente perturbados y, desparramados entre éstos, algunos que experimentaban perturbaciones emocionales graves. Muchos, quizá la mayoría, fueron beneficiados por el reavivamiento. Sin embargo, hubo algunos que representaron un verdadero desafío para los dirigentes religiosos.[13] Los problemas que enfrentaban estos pastores precipitaban discusiones de palabras fuertes, entre los clérigos, sobre las facultades humanas y el libre albedrío en el proceso de la curación. Estos encuentros no llevaron a los pastores a considerar que los sufrimientos emocionales graves eran innatos con la humanidad. Ni los debates consiguieron que la Iglesia se demostrara preocupada por las personas que sufrían los más graves problemas mentales. Sin embargo, evidentemente la Iglesia entraba en contacto con personas que padecían estos problemas.

Phillippe Pinel, un médico secular, encabezó la cruzada a favor del tratamiento de los enfermos mentales en París, durante principios del siglo XIX. Este tratamiento humano no provenía de un concepto del alma sino, más bien, del empirismo biológico[14] que compartían la mayoría de los médicos. Pinel, a partir de su observación de los pacientes en el hospital, rechazó la idea de que las enfermedades mentales fueran el resultado de un empobrecimiento moral o de una posesión sobrenatural. En su reemplazo, implementó un enfoque médico de los síntomas que observaba. Separó las enfermedades graves en melancolías (o depresiones), manías y demencias (que incluían el retraso mental), y sospechaba que la causa subyacente de las enfermedades mentales era un cerebro enfermo. A los que estudiaban las enfermedades mentales se los estimulaba a no confundir los hechos con las especulaciones metafísicas sobre la enfermedad, tales como la separación con respecto a Dios. Lo más que podía esperarse de la sociedad y de la Iglesia era simpatía (ya que no empatía) hacia los enfermos mentales.

Pinel propició una reforma social en el tratami[illegible] mentales, basada en una comprensión diferente de [illegible] yó el "tratamiento moral" de los enfermos mentales, [illegible] no hacia pacientes que hasta ese momento habían sid[illegible] mo menos que humanos. Estas personas podían bene[illegible] miento médico y, por lo tanto, no se podía simplemen[illegible] teólogos no contribuyeron a modificar los puntos de vista [illegible]iedad con respecto a los enfermos mentales. Estos cambios en la visión con respecto a los enfermos mentales estaban fundados en el humanismo del iluminismo, junto con una actitud positiva hacia las cosas que el hombre podía hacer si se lo proponía, que evolucionó a partir del Renacimiento.

A principios de la era cristiana, los enfermos y los viajeros cansados se atendían en hospitales. La mayoría de éstos estaban a cargo de las diferentes órdenes religiosas. Los enfermos mentales estaban entre aquellos que recibían atención en estos refugios del mundo. Pero la responsabilidad por los enfermos, especialmente los enfermos mentales, fue transferida de la Iglesia al Estado hacia principios del siglo XVII. Hacia esa época, en toda Europa, las ciudades estaban construyendo hospitales de caridad y asilos. En Inglaterra, había asilos de propiedad privada, por lo general más pequeños que los grandes asilos del continente, disponibles para el tratamiento de los enfermos mentales, especialmente aquéllos de las clases más pudientes.

En medicina, la teoría neuropsiquiátrica, que ponía énfasis en las patologías del cerebro, fue el enfoque dominante de las enfermedades mentales durante el siglo XIX. Pese a que los trabajos de muchos científicos, tales como el biólogo Charles Darwin, el psicólogo Ivan Pavlov o los neuroanatomistas Camillo Golgi y Ramón y Cajal, tenían que ver con la neuropsiquiatría, el prototipo del médico de esta especialidad fue Emil Kraeplin (1856-1926). Tal como Pinel, antes que él, Kraeplin era un observador desprejuiciado y persistente de los enfermos que tenía a su cuidado. Fue el primero en diferenciar entre la demencia precoz (esquizofrenia) y las enfermedades maníaco-depresivas, basando esta distinción en los efectos que producía la enfermedad. Kraeplin observó que los pacientes rara vez se recuperaban de la demencia precoz, pero podían recuperarse totalmente de las enfermedades maníaco-depresivas.

El trabajo de Kraeplin inspiró nuestro moderno sistema de diagnóstico empírico, el Diagnostic and Statistical Manual of Mental Disor-

...s (SMMD).[16] Este sistema basa la diagnosis en fenómenos observables, tales como síntomas y resultados finales, antes que en teorías de la causa, incluyendo aquellas que echan la culpa del desorden a las relaciones con los otros y con Dios, y otros conceptos metafísicos. Sin embargo, Kraeplin adoptó una actitud nihilista hacia el valor de las terapias.[17] El psicoanalista Franz Alexander creía que las contribuciones de Kraeplin a la clasificación de las enfermedades "lograban agrupar de manera esporádica la observación clínica en un sistema de distintas enfermedades que ha conseguido mantenerse intacto y con sorprendente buena salud aun en la era actual. Por desgracia, su sistematización finalmente llega a impedir una comprensión más profunda de las enfermedades mentales".[18] Estoy de acuerdo con Alexander y me ocupo de este tema, de manera más extensa, en el capítulo tres.

Surge el interés hacia los sufrimientos mentales dentro de la Iglesia

Algunos líderes cristianos en los Estados Unidos, hacia fines del siglo XIX, se enfrentaron con el desafío de curar las formas más severas del sufrimiento emocional. Pero estas personas estaban ubicadas en los límites exteriores de las principales iglesias históricas. Mary Baker Eddy, por ejemplo, entró en contacto con las técnicas hipnóticas de Phineas Quimby "para curar la mente".[19] Eddy, entonces, encabezó una cruzada que finalmente llevaría al establecimiento de la Ciencia Cristiana, un movimiento que abarcaba tanto la fe como la sanidad. Aun cuando la Ciencia Cristiana nunca llegó a convertirse en una de las principales denominaciones protestantes, la creencia de Eddy de que la sanidad divina restablecería la salud del alma de los enfermos mentales, ha vuelto a aparecer en ciertos enfoques evangélicos y pentecostales de la sanidad mental en nuestros días. De manera específica, la Ciencia Cristiana afirma el predominio de la voluntad sobre la naturaleza humana. Este enfoque de la sanidad es más individualista que otros que lo precedieron en la Iglesia. Sin embargo, en la medida en que la ciencia cristiana niega las evidencias empíricas, no hay oportunidades para el diálogo entre sus adherentes y los psiquiatras empíricos del siglo XIX.

Dos autores seculares ayudaron a dar forma a un enfoque más sofisticado y, desde el punto de vista social, más agresivo que la visión del sufrimiento emocional por parte de las iglesias. William James (1842-1910) fue autor de la afirmación probablemente más importante con respecto al diálogo entre la religión y la psiquiatría.[20] James fue uno de los fundadores de la psicología empírica moderna y, por lo tanto, su interés en la religión es importante para comprender la conversación durante el siglo XX.

Como psicólogo experimental, James asumió una posición de vivir y dejar vivir con respecto a la religión. Pragmático y empirista, basado en un trasfondo protestante liberal, James describe en detalle varias conversiones religiosas y su beneficio psicológico en su libro de divulgación *Las variedades de la experiencia religiosa.* Concluye que, aun cuando la religión está más allá de la razón, la unidad de los testimonios religiosos deja abierta la posibilidad de que las creencias religiosas sean verdaderas. A James no le interesaba probar o no la realidad de Dios.

Quizá su contribución más importante a la conversación entre la psiquiatría y el cristianismo fue su afirmación del derecho del individuo para creer más allá de toda evidencia. Es imposible hacer que toda decisión dependa solamente del peso de la información objetiva, cuando nos vemos en la obligación constante de tomar decisiones. Elegir la fe, en estas condiciones, no es una elección irrazonable. De este modo, James hizo un lugar para la fe dentro de su psicología. Sin embargo, para James la fe es individualista, no depende de la fe de la comunidad, ni de Dios, si vamos al caso.

Otra perspectiva del siglo XIX que dio forma a la interacción entre el cristianismo y la psiquiatría durante el siglo XX fue la filosofía del positivismo. El positivismo se basa en la obra de Auguste Comte.[21] Comte creía que la sociedad debe pasar por etapas teológicas y metafísicas antes de llegar a su meta adecuada, una etapa positiva o científica. Estas etapas incluyen explicaciones de las experiencias, primero como atribuidas a los dioses, después a abstracciones generales y finalmente a la observación de los hechos. A medida que el intelecto se imponga, el altruismo triunfará por sobre el egoísmo y surgirá una "religión de la humanidad". Antes que la adoración del Dios de Abraham, Isaac y Jacob, los positivistas adorarán a los artistas más famosos y a los científicos que han hecho progresar la cultura de la humanidad. Al final, sin embargo, cada persona es responsable ante su propia conciencia.

El positivismo, basado en la convicción de que la sociedad está progresando hacia la perfección, perdió ímpetu durante las primeras décadas del siglo XX. Europa avanzaba inevitablemente hacia la Primera Guerra Mundial, y las vidas de muchos europeos tenía muy poco de positivismo. Grupos minoritarios, como los checos, los polacos, los serbios y los croatas, expresaban su descontento por el destino que les había tocado en suerte. El realismo, el pesimismo y la protesta prevalecían en la literatura de la época, revelando el lado oscuro de la humanidad.

Émile Zola retrató esta conciencia en sus muchas novelas, durante los últimos años del siglo XIX. Veía la humanidad como egoísta, ambiciosa, impulsada por deseos bajos y no particularmente brillante. Los antihéroes de Thomas Hardy eran crueles, centrados en sí mismos y, en el mejor de los casos, trágicos. Durante esos mismos años, en Viena, un médico joven, Sigmund Freud, empezó a explorar los pensamientos más profundos de sus pacientes, por medio de sus métodos psicoanalíticos. Desarrolló la teoría de que la conducta y los pensamientos de las mujeres y los hombres derivan del impulso hacia la satisfacción sexual o el instinto de muerte, en oposición a impulsos o instintos más nobles. De este modo, Freud ofrece un marco psicológico para comprender los pensamientos oscuros que se expresaban a medida que Europa se acercaba a la Primera Guerra Mundial. Freud también abrió la puerta a una conversación entre la psiquiatría y el cristianismo, puesto que su teoría derivaba de una interpretación de la persona en el contexto de su trasfondo social y cultural (y, por lo tanto, religioso).

Freud inicia la conversación

¿Cómo inició Sigmund Freud la conversación entre el cristianismo y la psiquiatría? ¿Por qué no rechazaron a Freud, directamente, sus contemporáneos cristianos? Dada la cuestionable eficacia de la terapia psicoanalítica, ¿por qué la teoría psicoanalítica afectó tan profundamente como lo hizo el pensamiento social y cultural, para no hablar de la teoría psiquiátrica?

Freud, nacido en Friburgo en 1856, en una familia judía de la clase media, fue estimulado por su familia a respetar su cultura, pero no necesariamente su judaísmo. Pese a que el padre de Freud provenía de una tradición jasídica, abandonó las creencias tradicionales y las exigentes prácticas del judaísmo. Sin embargo, Freud escuchaba frecuentemente, en su hogar, citas de las Escrituras hebreas y siempre estuvo especialmente interesado en la cultura y la religión, así como en el predominante optimismo científico de la última parte del siglo XIX.

Sigmund Freud cambió totalmente el campo de la psiquiatría. Estaba firmemente arraigado en la neuropsiquiatría del siglo XIX y nunca abandonó la teoría de que las acciones mentales podían reducirse a mecanismos biológicos. Pero desarrolló una forma de diagnóstico y tratamiento psiquiátricos que divergía totalmente de la práctica de los psiquiatras que trabajaban en los asilos del siglo XIX.

Su nuevo método de exploración y curación era el psicoanálisis. Este tratamiento psiquiátrico permitía al médico explorar los rincones más ocultos de la mente por medio de ciertas técnicas, tales como la asociación libre y la interpretación de los sueños. Con la guía de un analista, los pacientes podían descubrir las fuerzas dinámicas conscientes e inconscientes que controlaban su conducta. El advenimiento del psicoanálisis mudó la práctica de la psiquiatría, en gran parte, del asilo al consultorio. Los pacientes de Freud eran primordialmente los burgueses, y sus problemas no siempre resultaban en conductas gravemente alteradas que requirieran su aislamiento de la sociedad. Freud introdujo el mundo a las psicopatologías de la vida cotidiana. También introdujo la importancia de las relaciones, reales y percibidas, en el desarrollo de las psicopatologías. Hablaba no solamente con otros médicos, sino con el público en general, usando un lenguaje que pudieran entender tanto los profesionales como los legos, el pastor y el miembro de la iglesia. Sus teorías tenían un atractivo intuitivo y, por lo tanto, abrió la puerta para una conversación entre teólogos y psiquiatras sobre la naturaleza, función y curación del alma.

Educado como médico y neuropatólogo, Freud se sintió atraído, en una etapa temprana de su carrera, por la obra de Jean-Martin Charcot, en París. Recurriendo al hipnotismo, Charcot descubrió pensamientos y conductas en sus pacientes que permanecían ocultos en la relación habitual entre el paciente y el médico. Charcot demostró la existencia del inconsciente y Freud se propuso explicarlo: el hipnotismo demostraba la existencia de psicopatologías en la gente corriente. Los escritos de Freud, que podían leerse con facilidad y eran de un carácter eminentemente lógico, introdujeron el inconsciente en un público más amplio. Llevó la psiquiatría de los asilos a las tertulias sociales más selectas. El mismo Freud sufría de frecuentes cambios de estado de ánimo, episodios de ansiedad y una inclinación hacia la introspección melancólica. Por lo tanto, practicó, durante el resto de su vida, el autoanálisis y recomendó a los terapeutas también, así como a sus pacientes, explorar sus inconscientes como fuente de sentimientos y conductas inexplicables.

La teoría psicoanalítica fue intuitiva y atractiva para los cristianos debido a los puntos de contacto entre el psicoanálisis y el cristianismo. Estos puntos incluyen: la necesidad de integrar la historia personal; la liberación de la culpa, y el traer a luz en la confesión los propios pensamientos y acciones más oscuros. Tanto el pastor como el psicoanalista están interesados en la historia de la vida del individuo, una historia de relaciones con otros, dentro de un contexto. Para el cristiano, el contexto son las narraciones bíblicas; para el psicoanalista, son los mitos dominantes de la sociedad. Por ejemplo, *El progreso del peregrino*, de John Bunyan, era, al mismo tiempo, la historia genérica del único viaje sagrado de un hombre, a través de una vida difícil, en relación con Dios y con otros, y la historia de la culpa personal, los conflictos internos e interpersonales, la catarsis y, por último, la curación.[22] Tanto el psicoanálisis como el cristianismo enfrentan la culpa como el problema central de la humanidad, y la liberación de la culpa como la clave para la salud. La confesión hecha a un confesor que simpatiza con nosotros y nos comprende es un elemento central e importantísimo tanto en el diván como en la Iglesia.

Freud, como James, no negó ni pasó por alto el papel central que juega para la humanidad su relación con un ser superior. Freud, sin embargo, desafió a los cristianos con respecto a sus creencias tradicionales. Estaba convencido de que la religión no poseía validez objetiva alguna, que no podían encontrarse evidencias de una realidad trascendente y que, por lo tanto, ésta derivaba exclusivamente de los deseos y las necesidades de los seres humanos.[23] Freud desafió a los cristianos a volver a pensar la historia sagrada cristiana y de ese modo sacudió los fundamentos de las creencias cristianas. Dios, según Freud, era el padre anhelado hacia quien los humanos tenemos, en el mejor de los casos, sentimientos ambivalentes. El deseo de matar al padre (Dios) resultaba en un sentimiento de culpa, que debía expiarse por medio del sacrificio (la muerte de Jesús en la cruz). El cristianismo era, por lo tanto, una neurosis colectiva basada en la represión y el renunciamiento a impulsos naturales instintivos. Los cristianos arraigados en las creencias fundamentales de su fe no podían tolerar esta interpretación.

Freud también desafiaba la historia de la vida de los cristianos individuales. El psicoanálisis se basa en contar y volver a contar la historia de la propia vida, sin dejar que ni siquiera la más insignificante circunstancia, relación o pensamiento sean secretos para el terapeuta. Volviendo a contar estas historias, las personas pueden recuperar sus propias intenciones malignas (sexuales) percibidas, y el comportamiento maligno percibido de sus padres previamente idealizados. Los cristianos, que interpretaban como sagrada su propia historia corporativa y su propia historia personal como inocente y de gradual crecimiento, reaccionaron de manera violenta ante este desafío.

Freud no consideraba que el cristianismo pudiera ayudar a curar el dolor emocional. Suponía que la religión carecía de validez y rechazaba toda idea de una realidad trascendente.[24] Dado su trasfondo filosófico, la aplicación que hacía Freud de su teoría psicoanalítica a la religión podía solamente llegar a la conclusión de que la experiencia religiosa, sus ideas y rituales eran el resultado de un intento pervertido de resolver los conflictos internos y desviar el curso de los propios impulsos inconscientes.

Sin embargo, la actitud de Freud hacia la religión era compleja y conflictuada; se describía a sí mismo como "un judío completamente sin Dios".[25] Su antipatía hacia la religión estaba dirigida especialmente hacia el cristianismo. Más tarde en su vida, cuando se vio obligado a huir de la influencia nazi en Austria, se dice que sostenía que el verdadero enemigo no era Alemania sino la religión, la Iglesia católica.[26] Su mayor desprecio iba dirigido a la variedad aria y cristiana de la humanidad. Sus sentimientos se originaban, en parte, en una experiencia que había vivido su padre. Un día iba caminando por la calle llevando en la cabeza un sombrero de piel nuevo, cuando se cruzó con un cristiano que le tiró de un golpe el sombrero al suelo y le dijo: "Judío, camina por la calle y no por la vereda." Su padre se humilló, aceptando la orden del cristiano, se agachó para recoger su sombrero y siguió caminando por la calle. Freud culpaba a su padre por no haber actuado como un hombre fuerte, que hubiera retrucado el insulto, y desde ese momento anidó sentimientos negativos hacia los cristianos.[27]

Sin embargo, los ataques de Freud a la religión, y específicamente al cristianismo, no eran primordialmente personales. Freud estaba influenciado por teorías con respecto a la enfermedad física prevalecientes en el siglo XIX, especialmente la teoría del médico Ludwig Buchner.[28] El libro de Buchner, traducido al inglés como *Force and Matter* (Fuerza y materia), llegó a publicar más de veinte ediciones y se convirtió en la biblia de los partidarios de una visión científico-materialista del mundo. Según Buchner, el mundo en su totalidad, incluyendo la mente, puede explicarse exclusivamente por medio de la actividad de los elementos materiales y sus fuerzas. Dios, por lo tanto, es superfluo. Freud enfoca el funcionamiento de la mente desde la perspectiva de las fuerzas materiales. Pese a los pronunciamientos de gran amplitud, psicológicos, sociales y existenciales hechos hacia el final de su carrera, siempre se vio a sí mismo como un neuropsiquiatra.

Freud también recibió la influencia del filósofo alemán Ludwig Feuerbach (1804-1872).[29] Para Feuerbach, la religión es una proyección de las cualidades humanas hacia un objeto de adoración. Dios fue creado por la humanidad y no a la inversa. Solamente cuando estas proyecciones se mandan guardar y se acepta el ateísmo, pueden evaluarse con una cierta exactitud las limitaciones y las posibilidades humanas. El objeto de adoración adecuado, para Feuerbach, es la humanidad. Freud reconoció que había recibido de Feuerbach y sus sucesores los argumentos esenciales para su ateísmo personal. "Todo lo que he hecho, y esto es lo único que hay de nuevo en mi exposición, es agregar algunas fundamentaciones psicológicas a las críticas de mis propios predecesores."[30]

Freud consideraba que la religión no era más que "la psicología proyectada hacia el mundo exterior".[31]

> Un Dios personal, desde el punto de vista psicológico, no es otra cosa que un padre exaltado. Los orígenes de la religiosidad deben rastrearse desde la indefensión del bebé humano y el largo tiempo que depende totalmente de la ayuda de otros. Cuando, más tarde en la vida, percibe hasta qué punto está abandonado y es débil frente a las grandes fuerzas de la vida, el adulto siente que su condición es idéntica a la del niño, e intenta negar su propia dependencia reavivando de manera regresiva las fuerzas que protegieron su infancia.[32]

La visión que Freud tiene de la religión puede simplificarse de la siguiente manera: la mayoría de las personas necesitan y desean la religión para poder enfrentar sus temores frente al poder impersonal de la naturaleza. Es de este modo como la religión asume la forma de una neurosis universal y tiene su origen en el complejo del padre. Creer en Dios no es mucho más que creer en un padre magnificado. Todos los dogmas religiosos son ilusiones que no pueden demostrarse. A medida que avance el conocimiento científico, la necesidad que tenga la humanidad de dogmas religiosos será cada vez menor. Llegará el momento en que la religión será reemplazada por la ciencia, porque ya no habrá más necesidad de la religión.

Estos puntos de vista pusieron a Freud en el centro de todas las críticas, tanto por parte de sus colegas psiquiatras como por parte de los teólogos cristianos. Aunque esas críticas no se oponen básicamente a las teorías básicas del psicoanálisis, creen que Freud se apartó de las bases científicas de su contribución al enunciar puntos de vista muy amplios y tan negativos con respecto a la religión. Siendo que la práctica del psicoanálisis es interpersonal en su esencia, el terapeuta es un médico del alma, un médico interesado en la persona en relación con los otros y con lo trascendente.[33]

La conversación con Freud

Aun cuando Freud era ardientemente antirreligioso, también era ortodoxo de manera rígida con respecto al psicoanálisis. Cuando los discípulos de Freud se encontraban con él o mantenían correspondencia con él y hablaban de sus teorías, es natural que hayan surgido algunas divergencias. Freud se opuso a prácticamente cualquier desafío a su teoría. Era natural, entonces, que se plantearan algunos conflictos graves con sus seguidores. Uno de los primeros, y probablemente el más grave de todos, fue el que surgió entre Freud y Carl Jung.

Jung, hijo de un pastor protestante, fue uno de los primeros miembros del círculo íntimo de los psicoanalistas. Su principal contribución a la psiquiatría fue la diferenciación de los tipos de personalidad; describió la distinción entre el introvertido y el extravertido. También exploró la relación entre los que él consideraba esquemas universales del inconsciente, o arquetipos, y sus proyecciones y representaciones en el arte, el mito y la religión.

Estos arquetipos a priori, dentro de los cuales se nacía, servían para explicar los distintos tipos de relaciones entre los individuos y el mundo exterior. Los arquetipos son intuiciones que pueden interpretarse como intuiciones religiosas. Para llegar a la madurez y unir estos aspectos colectivos de la personalidad, los aspectos inconscientes deben fundirse con los aspectos específicos de la personalidad que resultan de la experiencia consciente. A diferencia del inconsciente personal de Freud, que es exclusivo del individuo, el inconsciente colectivo o universal de Jung lo heredan los individuos de sus culturas. La actualización del potencial humano consiste en asimilar o integrar esos contenidos inconscientes.[34] Las personas incorporan los símbolos porque éstos los ayudan a expresar e integrar su inconsciente.

La separación entre Jung y Freud se produce, en parte, a partir de conflictos personales. Freud dudaba de la lealtad de Jung y, sin embargo, las teorías de Jung, por sí mismas, hubieran sido suficientes para que la división se produjera. Los dos hombres, ciertamente, divergían en sus puntos de vista sobre la religión y su valor para la humanidad. Fue una pérdida para la psiquiatría y para la religión que el debate no se produjera dentro de los términos de una conversación más amplia sobre las diferencias que los dividían.

Al principio de su carrera, las ideas de Jung con respecto a la religión eran similares a las de Freud, en cuanto percibía a Dios como una proyección del inconsciente. Más tarde, Jung expandiría su concepción de Dios y de la religión, que dejaron de ser proyecciones para convertirse en símbolos indispensables para expresar y estimular el desarrollo de la salud psíquica.[35] En todas las sociedades modernas, las personas, pese a sus desarrollos individuales, comparten la incertidumbre y la desilusión que vienen asociadas a una vida dominada por el materialismo y amenazada por el potencial de la ciencia y la tecnología. Para Jung, una civilización tecnológica, desprovista de los símbolos que ayuden a integrar la mente humana, socava las posibilidades del bienestar mental.

Hacia el final de su vida, Jung escribió extensamente sobre la segunda parte del ciclo vital. Concluye que un sistema religioso integral es virtualmente esencial para poder integrar la propia vida cuando se acerca el fin. "Entre todos mis pacientes que están en la segunda mitad de su vida... no ha habido uno cuyo problema, en último análisis, no haya sido el de encontrar un punto de vista religioso para entenderlo todo."[36]

Freud, en contraste, escribió muy poco sobre la edad madura y el crecimiento emocional más allá de la adolescencia. Quizá si Jung hubiera tenido la oportunidad de estimularlo, habiendo seguido en contacto con su maestro, hubiera llevado a Freud a ampliar su teoría para incluir en ella la edad madura. Y quizá esta ampliación lo hubiera obligado a reconocer el papel de la religión en el desarrollo adulto, la importancia de un "punto de vista" religioso.

Freud mantuvo una relación y una conversación más amigables con el pastor protestante Oscar Pfister, que fue uno de sus discípulos más devotos y un defensor decidido del psicoanálisis. Sin embargo, Pfister no vacilaba en desafiar los supuestos de Freud con respecto a la religión. Su correspondencia, mantenida de manera continuada durante cerca de veinte años, fue conservada por la hija de Freud, Anna.[37] Según Pfister, la religión y los rituales religiosos no solamente no son proyecciones del inconsciente, sino que no surgen solamente de los inmaduros o los enfermos desde el punto de vista psicológico. Pese a la propensión de los cristianos a sostener visiones optimistas del futuro, especialmente el futuro después de la muerte, aun el mismo Jesús desestimó la idea de simplemente esperar que después de la muerte nos esperara otra vida. Jesús subrayó que el más alto de los ideales es el Reino de Dios en esta Tierra, un Reino realizado por medio de la práctica de las cualidades éticas y religiosas más elevadas. Los dogmas religiosos están basados en la razón, no en los impulsos o en los deseos. Pfister atacaba de frente la incredulidad de Freud: "La incredulidad, después de todo, no es más que una creencia negativa."[38] El rechazo directo, por parte de Freud, de la posibilidad de que existiera un Dios trascendente no podía basarse en otra cosa que en una "creencia" suya en el dios de la ciencia. La ciencia, argumentaba Pfister, no puede describir de manera adecuada a toda la persona y carece de la capacidad para explicar el amor o el deseo entre las personas.[39]

Es notable que Freud y Pfister mantuvieran su conversación, cuando sus creencias eran hasta tal punto opuestas. Podría especularse que la distancia física entre Freud y Pfister, y el hecho de que la mayoría de sus intercambios fueran escritos y no orales, contribuyeron a que Freud quisiera mantener una amistad cálida con el pastor. Es posible que Freud no percibiera que Pfister podía llegar a ser un desafío al dogma central del psicoanálisis, amenaza que sí percibía en otros miembros del círculo íntimo original, como por ejemplo Jung. Pfister tampoco desafiaba las concepciones básicas de las teorías de Freud sino, solamente, sus elaboraciones sobre la religión. Pese a todo, entonces, el resultado fue una rica correspondencia entre dos hombres que sostenían creencias opuestas pero entendían perfectamente bien cada uno los puntos de vista del otro y daban la bienvenida a un debate amistoso. Este debate benefició tanto al desarrollo de la psiquiatría como al de la teología cristiana. Pfister obligó a Freud a reconsiderar los supuestos ateos que fundamentaban sus teorías sobre la religión, y Freud, a su vez, ayudó a dar forma a la teología de Pfister, a la luz de la teoría psicoanalítica.

Después de la muerte de Freud, en 1939, la conversación entre la religión y el psicoanálisis siguió adelante, por lo menos durante tres décadas. Por ejemplo, el psicoanalista Gregory Zilboorg se sumó a la conversación entre la psiquiatría y la religión en la década de los cincuenta. Habiéndose convertido al catolicismo después de su capacitación como psiquiatra, escribió *Psychoanalysis and Religion*, subrayando la ambivalencia de Freud con respecto a las creencias religiosas (un punto que después ampliará Hans Küng, el teólogo católico).[40] En primer lugar, Zilboorg cuestionaba el uso que hacía Freud de la idea de "ilusión" al describir la religión, señalando que ilusión no necesariamente significa irrealidad. La mente humana no puede ser la medida de la verdad religiosa, puesto que la distorsión de la realidad puede darse con la misma facilidad que la fabricación de lo falso. Zilboorg también desafía a Freud con respecto al papel que juega la conciencia en la salud emocional. Para Freud, el superyó es un mal que solamente cautiva los impulsos naturales del individuo. Estos impulsos puede manejarlos mucho mejor un yo afirmado de manera robusta en la realidad, una realidad en la que no hay lugar para un Dios que castiga. En contraste, Zilboorg creía que el desarrollo de una conciencia o superyó sano conduce a la integración y la madurez, no a que seamos esclavos de nuestro pasado.

Zilboorg estimulaba la conversación entre los psicoanalistas y los teólogos:

> Hay una buena cantidad de pensadores religiosos sinceros que están preocupados con problemas que son vitales para la vida religiosa y la vida de la religión: la agresión, la ambivalencia; el choque constante entre el amor y el odio; la dedicación estética; la vida contemplativa; los problemas morales en la vida personal, social y pública; y las relaciones entre las emociones y los problemas de la voluntad y la ra-

> zón. Muchos eruditos devotos están ocupados estudiando estos temas con extremo cuidado, honestidad intelectual y profunda fe. La ayuda de la visión enriquecida que les brinda el psicoanálisis es inestimable tanto para el desarrollo de los estudios religiosos como para una comprensión más profunda de la fe.[41]

Los "eruditos devotos" a los que hace referencia Zilboorg eran un grupo de teólogos católicos y protestantes que poseían un conocimiento profundo del psicoanálisis de Freud. Reconocían el valor de esta técnica de investigación para llegar a poseer un conocimiento más profundo de la conducta humana, al mismo tiempo que reconocían las limitaciones de sus teorías.

Karl Menninger se sumó a esta conversación desde una perspectiva diferente. Menninger era, probablemente, el psicólogo más conocido en los Estados Unidos durante mediados del siglo XX. Hacia 1973, en su libro *Whatever Became of Sin?* (¿Qué se hizo del pecado?), Menninger resumía su preocupación por la desaparición de la palabra "pecado" en nuestro lenguaje, y por el deslizamiento de la responsabilidad por el mal. Se lamenta de la apatía de la sociedad y no la atribuye a una enfermedad mental. Antes bien, sugiere que la higiene mental no es el resultado de la seguridad, de las palabras de aliento, o de la negación de los problemas reales, sino de una renuncia deliberada a la apatía y de la disposición a aceptar la responsabilidad por el mal. Para Menninger el mal es el descuido de las relaciones:

> El mensaje es simple. La preocupación y el interés por el otro son la piedra de toque. Ocuparse del otro con afecto. Rechazar el pecado de la indiferencia. Esto significa reconocer la acedia como el gran pecado, el corazón de todos los pecados. Algunos lo llaman egoísmo. Algunos lo llaman alienación. Algunos lo llaman esquizofrenia. Algunos lo llaman egocentrismo. Algunos lo llaman separación.[42]

Para Menninger, el pecado es la abdicación de la responsabilidad que deriva de "una pérdida del temple moral, de la dirección hacia donde se encamina nuestra vida, una erosión de la cultura, una confusión del pensamiento, el agotamiento".[43] Sin embargo, para Menninger, el pecado no son acciones singulares pecaminosas que exijan actos específicos de expiación. Para enfrentar el pecado, deben modificarse las actitudes. La religión es una de las fuentes para que se produzca este cambio de actitudes.

Los cristianos responden

Freud desafió de manera directa a los cristianos. Sentía el impulso de explorar y explicar los estilos de vida cristianos y la aparente seguridad de los cristianos en sus creencias. ¿Por qué vivían los cristianos del modo como lo hacían? ¿Por qué se negaban voluntariamente placeres, especialmente los placeres sexuales? Pese a efectivamente hacerlo, muchos de ellos parecían felices y satisfechos. A fin de comprender a los cristianos (y a las personas de todas las tradiciones religiosas), Freud incursionó en lo social y lo cultural, abandonando la tradición neuropsiquiátrica, mucho más estrecha.[44] La psiquiatría cimentada sólo en la biología se transmuta en especulaciones sobre el inconsciente, el subconsciente, la mente subliminal. En otras palabras, Freud se convirtió en un médico del alma y necesariamente inició una conversación con aquellos que estaban interesados en la relación de las personas con Dios y con la comunidad.

Los escritos del Zilboorg y Menninger, desde dentro de la psiquiatría, fueron seguidos de cerca por los escritos de algunos teólogos cristianos bien conocidos, tales como Paul Tillich y Richard y Reinhold Niebuhr, hacia mediados del siglo XX. Menninger conocía a fondo los escritos de Paul Tillich y Reinhold Niebuhr, y citaba el siguiente pasaje de Tillich para sustanciar su propia posición:

> ¿Han perdido los hombres de nuestro tiempo el sentimiento de lo que representa el pecado? ¿No se dan cuenta de que el pecado no significa una acción inmoral, que "pecado" nunca debiera usarse en plural y que no son nuestros pecados sino, antes bien, nuestro pecado el gran problema de nuestra vida, el problema que lo abarca todo? Estar en pecado significa estar separado. La separación puede ser con respecto a nuestros semejantes, con respecto a nuestro verdadero yo o con respecto a nuestro Dios.[45]

Tillich no intentó cristianizar la psiquiatría. Pero sí procuró ubicarla dentro de un contexto antropológico y filosófico más amplio. En general, Tillich evaluó de manera positiva la psiquiatría orientada psicoanalíticamente.[46] Específicamente, creía que Freud conceptualizaba la naturaleza humana y sus contradicciones de manera exacta, y que reconocía la alienación de la humanidad.[47]

Sin embargo, Tillich también reconocía las implicaciones más amplias de la teoría psicoanalítica, como también lo hacían Pfister, Zilboorg y Menninger. Tillich separó la culpa neurótica de la culpa existencial, reconociendo la contribución de la psiquiatría a la curación de la culpa neurótica, pero evitando la tentación de cubrir con el manto de la teoría analítica la verdadera culpa existencial.[48]

> El hombre, como libertad finita, es libre dentro de las contingencias de su finitud. Aun cuando esté confinado por esos límites, se le exige que haga de sí mismo lo que se supone que debe llegar a ser, que cumpla su destino. En cada acto de autoafirmación moral, el hombre contribuye al cumplimiento de su destino, a la actualización de lo que potencialmente es.[49]

La analogía de Tillich sobre la búsqueda de Dios (el Ser en sí) es un valiente viaje sitiado por la ansiedad. La ansiedad existencial proviene del temor frente a los límites de la vida y la muerte. Es una ansiedad que ni el psicoanálisis ni la medicación pueden aliviar. Tillich criticaba a Freud y sus seguidores por invadir a cara descubierta el dominio de la teología. Cualquier teoría que sostenga que la religión es simplemente una proyección debe asumir la responsabilidad de determinar si hay algo por detrás de la proyección.[50] Dios no se limita a estar "allá afuera". Una relación con Dios nunca carece de significado.

Reinhold Niebuhr, colega de Tillich durante casi toda una vida en el Seminario Teológico Unido de Nueva York, pensaba como Tillich en lo que respecta a su concepto de la interacción entre la religión y la psiquiatría en el campo social y el cultural. El desafío que Niebuhr plantea a la psiquiatría, sin embargo, es diferente. Reconoce la presencia casi universal de los puntos de vista de Freud sobre la naturaleza humana en la cultura occidental y acepta la evaluación que hace Freud del potencial humano para la destructividad.[51] Para Niebuhr, la humanidad es pecaminosa de manera inherente. El orgullo y el egoísmo son las marcas de la Caída. La tragedia es que la humanidad no puede concebir su propia capacidad de trascendencia, pero sí puede pensar en la trascendencia. Esto nos lleva a una ansiedad que, a su vez, nos hace querer ser más de lo que podemos ser. Aunque somos responsables ante Dios en virtud de la libertad de nuestras voluntades, hay un aspecto menos santo de la naturaleza humana que afecta todas nuestras acciones. El progreso social prolongado es virtualmente imposible, porque las imperfecciones individuales adquieren, en lo social, una dimensión compuesta.

El desencanto de muchos intelectuales, después de la Primera Guerra Mundial, con respecto a las posibilidades de progreso social de la humanidad, no se manifiesta en ningún lugar mejor que en los escritos de Niebuhr:

> Los seres humanos individuales pueden ser morales en el sentido de que son capaces de considerar los intereses de los otros, diferentes de los suyos, en la determinación de los problemas de conducta, y también capaces, en ocasiones, de preferir las ventajas de los otros a las suyas propias. Están dotados, por la naturaleza, de la medida de simpatía y consideración hacia los que son de su misma clase... pero todos estos logros son más difíciles, si no imposibles, para las sociedades y los grupos humanos.[52]

Del mismo modo que Freud, Niebuhr evaluó a los seres humanos, aun a aquellos que persiguen las más nobles de las metas, como básicamente interesados en sí mismos.[53]

Según Niebuhr, Freud no entendió que la naturaleza humana, aun la búsqueda inconsciente de gratificación, se extiende más allá del individuo biológico. Del mismo modo que Tillich, Niebuhr puso el acento en la ansiedad existencial que aflige a la humanidad:

> No es la represión la que crea la ansiedad; ésta está allí antes y es la que crea la represión. Si Freud se hubiera dado cuenta de hasta qué punto la ansiedad es un componente básico de la ansiedad de la libertad en los humanos, y qué poco tiene que ver con "peligro" exterior alguno, le hubiera resultado evidente que no debía ocuparse de las consecuencias de la represión de su "superyó", sino de algo que surgía del carácter mismo de la libertad humana.[54]

Para Niebuhr, hay algo con respecto a la naturaleza humana que no puede reducirse a lo biológico.

Niebuhr tampoco creía que Freud hubiera comprendido el *self* autorreflexivo y autorrepresentacional; una mente que consiste en el yo, el superyó y el ello se olvida del "sí mismo" *(self)*. El *self* se crea e internaliza en el diálogo, especialmente con los otros.[55] Niebuhr denominaba "espíritu humano" a este *self*, la fuente de la ansiedad existencial que busca al otro trascendente. Los humanos tienen la capacidad de trascender el *self* y, porque son libres, son capaces de pecar, incluso del pecado de concentrarse en el *self*, en el esfuerzo por reducir las ansiedades inherentes a la existencia humana.[56] Niebuhr, por lo tanto, no puso el acento en el *self* individual sino en el *self* dentro de la comunidad, un diálogo que puede crecer y desarrollarse o pervertirse.

Su hermano, H. Richard Niebuhr, también contribuyó a la conversación entre la teología cristiana y la psiquiatría, desde la perspectiva del *self* en la comunidad.[57] De manera específica, se concentró en la narrativa y su importancia para el cristiano individual y la iglesia. Reconoció la tensión sana entre la historia interior y la exterior (un tema que trato con mayor extensión en el capítulo cuatro). Los acontecimientos de la vida individual no son fenómenos aislados, sino que suceden dentro de un contexto social. Los seres humanos, en el mejor de los casos, tenemos un conocimiento parcial de este contexto. La meta del psiquiatra es ayudar a sus pacientes a comprender sus interacciones sociales dentro de un contexto más objetivo, comentando e interpretando esas interacciones. Del mismo modo, el cristiano, dentro de la comunidad de la iglesia, está obligado a aceptar las visiones exteriores de su *self* que derivan de la congregación en la cual participa. Tal como lo sugiere Robert Burns:

> Que algún poder quisiera concedernos el donde vernos tal como los otros nos ven.[58]

Que otros nos comuniquen lo que ven cuando piensan nuestra vida desde afuera es crecer dentro de una comunidad. Cada reflexión sobre el *self* que se presente en el psicoanálisis puede incorporarse en el sentido del *self* y, por lo tanto, puede enaltecer y expandir el *self*. Los cristianos, dentro de la congregación, aprenderán que ninguna visión externa es la "verdad" absoluta, pero sí que hay algo de verdad en todos los puntos de vista.

Según Richard Niebuhr, el cristiano, del mismo modo, debiera evaluar su vida exterior antes que concentrarse exclusivamente en la vida interior. La interpretación de la religión y de la vida congregacional por el psiquiatra debiera dar una espacio a la Iglesia, y debiera estimularla para que se estudiara en tanto cuerpo corporativo, del mismo modo en que los individuos se investigan ellos mismos en la introspección. Tanto el cristiano individual como la Iglesia deben integrar la totalidad de sus vidas, evaluando de manera honesta las cosas buenas y las cosas malas. Solamente entonces estarán en condiciones de dar a la gracia el valor que verdaderamente tiene. Del mismo modo en que el psicoanálisis pone de manifiesto lo bueno, lo malo y lo feo en el individuo, para liberarlo de la opresión del superyó, el cristianismo trae la paz y la libertad, por medio de la gracia, cuando tanto la naturaleza humana (que es pecadora) como las acciones del cristiano individual (pecados) salen a la luz y se confiesan ante Dios, por la Iglesia y por el *self*. El psicoanálisis y la confesión cristiana exigen la revisión de la vida entera para que cada persona reciba la ayuda que necesita para vivir en la historia humana y, sin embargo, mantenerse libre de esa historia.

Richard Niebuhr llevó esta tesis un paso más adelante cuando describió la revelación de Dios.[59] Dios se reveló en la historia como un *self*. Si un cristiano ha de conocer a Dios, él o ella deben ser antes conocidos por Dios y, por lo tanto, conocer su *self* tal como se refleja en la naturaleza de Dios. Esto es, los cristianos deben evaluarse según el reflejo de la penetración divina en el *self*, en la conversación entre Dios y la humanidad. Una vez más, los paralelos entre este proceso y el psicoanálisis son sorprendentes, porque el analista, como Dios, es, en el mejor de los casos, un espejo donde el paciente se ve estimulado a evaluarse a sí mismo, en vista de lo penetrante de la relación.

Desde la aparición del psicoanálisis de Freud, los psicoanalistas se han concentrado cada vez más en la psicología del *self* (yo). De este modo, están haciendo lo mismo que los teólogos, en un énfasis que, como en el caso de los dos Niebuhrs, tiene en cuenta de manera preponderante el *self* y la sociedad. Analistas tales como Heinz Kohut llevaron al psicoanálisis, hacia mediados del siglo XX, a dejar de concentrarse en el complejo de Edipo para hacerlo, en cambio, en el proceso de la maduración del *self*.[60] El principal problema, que aflige a la mayoría de las personas que buscan la psicoterapia, según Kohut, no son los conflictos sino un déficit en la estructura del *self*. La tarea del terapeuta es ayudar al paciente a desarrollarse desde un estado infantil de fragilidad y fragmentación, a una identidad coherente y estable, tal como le corresponde a un adulto. Esta tarea se desarrolla en la medida en que el terapeuta es capaz de llegar a ser un espejo para el paciente y se adapta, por empatía, a las necesidades individuales del paciente.

Los teólogos protestantes han intentado comprender e incorporar la psiquiatría psicoanalítica en una teología mejor informada, a la vez que limitan la identificación que Freud hace de toda religión con una proyección y una neurosis. Este intento se refleja, hacia principios de la década del setenta, en los escritos del filósofo Paul Ricoeur.[61] Ricoeur invita a sus lectores a poner a prueba su fe frente a las teorías de Freud. Aunque admite que los seres humanos son muy rápidos para proyectar sus propios temores y conflictos en algún tipo de simbolismo religioso, critica a Freud y a sus seguidores por su visión reduccionista de la religión. En vez de abandonar nuestra dependencia inmadura con respecto a figuras religiosas tales como Jesús, la meta del psicoanálisis, y de la madurez personal, es encontrar un expresión sana de esas necesidades en nuestra vida religiosa. Los seres humanos somos capaces de abandonar nuestra primera dependencia inmadura, sustituyéndola con los lazos de una dependencia ética y universal madura, como son los que caracterizan a la religión cristiana.

Ricoeur refleja la tendencia de la teología moderna a utilizar las teorías psiquiátricas pero no a estimular la conversación entre la psiquiatría y el cristianismo. Prefiere utilizar el psicoanálisis de manera aplicada, como método hermenéutico. Define la hermenéutica como "la teoría de las reglas que rigen... la interpretación de un texto particular o de un grupo de signos que pueden considerarse un texto".[62] La hermenéutica, según Ricoeur, está estructurada por una oposición fundamental. En un extremo, está la hermenéutica de la fe, que apunta a que el lector encuentre el significado de un texto; en el extremo opuesto, está la hermenéutica de la sospecha, que reduce y desmitifica el texto, desnudándolo de todas sus ilusiones. En la superficie, el psicoanálisis pertenece a la segunda variedad, aunque Ricoeur sugiere que el psicoanálisis puede ser una hermenéutica de la restauración.[63] Ricoeur no investiga la teoría psicoanalítica para encontrar en ella hipótesis empíricamente comprobables. Busca, en los textos psicoanalíticos, para aprender qué es lo que tienen para enseñarle, al filósofo o al teólogo, sobre la cultura y el destino, es decir, sobre las personas en medio de sus relaciones. "Una meditación sobre la obra de Freud tiene la ventaja de revelar el objetivo más amplio de esa obra... una reinterpretación de toda producción psíquica con respecto a la cultura, a partir de los sueños, pasando por el arte y la moral, hasta la religión misma."[64]

Una característica común de Tillich, los dos Niebuhrs y Ricoeur ha sido su intención de integrar la psiquiatría y la religión, sin torcer la teoría psiquiátrica para acomodarla a las prácticas religiosas. No les interesaba la pragmática de la práctica psiquiátrica. Ninguno pidió a la psiquiatría que convirtiera a sus pacientes a la fe cristiana. En cambio, estimularon a la psiquiatría a buscar una actitud filosóficamente más sana y teológicamente más abierta hacia los cristianos que buscan la ayuda de la psiquiatría.

El valor de esta conversación entre psiquiatras como Zilboorg y teólogos cristianos como Reinhold Niebuhr fue que ambos llegaron a desear el desarrollo de una filosofía que abarcara los aspectos neuro psiquiátricos y socioculturales de la humanidad. Pocos fueron tan ingenuos como para creer que puede practicarse la psiquiatría, que los pacientes de sufrimientos emocionales pueden curarse y que puede existir la armonía entre el cristianismo y la psiquiatría sin encarar previamente ciertas cuestiones filosóficas básicas. Algunos psiquiatras se sintieron obligados a intentar comprender a sus pacientes dentro del contexto de la comunidad cristiana, al mismo tiempo que muchos teólogos reconocieron su necesidad de los conocedores a fondo de la teoría psiquiátrica. Sin embargo, el intento de reconciliar las teorías de la psiquiatría con la teología protestante era difícil.

Durante las décadas del sesenta y del setenta, la conversación evolucionó, convirtiéndose en un debate. Específicamente, algunos cristianos evangélicos, tales como Jay Adams (véase más adelante), desafiaron a la psiquiatría, especialmente a los psiquiatras psicoanalíticos, por oponerse a la fe cristiana, y advirtieron a los cristianos que no debían buscar ayuda en los psiquiatras. El debate, más que una discusión intelectual desafiante, fue una especie de ejercitación de la musculatura de una masa evangélica mucho más poderosa. Es paradójico que el debate resultó ser muy seguro, tanto para los psiquiatras como para los cristianos, porque las posiciones asumidas eran tan radicalmente opuestas que no surgiría interés o incentivo alguno por mantener una conversación significativa, y menos aun para intentar la reconciliación. Antes y durante el debate, sin embargo, un grupo de teólogos prácticos, los teólogos de la atención pastoral, se sumaron a la conversación.

Educación pastoral clínica

El remanente más visible de esta conversación entre los teólogos cristianos y los psiquiatras es la Educación Pastoral Clínica (EPC). La tradición clínica de la atención pastoral, que empezó en la década del veinte, recibió una fuerte influencia del psicoanálisis freudiano.[65] Anton Boisen, del Hospital Estatal de Worcester, Massachusetts, empezó a capacitar seminaristas en 1925. Boisen anticipaba el surgimiento de todo un campo nuevo de especialistas:

> En vez de permitir que el psiquiatra sea el guardián exclusivo de las zonas profundas, espero que llegue el día, y para ello estoy trabajando, en que el especialista en religión sea capaz, con su ayuda, de descender hasta las profundidades del horrendo abismo de aquellos que son capaces de responder, aquellos cuyo auténtico y mejor yo está buscando nacer.[66]

Después de especializarse en el estudio de la psicología de la religión en el Seminario Teológico Unido de Nueva York, Boisen experimentó un episodio psicótico repentino que le exigió internarse como paciente psiquiátrico. A partir de ese momento, quedó convencido de que la exposición práctica a los enfermos mentales podía aclarar y aportar ejemplos de las dimensiones teológicas y éticas de la fe cristiana. Esta exposición puede servir para internalizar la teología. La metáfora que surgía para explicar esta internalización era la de *visión,* un concepto que podía transferirse fácilmente del psicoanálisis a la atención pastoral. La visión y, a su vez, la comprensión promoverían la tolerancia: la aceptación de los sentimientos, el cuerpo y la sexualidad. Por otro lado, esta visión derrotaría la rigidez y la condenación inherentes en la mentalidad protestante más conservadora. Los consejeros pastorales empezarían solidarizándose con las personas antes que poniendo el acento en las convenciones y reglas de la tradición de fe. En otras palabras, Boisen deseaba cambiar las relaciones de las personas que tienen problemas emocionales con su comunidad de fe, por medio de una reinterpretación de las enseñanzas de esa misma comunidad.

Howard Clinebell, un consejero pastoral prototípico, hace una lista de cinco ideas básicas, fundadas en el enfoque de Boisen, que jugaron un papel decisivo en la configuración del asesoramiento pastoral durante las décadas del cuarenta y del cincuenta. Estas ideas están asociadas muy de cerca con el psicoanálisis: una entrevista estructurada (la clásica hora de cincuenta minutos del psicoanalista), un método centrado en el cliente (asesoramiento no directivo), claridad de visión como meta principal del asesoramiento, el concepto de la motivación inconsciente y la raíz infantil de las conductas adultas.[67] Boisen no sólo se sentía cómodo con las premisas básicas de la terapia psicoanalítica, sino que las tradujo directamente en un modelo de asesoramiento pastoral que cualquier pastor de una iglesia local o parroquia podía aplicar. Sin embargo, no hizo mucho por expandir su arraigo en la teología cristiana.

La aparición de la EPC no fue aceptada de manera uniforme por las iglesias protestantes. La rechazaron incluso los teólogos protestantes más liberales. La teología del ajuste que subyacía en la EPC, según Tillich, era antitética a la verdadera religión. La teología verdadera no ajusta sus valores a los valores de la cultura dominante.[68] Sin embargo, en el crecimiento religioso, el ajuste y la exigencia de aceptación de la realidad, unidos al reconocimiento de la libertad innata, son dominantes, como paradigma del asesoramiento pastoral.

Rollo May, un pastor convertido en psicólogo, es un buen ejemplo de la teología realista prototípica. May sostenía que la vida humana está marcada por una tensión sana entre las libertades y la demanda de la realidad.[69] La visión se traduce a una capacidad para confiar en la realidad, y la fe se redefine como "confianza". La realidad es, en gran parte, la relación fáctica entre una persona y su cultura.

Esta teología de la fe como confianza, obtenida por medio de la visión y la relación terapéutica, cedió lugar a una orientación de algún modo diferente entre los consejeros pastorales después de la Segunda Guerra Mundial. En esa época, el campo estuvo sometido a la influencia de Carl Rogers. Rogers era particularmente atractivo, dadas las tendencias de su época. Las tendencias culturales se apartaron del legalismo, aproximándose más a una preocupación por la psicología, la afluencia de la posguerra y una ética de la autorrealización.[70] William Glasser ha descrito esas tendencias como la transición hacia una cultura de los Estados Unidos como una sociedad de identidad, que ya no está preocupada por la necesidad de adquirir las cosas que hacen falta para vivir, sino que se concentra en la introspección y la búsqueda de una identidad personal.[71] Los consejeros pastorales estaban en una situación ideal, no solamente para curar las emociones dañinas, sino también para enaltecer el desarrollo psicológico, desatar los potenciales ocultos y encontrar la identidad personal.

Rogers era muy optimista con respecto a la naturaleza humana y el potencial humano. No avizoraba límites a la capacidad de las personas con personalidades distorsionadas o conflictuadas, siempre que el terapeuta no interfiriera con el crecimiento personal. Por lo tanto, desarrolló un enfoque del asesoramiento basado en la interacción no directiva con los pacientes. Entre las intervenciones más dañinas en las que puede incurrir un terapeuta, según él creía, estaba la de dar consejos. Por medio de este método no directivo, su intención era no cambiar a las personas sino alimentar a la persona que desde el principio está existencialmente en cada uno de nosotros.

Las teorías de Rogers diferían del realismo teológico y del llamado a adaptarse a la sociedad. Las instituciones sociales, incluyendo la Iglesia, eran vistas como imposiciones a la libertad y la dignidad humanas.[72] El asesoramiento que sigue las enseñanzas de Rogers adolece del resultado paradójico de aislar la fe de la comunidad. En esto, Rogers sigue las ideas del psicoanalista y autor popular Erich Fromm.

Fromm exaltó la expresión de la individualidad única de cada uno, nacida del amor, para afirmar el yo individual y el de los otros. Sus obras también influyeron en la práctica del asesoramiento pastoral.[73] La influencia de Rogers y Fromm, especialmente el enfoque terapéutico no directivo de Rogers, que se abstenía de emitir juicios, creó una atmósfera de aceptación universal entre los asesores pastorales.[74] Una mirada positiva incondicional debía caracterizar su actitud frente al asesorado. Esta adaptación empática, que no emitía juicio con respecto al marco de referencia del aconsejado, debía tener como efecto que éste se sintiera siempre aceptado tal como era.

La terapia rogeriana también era un método seguro para quienes no recibían una capacitación integral como terapeutas. El consejero de esta tendencia no caería en la trampa de dar un mal consejo o de apartar la atención de la persona a la que estaba asesorando, mientras mantuviera la actitud de ofrecerle una mirada positiva de aceptación incondicional. Tal como se lo describe más adelante, no fue sorprendente que la atención pastoral que seguía las directivas de Rogers fuera apartándose, poco a poco, de la comunidad cristiana.

La claridad de visión y la comprensión, tales como las prescribía Freud, fueron el concepto central de las técnicas que se utilizaron para el asesoramiento pastoral durante las décadas del cincuenta y del sesenta. Sin embargo, la psicología freudiana, sobre todo los puntos de vista de Freud sobre el origen de los sentimientos religiosos, habían pasado a un segundo plano, y la autorrealización y la autoactualización habían pasado al primer plano. El interés teológico en Freud también fue desvaneciéndose. Los teólogos, tales como Reinhold Niebuhr, desviaron su ataque hacia Rogers, por su excesivo optimismo con respecto al crecimiento y la autorrealización, y la falta de percepción del impulso hacia el egoísmo inherente en la teoría rogeriana.

Los asesores pastorales, sin embargo, siguieron a Rogers.[75] A fines de la década del cincuenta y durante los sesenta, algunos asesores pastorales y teólogos protestantes empezaron a tener dudas con respecto a la evolución de la atención pastoral. La década del sesenta vio la aparición de una gran variedad de terapias y el surgimiento de la que fue llamada "sociedad psicológica". Un vocabulario psicológico invadió la sociedad con expresiones como "distiéndase", "encuéntrese a sí mismo", "reclame su espacio propio" y "haga lo suyo", que se oponían a la enseñanza de la comunidad cristiana. Muchos asesores pastorales abandonaron la iglesia institucional y se establecieron con consultorios privados, por su cuenta, o aceptaron cargos en instituciones de cuidado de la salud.

Otros, sin embargo, se preguntaron si un verdadero cuidado pastoral podía darse fuera de la iglesia.[76] ¿La muy mentada autoactualización podía suceder fuera del contexto de un grupo y de las relaciones interpersonales? Esta tensión con respecto a la atención pastoral sigue en pie hasta hoy. Algunos asesores pastorales expresan preocupaciones aún más básicas, cuestionando si la meta psicológica de la salud mental es equivalente a la meta espiritual del crecimiento y la salvación. Albert Outler, por ejemplo, subraya la necesidad de que la teología controle y limite los supuestos de las nuevas psicoterapias. Por ejemplo, la verdadera autorrealización exige negarse a sí mismo y abstenerse de actualizar lo que uno es.[77]

Los consejeros pastorales también lucharon por conseguir una identidad separada de los psicoterapeutas seculares. Algunos sugirieron que el contexto define la atención pastoral, pero "el contexto" es un concepto abstracto que no significaba mucho para el pastor y el parroquiano. Aunque la Asociación Norteamericana de Consejeros Pastorales votó, hacia fines del 1960, oponer la práctica privada del psicólogo o el psiquiatra de la atención pastoral, o la práctica fuera del contexto de la iglesia, esto hizo poco para detener a los asesores pastorales que se establecían por su cuenta, independientemente de las iglesias y muy cerca e incluso en asociación con terapeutas seculares.[78] La atención pastoral, en gran parte, llegó a confundirse totalmente con las terapias seculares que llegaron a ser muy populares hacia fines del siglo XX.

Pese a los programas de capacitación separados, la atención pastoral se define hoy más por su papel distintivo que por su manera única de acercarse a aquellos que sufren en el plano de sus emociones. En otras palabras, el consejero pastoral es un pastor que asesora usando métodos que, en su mayor parte, no pueden diferenciarse de los que usa el psicólogo secular. La identificación religiosa del consejero pastoral se hace evidente en su título, antes que en el uso de la teología para guiar su práctica. Estos papeles es mucho más probable encontrarlos fuera de la Iglesia que en ella, en los puestos de capellanía en un hospital o en el ejército. El capellán de un hospital, entonces, es un consejero pastoral que puede llegar a confundirse totalmente con el terapeuta secular que atiende pacientes que sufren problemas tanto emocionales como, en algunos casos, físicos.

Quizá he ido demasiado lejos en el intento de sustentar mi argumentación. Sin embargo, la atención pastoral, pese a haber prestado una gran ayuda a muchas personas que sufrían, ha estimulado poca o ninguna conversación entre la psiquiatría y el cristianismo.

Estaba preparado el escenario para un nuevo movimiento: el asesoramiento cristiano evangélico. Los consejeros cristianos de trasfondo evangélico con una capacitación profesional eran muy pocos hasta la década del sesenta. Para que el movimiento de asesoramiento cristiano se estableciera de manera firme, era esencial conseguir una identidad única. La atención pastoral había reclamado ese papel en las iglesias protestantes tradicionales, aun si todo esto sucedía fuera de la Iglesia institucional. Freud tenía poca influencia sobre las nuevas psicoterapias que los psiquiatras y los asesores pastorales practicaban de manera generalizada. Durante los sesenta, la psiquiatría, en su mayoría, se alejó cada vez más de Freud. Sin embargo, Freud y lo que se percibía que representaba llegaron a ser el elemento central que establecería la identidad inicial de los consejeros cristianos evangélicos.

La conversación se vuelve debate

Muchas personas extraordinarias participaron de la conversación entre la psiquiatría y el cristianismo durante mediados del siglo XX. Estas personas estaban bien arraigadas en sus propios campos y, sin embargo, habían efectuado profusas lecturas en otros campos, tales como la historia, la sociología y la antropología. Conocían particularmente bien, en cuanto a los teólogos, el psicoanálisis y, en cuanto a los psicoanalistas, la teología cristiana. También fueron capaces de hablar al público general. Los que no eran profesionales pero tenían una buena educación podían comprender tanto los escritos de Freud como los de Reinhold Niebuhr.

Este amplio margen de comprensión y capacidad para explicar poco a poco fue haciéndose cada vez más difícil a medida que la base de cada campo de estudio creció y la especialización fue reemplazando al generalismo. Algunos psiquiatras se acantonaron en la teoría psicoanalítica como dogma. Percibían como su misión, ahora, liberar a los cristianos poco sofisticados de sus creencias arcaicas y restrictivas. Los cristianos evangélicos se retiraron a la seguridad fundamental de las Escrituras y lanzaron un ataque frontal contra la que ellos veían como una filosofía hedonista y atea: la psicoterapia psicoanalítica. Durante la década del sesenta, muchos psiquiatras y muchos cristianos se atrincheraron para la batalla. Los campos de batalla eran la naturaleza de la culpa, el ateísmo expreso de Freud, la libertad sexual, la verdad contra la ficción de nuestras propias historias de vida, si la fe cristiana es una debilidad o una fortaleza, si el confesor de los que padecen sufrimientos emocionales debe ser el psiquiatra o el pastor.

Quizá hubo otra razón para que los psiquiatras y los cristianos evangélicos se vieran enfrentados en un campo de batalla: sus posiciones relativas dentro de la sociedad. A. T. Grounds ha señalado que:

> El lugar que los teólogos ocupaban en las universidades es similar al que los psiquiatras ocupan en la medicina. Ambos evocan respuestas perplejas o son el tema de chistes sarcásticos por parte de sus colegas académicos... Tanto los psiquiatras como los teólogos se enfrentan con el problema de convencer a otros sobre el valor de lo que hacen.[79]

Tanto los psiquiatras como los cristianos evangélicos eran ridiculizados por sus colegas debido a lo poco sofisticados que eran. Una respuesta típica cuando uno se siente poco valorado es desplazar esta percepción a otro grupo. (Muchos de los prejuicios en nuestra sociedad han surgido de este tipo de desplazamiento.) Por esta razón y otras, los cristianos evangélicos conservadores se han convertido en blancos convenientes para algunos psiquiatras, y viceversa.

La psiquiatría había tropezado con problemas y había experimentado cambios durante los años de la juventud del psicoanálisis, en la primera mitad del siglo XX. Otros especialistas médicos criticaban a los psicoanalistas por negarse a someter sus técnicas de tratamiento a la comprobación del estudio empírico. Se estaba muy lejos de poder demostrar que muchas horas muy largas y una cantidad considerable de dólares gastados en el psicoanálisis bastaban para robustecer el bienestar de sus pacientes y curaban sus desórdenes psiquiátricos.

Algunos psicoanalistas, a su vez, cuestionaban el cristianismo, considerándolo el misticismo no científico de los menos educados. Este desafío de los psicoanalistas al cristianismo derivaba, por lo que podía verse, de una disección de la religión basada en el análisis. Puede haber resultado, en parte, de un reflejo del cuestionamiento del psicoanálisis por las otras especialidades médicas. Sea como fuera, estos psiquiatras no hacían lugar para las creencias cristianas entre sus prescripciones para la curación. Afirmaban que el cristianismo socava el bienestar emocional de sus adherentes. Las religiones, de las que el cristianismo es sólo un ejemplo, explotan a los individuos por su carácter institucional y su habilidad para controlar a las personas e inhibir la expresión libre de sus impulsos naturales. La religión también ejerce una opresión institucional sobre sus adherentes al conformar y facilitar la culpa del superyó, con todos sus efectos detrimentales y patológicos.[80] La religión perpetúa la inmadurez, tanto personal como intelectual. No hay compromiso. No sólo las creencias cristianas fundamentales son incompatibles con el bienestar emocional y la madurez psicológica, sino que también son, en parte, una huida de esas creencias. Tal como lo había sugerido Feuerbach un siglo antes, "el dios del hombre es el HOMBRE. Ésta es la ley más alta de la ética".[81]

Puedo dar testimonio de haberme encontrado con esta creencia respecto a la religión cristiana, por parte de la psiquiatría, cuando ingresé al estudio académico de esta especialidad médica. Aunque era aceptado en cuanto persona, la mayoría de mis colegas creía que mis puntos de vista religiosos cambiarían drásticamente a medida que avanzara en mi capacitación como psiquiatra. Si yo intentaba establecer una discusión entre la psiquiatría y la religión, mis preguntas no recibían respuesta alguna. Algunos de mis compañeros de estudios no podían aceptar que el domingo era un día especial para mí y, de vez en cuando, se enojaban conmigo si yo, por ejemplo, me negaba a participar en un evento social porque estaba comprometido con las actividades de mi iglesia.

Estas experiencias, sin embargo, eran raras. Pude incorporarme sin problemas en la comunidad estudiantil de Duke, mientras no hablara demasiado de mis creencias religiosas.

Es probable que el aspecto más perturbador de aquellos primeros años en Duke no fue que mi fe fuera puesta en tela de juicio, sino que se la hacía a un lado, como si fuera algo trivial. Muy pronto aprendí que, si guardaba silencio con respecto a mis creencias, aun si los otros sabían cuáles eran, no tenía dificultades para relacionarme con los profesores o mis compañeros.

Pese a la visión estricta de algunos psicoanalistas durante las décadas de los cincuenta y los sesenta, había otros psicoanalistas que se mantenían abiertos a la conversación. Earl Briddle, por ejemplo, escribió, en los cincuenta, sobre la integración de la psiquiatría y la religión.[82] Postulaba que las diferencias entre la psiquiatría y la religión se basaban, sobre todo, en los términos materialistas que usaba la psiquiatría para describir la conducta humana. "Debiera esperarse que las explicaciones científicas del comportamiento humano en términos puramente materialistas suscitara la oposición no solamente de los clérigos sino de cualquiera que estuviera interesado en la religión."[83] Los psiquiatras de orientación psicoanalítica enfocan el problema de la culpa como si fuera un conflicto que debe resolverse por medio del psicoanálisis, que romperá las limitaciones impuestas sobre los impulsos naturales, especialmente los impulsos sexuales. Una moralidad cristiana que limita la libertad sexual se consideraba inmadura o quizá, incluso, patológica.

En general, los psicoanalistas no atacaron al cristianismo de manera frontal durante los años sesenta, pero lo interpretaban como evidencia de inmadurez emocional y falta de inteligencia. Por ejemplo, en 1965, Edgar Draper y sus colegas exploraron el valor, a efectos del diagnóstico, de una entrevista religiosa.[84] Aun cuando no recomiendan la investigación religiosa, sugirieron que las creencias religiosas de un paciente podían ser útiles para determinar un diagnóstico psiquiátrico. "Pacientes con una mentalidad muy poco psicológica... según se descubrió, eran particularmente capaces de hablar de sus actividades y creencias religiosas, mientras que habían mantenido levantada su guardia durante las entrevistas psiquiátricas rutinarias." Como ejemplo, estos autores proponían que la conclusión de un paciente, de que el mal existía en el mundo porque los hombres se habían apartado de Dios y las reglas de la Biblia, era una respuesta compulsiva cuando sentía culpa por los propios impulsos destructivos. El deseo de contribuir a la paz en el mundo derivaba de una preocupación fálica, consecuencia de sus sentimientos de no funcionar de manera adecuada como hombre. En otras palabras, la fe de este hombre no era real ni benéfica. Sus muy loables metas no derivaban de motivaciones nobles.

Carl Christensen, en un trabajo publicado durante este mismo período, explora la conversión cristiana.[85] Las personas que experimentan una conversión religiosa, decía, no pueden resolver su culpa y su ira por los medios comunes, sanos. "Los valores religiosos las ayudan a mantener la represión y apoyar a su ego. Cualquier amenaza dirigida hacia esas creencias, por lo tanto, se percibe como un ataque al que hay que responder con la correspondiente defensa." La conversión, entonces, es un signo de inmadurez y debilidad.

Estos ejemplos no son representativos del pensamiento de la psiquiatría durante los cincuenta y sesenta. Cuando se repasa la literatura psiquiátrica de esta época, es difícil encontrar expresiones anticristianas abiertas. La actitud de los psiquiatras, en general, consiste en trivializar la fe de los cristianos, especialmente la fe simple de los cristianos evangélicos que han recibido poca educación.

Stephen Carter capta esta actitud moderna estadounidense hacia la religión en su libro *The Culture of Disbelief*.[86] Sugiere que, en nombre de la libertad religiosa, en la sociedad estadounidense se restringe y trivializa la expresión de la fe. Por ejemplo, un judío conservador que se incorporó al ejército creía que debajo de la gorra de su uniforme debía seguir usando la gorra ritual de los judíos. Pero esta actitud no fue admitida, en nombre de la libertad religiosa o de la separación entre la Iglesia y el Estado. Se aceptan las creencias religiosas siempre que no se expresen en palabras o acciones que puedan incomodar a otros, de diferentes creencias.

El Grupo para el Progreso de la Psiquiatría señaló, en 1947, que la psiquiatría no está en conflicto con la moral o la ética de la religión, sino que deja libres a las personas para afirmar la moral y la ética que surgen de la afirmación consciente, la devoción racional y la conducta aceptada, antes que aquellas que resultarían de un esquema de conducta compulsiva, basada en el temor.[87] Esta psiquiatría, neutral desde el punto de vista de los valores, no fue percibida en cuanto tal por los cristianos evangélicos. La vieron como un ataque a su fe en nombre de la aceptación.

La trivialización del cristianismo por parte del psicoanálisis fue cuestionada aun por los psicólogos seculares. Un desafío precoz a la psiquiatría freudiana se originó en la línea predominante de la psicología y fue muy rápidamente recogida como arma por los consejeros evangélicos. O. Hobart Mowrer, un ex presidente de la Sociedad Estadounidense de Psicólogos, argumentaba que la represión del superyó (la conciencia) por medio de la alineación del yo con el ello, tiene como consecuencia una patología antes que una cura. Fue más allá, aun, y desafió a los cristianos a recoger el guante. "¿Ha vendido la religión evangélica su herencia por un plato de guiso psicológico?"[88] Jay Adams, un pastor que era estudiante en Mowrer, concluyó que la mayoría de las personas que él entrevistaba en instituciones mentales estaban allí "no porque estuvieran enfermas, sino porque eran pecadores. En sesiones de asesoramiento pastoral, descubrimos, con una coherencia que nos sorprendió mucho, que los principales problemas que tenía la gente los habían inventado ellos mismos. Otros... que no eran sus problemas; ellos mismos eran sus peores enemigos".[89]

Del mismo modo en que, durante la década del sesenta, la mayoría de los psiquiatras no parecían estar interesados en la conversación con los cristianos, aparecieron algunos consejeros pastorales cristianos evangélicos, como Adams, que no experimentaban deseo alguno de conversar con los psiquiatras. Cuando el tema era la naturaleza de la culpa, no había virtualmente lugar para la conversación. Mucho menos, incluso, para la reconciliación.

> El trabajo del asesoramiento pastoral deben practicarlo preeminentemente los ministros de la Iglesia y otros cristianos cuyos dones, capacitación y llamado los califican y requieren que realicen esa tarea, de manera especial. No dudo de que los problemas médicos exigen una colaboración íntima con el profesional de la medicina (preferiblemente, un cristiano). Sin embargo, decir todo esto no niega la competencia del consejero cristiano para aconsejar... No debería verse necesidad alguna, por lo tanto, de referirse a una casta autodesignada, los psiquiatras, que han declarado científicamente que su provincia necesariamente va más allá que su propio terreno.[90]

El blanco del ataque del cristiano evangélico contra la psiquiatría era el concepto que Freud tenía, según sus propias declaraciones, sobre el cristianismo. Freud "declaró científicamente" que la provincia de la psiquiatría se extiende más allá del cerebro, al alma y la mente de las personas, especialmente en sus últimos escritos. Para los cristianos evangélicos, el conflicto estaba planteado como el debate "de Freud contra Dios". Freud decía que el ateísmo era la barrera para el diálogo. Aunque Freud y Pfister habían mantenido una correspondencia amigable, la percepción de los legos con respecto a Freud no les servía como base para establecer una relación de diálogo de tono amigable con el psicoanálisis.[91]

Leí las obras de Jay Adams mientras estaba estudiando psiquiatría. Por desgracia, sus argumentos arrojaban más calor que luz sobre la conversación que yo buscaba. Y sentí que mi reacción hacia Adams era más negativa que mi reacción previa frente a los psicoanalistas que parecían empeñados en trivializar mi fe. Según mi lectura, Adams sostenía que, más allá del uso de drogas, no hay lugar para un médico en el tratamiento del cristiano que experimenta sufrimiento emocional. También reaccioné contra su ataque a Freud que a mí, aun en aquella etapa de mi capacitación, me pareció superficial, cáustico y no productivo. Un teólogo católico, Hans Küng, parecía estar más cerca de la verdad.

Küng intentó suavizar la barrera en su libro de 1979 *Freud and the Problem of God.* Analizando el ateísmo de Freud, Küng concluye que la teoría psicoanalítica, pese a su abierto ateísmo, contenía desde el principio un fundamento para la consideración de lo espiritual. Muchos judíos afirman que Freud era una persona religiosa, interpretación increíble para la mayoría de los cristianos evangélicos. Según el Talmud, sin embargo, si un hombre niega a Dios pero vive según sus preceptos, es aceptable a los ojos de Dios. Por lo tanto, hay muchos que creen que Freud, pese a sus escritos sobre la naturaleza neurótica de las creencias y prácticas religiosas, era sin embargo religioso en su sinceridad, su integridad y la persistencia de su devoción a sus teorías y profesión.[92]

La teoría psicoanalítica, tal como evolucionó a lo largo del tiempo, no es tan antirreligiosa como lo implican los escritos de Freud. Hubo discípulos de Freud, tales como Jung y Viktor Frankl, que pudieron transferir el enfoque de la teoría psicoanalítica sobre la sexualidad reprimida al problema de la identidad y el significado. Psicólogos como Erik Erikson y Rollo May, fundados en el psicoanálisis, identificaron la angustia que sufrían muchos occidentales hacia mediados del siglo XX, como derivada de un sentimiento de vacío, un concepto con el que muchos asesores pastorales podían aliarse.[93] Sin embargo, la mayoría de los consejeros cristianos experimentaban la necesidad de montar un contraataque para combatir el ateísmo y el hedonismo que percibían en los psicoanalistas.

Los cristianos evangélicos también tuvieron grandes dificultades, especialmente durante la turbulenta década del sesenta, para aceptar las implicaciones del acento que pone Freud en la libertad sexual. ¿No fue el reconocimiento culpable de su desnudez lo que actuó como señal del engaño del pecado para Adán y Eva? ¿No estaba el descubrimiento del deseo y el placer sexual por parte de Freud en el corazón mismo del pecado? Freud había llevado la cuestión de la sexualidad mucho más allá de la liberación de los deseos sexuales. Osó sugerir que el desarrollo normal del niño inocente avanza atravesando una etapa en la que desea al progenitor del sexo opuesto al suyo, junto con el deseo de matar a su progenitor del mismo sexo, etapa que se conoce como el complejo de Edipo. Tal interpretación de la inocencia de los niños, los mismos niños que Jesús propuso como ejemplos para los adultos, no era un concepto fácil de aceptar por el consejero cristiano evangélico, orientado hacia la familia. Si Jesús estimuló a sus discípulos a dejar "que los niños fueran a él... porque el Reino de los Cielos pertenece a los que son como ellos" (Mt 19, 14), el concepto de Freud no podía tolerarse.[94]

Según la teoría psicoanalítica, el conflicto que resulta de la falta de resolución del complejo de Edipo, y de todo otro desarrollo restringido o pervertido, se resuelve cuando el paciente vuelve a contar la historia de su vida. El problema del neurótico es el de una visión inexacta de su propio pasado, que lleva a su vez a una interpretación inadecuada del pasado sociocultural. A los cristianos también les interesaba la historia de la vida individual dentro del contexto del pasado sociocultural de cada uno, es decir, de la herencia religiosa. La meta del cristiano es vivir su historia de vida dentro de la historia más amplia del Evangelio. Stanley Hauerwas, en *A Community of Character,* sugiere que, de hecho, la comunidad cristiana está "conformada por la historia".[95] La tarea de la Iglesia es ser la clase de comunidad que narra, y lo hace de manera correcta, la historia de Jesús. Aun cuando la historia no puede garantizarse como históricamente exacta en cada uno de sus detalles, la comunidad está obligada, de todos modos, a transmitir esa historia, y a hacerlo con gozo.

Existía una diferencia fundamental entre los puntos de vista sobre la historia de los cristianos evangélicos, por un lado, y de los psiquiatras, por el otro. Para el cristiano, el factor crítico es la historia más amplia. Cada historia individual se vive dentro de esta historia más amplia. Uno encuentra el significado que necesita para su vida en la historia de Jesús. El psicoanalista, de manera contraria, estimula a los pacientes a desafiar y cuestionar la historia más amplia, basándose en una reinterpretación de su historia individual. Si el paciente es varón, y amaba a su madre y quería matar a su padre a fin de poseer sexualmente a su madre, la fe cristiana debe haber surgido, necesariamente, de un conflicto similar. En *Tótem y tabú*, Freud describe cómo debe haber sucedido esto.[96] La comunidad primitiva estaba dominada por un macho poderoso y violentamente celoso que capturaba a las mujeres para hacerlas suyas, al mismo tiempo que obligaba a huir o mataba a todos sus rivales, incluyendo a sus propios hijos.

> Un día, los hermanos que habían sido expulsados se reunieron y entre todos juntos mataron y devoraron a su padre, poniendo fin, de este modo, a la horda patriarcal. Unidos, encontraron el valor y consiguieron hacer lo que hubiera sido imposible lograr por separado... El padre primordial, violento, había sido sin dudas el modelo temido y envidiado de cada uno de los integrantes de la compañía de hermanos:

en la acción de devorarlo, lograban su identificación con él, y cada uno adquirió una parte o porción de su fuerza.[97]

La doctrina cristiana de la expiación, para Freud, es una admisión de la culpa que deriva de este hecho primitivo, apenas disfrazada. Cristo, el Hijo, representa la culpa por medio de su propio sacrificio. La Eucaristía se vuelve simbólica del sacrificio original que, al mismo tiempo, eliminaba al Padre y expiaba la culpa. Esta historia de Jesús está muy lejos de la preciosa historia que creen los cristianos evangélicos.

Una de las principales atracciones de la psiquiatría, para mí, era la oportunidad de escuchar las historias de mis pacientes, y posiblemente ayudarlos a reinterpretar esas historias. Sin embargo, yo no podía aceptar ni la visión psicoanalítica ortodoxa ni la visión superficial que cada uno tenía de su propia historia. La visión psicoanalítica, me parecía, se concentraba de manera muy estrecha en el desarrollo sexual. Los escritos de personas como Rollo May, Viktor Frankl y Erik Erikson estaban mucho más de acuerdo con mi visión de la infancia y del desarrollo adulto. La visión cristiana superficial de la familia idealizada también me resultaba inaceptable. La vida es dura (mi propia infancia no fue tan placentera que digamos) para los cristianos y para los no cristianos del mismo modo. Sin embargo, me parecía que aprender a contar la propia historia era una parte central de la curación, y escuchar esa historia era una parte central de la tarea del terapeuta.

Freud no solamente vio a la fe cristiana como un desarrollo detenido, vio la religión como débil. La religión es un opio (como también lo había sugerido Karl Marx).[98] La religión sirve como consuelo por las injusticias de la vida, haciendo que las personas acepten su condición social y económica, y se nieguen a desafiar a quienes los oprimen.

> El hombre convierte las fuerzas de la naturaleza no simplemente en personas, con las que puede relacionarse de igual a igual, en un cierto modo —aunque eso no haría justicia a las impresiones de omnipotencia con que esas fuerzas lo impresionan—, sino que les da el carácter de un padre. Los convierte en dioses, siguiendo, al hacerlo, un prototipo infantil.[99]

Los cristianos evangélicos no podían tolerar la acusación de ser inherentemente débiles. ¿No son los cristianos como soldados que marchan a la guerra? ¿Deben equipararse el pacifismo (cuando se lo adopta) con la impotencia? ¿Debe necesariamente identificarse la cruz como una señal de capitulación frente al mal que hay en el mundo? Una vez puestas en tela de juicio la integridad y la potencia del cristianismo, los cristianos no tenían más remedio que responder atacando a Freud en persona. Facilitó la confrontación, sin duda, el hecho de que Freud fuera judío, porque algunos cristianos tienen mucho miedo de los judíos (un temor que ha mantenido encendidas las hogueras del antisemitismo durante siglos), creyendo que desde el momento en que los judíos mataron a Cristo han estado intentando destruir la fe cristiana. Este flagrante prejuicio, sin dudas, contribuyó al debate, en gran medida porque los líderes del psicoanálisis en los Estados Unidos en aquella época eran predominantemente judíos. En realidad, los psiquiatras no han elegido la fe cristiana como blanco de sus ataques; Freud desafió los fundamentos de la fe judía de manera tan directa como los de la cristiana.

Desde mi perspectiva, el cristianismo no era tan débil que no pudiera soportar autoexaminarse. El psicoanálisis y las filosofías que conforman el fundamento del psicoanálisis freudiano deben ser considerados seriamente por el cristiano como una alternativa. Freud me desafía a revisar mis creencias y mi comunidad de fe. Si mi reflejo era atacar en vez de reflexionar y conversar, no creo que mi fe fuera digna de una consideración seria. No hubiera podido vivir con un cristianismo sin razón.

Por último, el debate se redujo a sus términos más pragmáticos, o sea, a preguntarse quién era el confesor más adecuado. No quiero decir "confesor" en el sentido más tradicional de la Iglesia católica. El cristianismo protestante había eliminado la necesidad de la confesión y estimulaba a los cristianos a relacionarse con Dios de manera directa, a través de la intermediación divina de Jesús. El nuevo confesor es la persona que nos ayuda en el proceso de la catarsis emocional. Tanto el pastor evangélico como el psiquiatra estaban solicitando, de los que sufrían en el plano de las emociones, que vinieran y les confesaran sus sentimientos más íntimos. Ambos prometían la curación de las emociones.

En la época en que Freud empezó a dominar la psiquiatría, los cristianos habían recibido, anteriormente, atención psiquiátrica, en una gran parte sólo para los problemas psiquiátricos más graves. El tratamiento, por lo general, había tenido como base el hospital e involucraba alguna forma de terapia de base biológica, como por ejemplo el electrochoque. La psicoterapia practicada en el consultorio del psiquiatra no se generalizó hasta la implantación del psicoanálisis. Hasta entonces, el pastor o el sacerdote habían sido los consejeros naturales de la gente que experimentaba problemas emocionales. Se planteó, sin duda, una competencia entre el pastor y el psiquiatra, especialmente cuando cada vez más los pastores evangélicos empezaron a buscar una formación profesional para el asesoramiento pastoral, como parte de su formación como pastores.

El debate, aunque duró poco tiempo, fue muy caliente. Cuando pensé por primera vez en estudiar psiquiatría, en 1969, entré en el momento más intenso de la batalla. Mis amigos en la Iglesia de Cristo no podían creerlo. "¿Cómo puedes ser cristiano y psiquiatra al mismo tiempo?" "Esos psiquiatras te volverán ateo." "Los psiquiatras no te pueden ayudar, solamente te forzarán a abandonar tu fe."

El predicho debate nunca se materializó del todo. Cuando se intentaban reavivar las llamas, el fuego se apagaba. Hacia 1970, se estaban produciendo cambios, tanto en el psicoanálisis como en el cristianismo, que eliminarían después de unos veinte años la necesidad de cualquier debate posible. Los psiquiatras no tardaron mucho en olvidarse de Freud, así como de Jung, Frankl y Menninger. La psiquiatría, por su lado, no podía sostener su legitimidad como especialización médica mientras mantuviera al psicoanálisis como su forma de terapia fundamental. El descubrimiento de los mecanismos biológicos de la enfermedad y la aplicación de procedimientos de diagnóstico y terapias tecnológicamente sofisticados fueron las fuerzas que hicieron mover a la medicina hacia delante durante la década de los años setenta. El descubrimiento de la penicilina y otros remedios durante la Primera y la Segunda Guerra Mundial puso en manos del médico armas muy potentes. Las nuevas terapias demostraban su efectividad en todas las especializaciones médicas. Las tecnologías de avanzada abrieron caminos totalmente nuevos para el diagnóstico de las enfermedades. Por ejemplo, el cateterismo cardíaco, que se convirtió en un procedimiento de diagnóstico habitual durante esa misma década del setenta, permitió ver directamente cómo funcionaban las arterias del corazón; el *by-pass* coronario ofreció curación instantánea a las personas que sufrían de enfermedades cardíacas. La psiquiatría siguió por el mismo camino, con el surgimiento de la neuropsiquiatría. Los psiquiatras dejaron de buscar el alma.

Los cristianos, por su lado, olvidaron a Tillich y a los Niebuhr. Los consejeros pastorales cristianos evangélicos modernos han evitado las discusiones sobre las implicaciones teológicas de la psiquiatría moderna, especialmente de la neuropsiquiatría. Los restos de la conversación y el debate están escondidos en un subtítulo del programa de atención pastoral o hermenéutica, en los seminarios, o en los ataques contra nuestra cultura anticristiana en un sentido más amplio, que muy rara vez se abre a la consideración del cristiano en el banco de la iglesia. En cuanto a la psicoterapia, el cristiano escucha las promesas de los neuropsiquiatras, de una píldora que curará todas las enfermedades. Y sus consejeros pastorales, por otro lado, en una acción complementaria antes que opuesta, brindan sin obstáculo sus recomendaciones para la salud, la riqueza y la felicidad. No hay conflicto, sino complementación.

El acomodamiento confortable

En un momento en el que las facciones, en su tironeo, parecen a punto de rajar la tela de la sociedad occidental, las relaciones entre la psiquiatría y el cristianismo se caracterizan por un confortable acomodamiento mutuo. Stephen Jay Gould nos brinda el contexto para entender este acomodamiento, cuando propone que la religión y la evolución pueden convivir en armonía porque hablan dos lenguajes diferentes:

> La ciencia y la religión son armónicas entre sí porque viven en dominios diferentes, cada uno de los cuales es importante para que vivamos una vida plena. La ciencia es una indagatoria en el estado fáctico de la naturaleza y la explicación de cómo estos hechos han llegado a ser lo que son. La religión es el dominio de la ética y los valores. No hay razón para esperar que en algún momento puedan superponerse. Cualquier vida plena necesita considerar ambos temas. Pero ése es el estilo de la armonía. Son armónicas, porque no entran en conflicto.[100]

Esta afirmación la hace un biólogo evolucionista y sin duda perturbaría a cualquier evangélico, que ve la teoría de la evolución como un desafío directo a la narración bíblica de la creación. Sin embargo, estos mismos evangélicos enfocan su relación entre la psiquiatría y el cristianismo como armónica. La psiquiatría y el cristianismo quizás hablen, hoy, lenguajes diferentes. Pero es muy poco probable que vivan en mundos diferentes y que por eso sean armónicos.

Un consejero pastoral cristiano conocido se hace eco de este espíritu de acomodamiento cuando describe la naturaleza de la depresión. "La depresión, muchas veces, tiene una base física. [Los enfoques médicos] muchas veces ayudan aliviando los síntomas. El asesor no médico no está calificado para decidir si los principales síntomas del paciente son inducidos por la mente."[101] Este mismo consejero, sin embargo, sugiere que lo espiritual y lo físico pueden llegar a superponerse, hasta el punto de que las crisis espirituales pueden ser la causa de síntomas físicos. Está preparado para ceder su lugar al psiquiatra, cuando la depresión es muy grave. Prácticamente todas las depresiones graves están acompañadas de síntomas físicos. Si una depresión es grave, se la percibe como ubicada más allá de los límites de la teología cristiana y de la ayuda que puede prestar el consejero que no es médico. Por implicación, el sufrimiento emocional severo también está más allá de la influencia de la comunidad cristiana. La comunidad sanadora no puede ministrar a las personas que padecen de enfermedades mentales graves.

¡Qué paradoja! Los pensamientos suicidas, los síntomas depresivos más graves muy posiblemente llegan mucho más al corazón de la teología cristiana. Como decía Camus: "Hay solamente un problema filosófico serio, y éste es el del suicidio. Juzgar si la vida es o no es digna de vivirse implica la respuesta a la pregunta fundamental de la filosofía."[102]

Los psicólogos y los cristianos están de acuerdo en vivir y dejar vivir frente a los enfermos mentales graves. Los cristianos prometieron ocuparse de la incertidumbre teológica que forma parte ancilar de todo problema emocional grave. Los psiquiatras se ocupan del problema *real*. Los psiquiatras, del mismo modo, admiten la dualidad de papeles y hasta han llegado a incluir la "inseguridad religiosa" como una categoría separada en su sistema de diagnosis (*Diagnostic and Statistical Manual of Mental Disorders,* 4.ª edición [DSM-IV]), una categoría que, por definición, refieren al pastor.[103] (Véase capítulo cuatro.)

Hoy es mucho más probable que leamos sobre el acomodamiento entre la psiquiatría y la religión que sobre sus conflictos.[104] Por ejemplo, John McIntyre, recientemente presidente de la Asociación Psiquiátrica Estadounidense, llevó hasta Salt Lake City, Utah, en peregrinaje, a una delegación de psiquiatras, en 1994. Su meta era entrevistarse con los líderes mormones, y mejorar el diálogo entre la psiquiatría y las religiones. Hizo una visita similar, en 1993, para visitar al Papa, con una delegación de psiquiatras, en una misión de buena voluntad. Estos psiquiatras han declarado que la guerra entre la psiquiatría y la religión ha terminado, y ahora podemos levantar la bandera de la paz.[105]

Desde una perspectiva pragmática/funcional, la cooperación entre los psiquiatras y los cristianos, comparada con el debate hostil, es buena tanto para los pacientes como para los profesionales a su servicio. Sin embargo, el actual acomodamiento no se basa en el diálogo sino en la práctica paralela. La psiquiatría no informa al cristianismo, ni el cristianismo informa a la psiquiatría. Al entrar en una era en que algunos sugieren que la visión científica de las funciones cerebrales permitiría la perspectiva de llegar al momento en el cual se puedan encargar personalidades hechas a medida, sacadas directamente de las estanterías de las farmacias, una era durante la cual el antidepresivo Prozac se ha convertido en una droga "de culto", es evidente que se necesita el diálogo para que no pensemos en el sufrimiento emocional como algo que puede sacarse del sistema pensándolo, o drogándose.[106] A la psiquiatría no parecería preocuparla que el cristianismo ceda demasiado de su responsabilidad para con los enfermos mentales. Pero al cristianismo, por su lado, no parecería preocuparle que la psiquiatría haya relegado la naturaleza y la conducta humanas, incluso lo espiritual, a la biología del cerebro.

Quizá sea mucho más perturbador que tanto la psiquiatría como el cristianismo apenas si han penetrado la epidermis de la angustia, que es omnipresente en la sociedad moderna occidental. Los psiquiatras han drogado y los cristianos han negado muchas de las fuentes de tensión de la vida moderna, que causan diversos sufrimientos emocionales y apartan a las personas entre sí y de las tradiciones de su fe. ¿Cómo ha podido suceder esto? Sugiero, en los siguientes capítulos, que tanto la psiquiatría como el cristianismo han abandonado los temas de debate que cubren los hechos críticos más pertinentes para la comprensión del sufrimiento emocional. Han descuidado la historia personal y social, y han ocupado muy poco de su tiempo en la lucha contra las realidades más penosas de nuestra sociedad. Algunos temas, poco santos y poco sanos, dominan tanto la psiquiatría como el cristianismo.

Estos temas invaden la sociedad occidental como un todo. Vivimos en una sociedad de un narcisismo perturbador, una sociedad que exige la gratificación instantánea, incluyendo el derecho al bienestar emocional, así como la autorrealización y la autosatisfacción. Dada la tecnología moderna, no creemos que sea necesario sufrir. Si el consumidor exige el alivio instantáneo, tanto el psiquiatra como el consejero cristiano se sienten obligados a producir alivio.

El antiintelectualismo también empapa todo el tejido tanto de la psiquiatría como del cristianismo. Son poco frecuentes, en la literatura psiquiátrica, las "grajeas para pensar", escritos que exploren las raíces teóricas y filosóficas de las enfermedades psiquiátricas y de su tratamiento. Y, cuando aparecen, rara vez se desligan de los paradigmas actuales, o tratan su tema recorriendo los bordes de la angustia mental antes que atravesándolos por el centro, de medio a medio. Tanto la psiquiatría como el cristianismo han aceptado de manera no crítica, en gran medida, el reduccionismo biológico de la psicofarmacología.

La tarea del psiquiatra no debiera ser primordialmente emitir un diagnóstico sobre cada anormalidad psicopatológica individual, o elegir una droga específica para corregir un determinado desequilibrio químico. La psiquiatría tiene que ver con el dolor emocional de las personas y la conducta desordenada en el contexto de sus historias de vida, sus aspiraciones, sus éxitos, sus fracasos, sus relaciones y el significado que estos hechos dan a la vida. Esto quiere decir que la psiquiatría debe ocuparse tanto del alma como del cerebro. El cristianismo no tiene nada que ver con el alivio instantáneo, la gratificación inmediata y el poder del pensamiento positivo. El cristianismo tiene que ver con vivir la propia vida en el contexto de la historia de Jesús. La vida cristiana está dirigida hacia una meta que adquiere significado pleno en el contexto de la herencia judeo-cristiana como un todo, una vida por la que debe lucharse, paso a paso, a lo largo de todo el camino, una vida que muchas veces padece sufrimientos emocionales. El cristianismo tiene que ver con la atención de los sufrimientos emocionales por medio de la perseverancia, dentro de una comunidad de atención y cuidado. El cristianismo tiene que ver con gente que vive relacionada con otras personas y con Dios.

Aún así, es mucho menos probable que los psiquiatras y los cristianos sostengan un conversación sobre estos temas ahora, comparativamente con lo que era entre principios y mediados del siglo XX. La conversación es infrecuente, el debate terminó y se ha perdido toda oportunidad para el surgimiento, por el momento, de nuevas visiones. Es muy raro que encuentre hoy alguien que me pregunte: "¿Cómo puede usted ser psiquiatra y cristiano al mismo tiempo?" Quizá prefieran y esperen que yo viva una vida segmentada (y, por lo tanto, solitaria), repartida entre el hospital, por un lado, y la iglesia, por el otro. Sin embargo, no puedo relacionarme con mis colegas psiquiatras excepto como cristiano, ni con mis hermanos y hermanas cristianos, excepto como alguien que practica la psiquiatría.

3

La psiquiatría pierde su alma

Elegí la psiquiatría como especialidad porque me permitiría relacionarme con la gente. Me gustaba escuchar a la gente y aprender sobre sus actividades, sus valores y sus aspiraciones, así como sus problemas. La experiencia de ver 150 pacientes por día, como médico clínico, para brindarles asistencia médica primaria, en África, hizo que la posibilidad de conocer mejor a la gente me atrajera a la psiquiatría. Podía ayudar a la gente en cualquier especialidad, pero solamente en la psiquiatría podía leer sus corazones y almas. Y eso es, exactamente, lo que encontré a principios de la década de los setenta. Hoy, sin embargo, aun cuando intento conocer a mis pacientes y conozco su idioma, hay muchas barreras que se han levantado entre nosotros y nos separan. Paso menos tiempo con mis pacientes, pero la disponibilidad limitada de tiempo no es la única barrera entre mis pacientes y yo. Lo que pasa es que ya no somos hermanos del alma.

Hacia mediados del siglo XX, la psiquiatría hablaba al alma de la sociedad estadounidense, y la sociedad hablaba de su alma en el lenguaje de la psiquiatría. La comunidad vaciaba todas sus luchas y dolores emocionales en el molde explicativo psicosocial. Aun entonces, sin embargo, los estadounidenses se aislaban progresivamente de sus comunidades y veían su dolor emocional más como un problema interno de cada individuo que como un problema de relaciones. Si cuestionábamos el significado de la vida, era probable que estuviéramos experimentando un conflicto neurótico. Los problemas humanos para enfrentar la vida no se entendían como variaciones normales en el curso de las relaciones socioculturales, o como desviaciones inesperadas del destino, sino como el producto de desajustes psicológicos internos. No podía verse a las personas como normales porque todos, en alguna medida, sufríamos algún grado de desajuste psicológico. Para superar nuestro desajuste, necesitamos la psicología y no simplemente a otras personas: una curación del alma por los doctores del alma. Algunos críticos, de manera correcta, expresaron su preocupación por lo que ellos denominaban la seducción de la sociedad por la psiquiatría. Pero pocos negaban que la psiquiatría estaba hablando al alma de la sociedad.

La psiquiatría no se valorizaba solamente como tratamiento médico. Se creía que la teoría psiquiátrica poseía un valor inmediato en virtualmente todas las áreas de la sociedad. Vance Packard, en su *bestseller Persuasores ocultos,* describió una nueva era en la cual, por medio de la aplicación de las teorías psicológicas y psiquiátricas más recientes, se estaban vendiendo millones de dólares en mercaderías, servicios y aun candidatos políticos.[1] La preocupación que expresaban Packard y otros, con respecto a cómo la psiquiatría había ganado el alma de los Estados Unidos, mostraba la forma en que la psiquiatría hablaba a las necesidades y las luchas de las personas de mediados del siglo XX. El lenguaje y las teorías de la psiquiatría se conectan con los sufrimientos emocionales, la inquietud y las aspiraciones del populacho. La idea de "salud mental" generaba imágenes de relaciones amorosas, y de ayuda y socorro en toda la sociedad, aun si la psiquiatría se concentraba principalmente en las necesidades del individuo.

Hacia fines de siglo, sin embargo, la psiquiatría perdió su alma. Hoy los psiquiatras somos mucho más eficientes en el tratamiento de los desórdenes mentales que hace treinta años. Somos más honestos con respecto a la efectividad de nuestras terapias. Los psiquiatras son mejores médicos hoy, poseen un mayor conocimiento de las ciencias físicas y trabajan de manera colaborativa con los colegas médicos de otras especialidades. Sin embargo, ya no hablamos a los sufrimientos emocionales de nuestra sociedad. Hemos aprendido a invertir las anormalidades biológicas que subyacen en una gran parte de los sufrimientos emocionales, pero hemos perdido interés en el cuidado y la atención del alma. Debido, principalmente, a nuestra comprensión más adecuada del cerebro y a un enfoque más científico de los desórdenes mentales, nos hemos convertido en médicos del cerebro, más que en doctores del alma. ¿Cómo sucedió que la psiquiatría perdiera su alma?

El florecimiento del psicoanálisis en los Estados Unidos

La psiquiatría de orientación psicoanalítica infundió nueva vida en esa disciplina durante los años cuarenta y cincuenta, especialmente en los Estados Unidos. La nueva psiquiatría respondía a prácticamente todos los problemas emocionales y a muchos problemas físicos que acosaban a la humanidad. El público adquirió conciencia de las teorías y terapias psicoanalíticas, y buscó a los psiquiatras como nunca antes. Los Estados Unidos, hacia mediados del siglo XX, era considerada una "sociedad psicológica".[2] No solamente se expandieron los horizontes de los psiquiatras de orientación psicoanalítica, desde los problemas de la vida cotidiana hasta las enfermedades psiquiátricas más graves, como la esquizofrenia, sino que también exploraron las causas psicológicas de muchas enfermedades físicas, la interfaz mente-cuerpo.

Por ejemplo, Franz Alexander exploró la interfaz mente-cuerpo por medio del estudio de las enfermedades psicosomáticas. Propuso una teoría para explicar la causa de seis enfermedades físicas crónicas: la úlcera péptica, el asma, la hipertensión, la artritis reumatoide, la neurodermatitis y el hipertiroidismo.[3] Se lanzaron hipótesis que relacionaban por medio de vectores ciertos conflictos psicológicos específicos con enfermedades físicas específicas, que explicaban estas enfermedades. Por ejemplo, la úlcera péptica —erosión de la cobertura de la parte superior del intestino— se desarrolla en personas que desean ser amadas y reconfortadas. La leche, que alivia el dolor físico de la úlcera, es análogo a la leche de la madre, que sacia al niño con hambre tanto de comida como de afecto. Se prescribía la psicoterapia para el tratamiento de estas enfermedades físicas.

El concepto de desorden psicosomático que propuso Alexander adolecía de una fundamentación filosófica incorrecta. Por un lado, el concepto presupone un dualismo mente-cuerpo: el cuerpo refleja un conflicto paralelo al conflicto de la mente. Por otro lado, el psicoanálisis insistía en que los procesos físicos pueden reducirse a problemas psicológicos dinámicos.

René Descartes proponía una coexistencia similar de la mente y la materia, que independientemente se influyen, manteniendo al mismo tiempo su condición como sustancias ontológicas que son, por definición, independientes.[4] Faltaba el nexo mecánico entre la mente y el cuerpo, y es mucho más complejo de lo que sugiere Alexander. Sin embargo, las teorías psicosomáticas que propone apelan intuitivamente a los psiquiatras, a otros médicos y al público. Estas teorías no solamente hacían que la psiquiatría fuera importante para los enfermos físicos, sino que obligaban a los médicos que trataban estas enfermedades a fundamentarse no sólo en los aspectos físicos de la enfermedad sino también en sus aspectos psiquiátricos.

El psicoanálisis estadounidense también investigó e intentó tratar la esquizofrenia, una enfermedad devastadora.[5] Silvano Arieti, Otto Will y Frieda Fromm-Reichmann construyeron teorías elaboradas sobre los conflictos que están por debajo de la esquizofrenia y desarrollaron psicoterapias para este desorden grave. El popular libro *I Never Promised You a Rose Garden*,[6] que posteriormente sería la base para una película, es la historia de Frida Fromm-Reichmann, a lo largo de su tratamiento de una joven paciente esquizofrénica. Estas teorías sostienen que, para tratar de manera efectiva al paciente esquizofrénico, el psiquiatra debe mantener una relación significativa con él o ella. Esta relación, teóricamente, va a invertir la tendencia del paciente a retirarse de su medio. La relación con su terapeuta iniciaría una época de nueva aceptación de la realidad por parte del paciente, que después conducirá al paciente a su recuperación.[7] La imagen popular del psiquiatra que camina con un paciente perturbado por los hermosos parques de un hospital psiquiátrico privado deriva de este enfoque para el tratamiento de los que sufren enfermedades mentales. Los hospitales psiquiátricos privados, tales como Shepherd y Enoch Pratt, Highland Hospital, the Institute of Living y la Chesnut Lodge, florecieron durante la década de los cincuenta y principio de los sesenta. Los pacientes que podían pagar estos tratamientos eran hospitalizados durante meses, y hasta años, en estos retiros pastorales, mientras intentaban lentamente superar su angustia mental y volver a la sociedad gracias al apoyo de profesionales para quienes sus pacientes eran importantes como personas.

La psicoterapia psicoanalítica era, en cierto sentido, una paradoja. Por un lado, los problemas que parecían reaccionar mejor a la terapia eran individuales o intrapsíquicos. Sin embargo el tratamiento de estos problemas requería una relación: la psicoterapia (es cierto, ésta es una relación especializada). El cuidado y la cura también exigían retirar a la persona de la sociedad, sea durante la hora psicoterapéutica o durante una hospitalización. Sin embargo, el medio de los aislados, las relaciones estructuradas de la psicoterapia individual, la psicoterapia de grupo o el hospital, tenían una importancia crucial en la curación de las emociones.

En retrospectiva, estas psicoterapias, tanto para pacientes con enfermedades psicosomáticas como para esquizofrénicos, no eran efectivas desde la perspectiva de su costo. Incluso es posible que ni siquiera fueran efectivas en términos absolutos. Hoy, las enfermedades etiquetadas como psicosomáticas reciben casi exclusivamente tratamientos médicos. Se prescribe psicoterapia de apoyo solamente para aquellas personas que experimentan muchas dificultades para adaptarse a la enfermedad. A veces, se prescriben terapias conductistas, tales como la biorretroalimentación. Sin embargo, estas terapias no se han usado con suficiente amplitud para las seis enfermedades psicosomáticas de Alexander. Del mismo modo, la esquizofrenia se trata casi exclusivamente por medio de medicamentos, junto con terapias de educación de la conducta. De manera que estas enfermedades se tratan de manera más eficiente y, por lo general, más efectiva. A los terapeutas todavía les cuesta mucho considerar a los pacientes en el contexto del curso normal de sus relaciones sociales, y muy pocas veces creen que la relación entre el médico y el paciente sea central en el proceso de curación. En la atención médica del sufrimiento emocional, se valoriza más, hoy, la capacidad técnica que las habilidades para establecer relaciones interpersonales.

Psiquiatría y sociedad

En 1964, la aplicación de la teoría psicoanalítica al bienestar de la sociedad recibió un apoyo público significativo. El National Institute of Mental Health (Instituto Nacional de Salud Mental) vio crecer colosalmente las sumas de dinero que tenía a su disposición para financiar su trabajo, cuando se aprobó el Acta de Salud Mental de la Comunidad, donde el instituto recibía el encargo de establecer centros de salud mental en todo el país. Se lanzaba, virtualmente, una guerra contra el sufrimiento emocional, paralela a la más publicitada guerra contra la pobreza. Muchos psicoanalistas, y los nuevos psicólogos sociales que empezaban a salir de las universidades, se apartaron de la práctica médica convencional y se acercaron a la comunidad. Estos psicólogos sociales fundaban su trabajo más en las ciencias sociales que en la psicología o las ciencias biológicas. Y acentuaban la prevención por medio de la intervención comunitaria más que por el tratamiento individual.

En esa época, también llegó a su pico la crítica a la institucionalización de los enfermos mentales en instituciones mentales sostenidas, por lo menos parcialmente, por el Estado. Los activistas de los derechos civiles denunciaban que muchos de los pacientes en dichas instituciones habían sido internados contra su voluntad y sin evidencias de que las terapias basadas en la institución eran beneficiosas. Las condiciones físicas de los hospitales mentales estatales eran mucho más pobres que las de las clínicas privadas. El personal carecía de capacitación especializada. Cada psiquiatra era responsable por una gran cantidad de pacientes, a quienes debía atender al mismo tiempo. Nuevas drogas biológicas, tales como la Thorazina, ayudaban a los psiquiatras a controlar las conductas más graves de los pacientes esquizofrénicos que necesitaban ser hospitalizados.

El advenimiento de los nuevos medicamentos y el movimiento CMHC aceleró la desinstitucionalización, y se suponía que los centros comunitarios de salud mental podían hacerse cargo de las necesidades de estos enfermos recientemente deshospitalizados, aunque crónicos. Sin embargo, aparte de los medicamentos, la psiquiatría y la sociedad no estaban equipadas con terapias de eficacia demostrada o sistemas para la atención de estos pacientes.[8] Hemos avanzado una gran distancia en el vaciamiento de nuestros hospitales mentales, pero los estadounidenses deben vivir hoy en una sociedad con miles de *homeless* (sin techo), muchos de los cuales sufren de graves enfermedades mentales o se consideran víctimas del mal trato acumulado. La responsabilidad social que experimentaban los psiquiatras que trabajaban en los primeros centros de salud mental no tiene paralelos entre los psiquiatras de hoy. Los que están trabajando con los "sin techo" se concentran más en el tratamiento de su enfermedad psiquiátrica, como por ejemplo la esquizofrenia, descuidando los factores sociales que contribuyen a que no tengan un hogar donde vivir.

Durante la década del sesenta, abundó el optimismo. Los psiquiatras exploraban nuevas áreas, tales como la familia o las interacciones sociales, y empezaban a popularizar sus teorías por medio de libros, tales como el *Juegos en que participamos,* de Eric Berne.[9]

Berne adaptó libremente el superyó (la conciencia), el yo (la realidad) y el ello (el instinto) freudianos a una teoría del "padre", el "adulto" y el "hijo" internalizados. El padre, el adulto o el hijo internalizado en una persona interactúa con el padre, el adulto o el hijo internalizados en otro, según Berne. Quizás un adulto inicia lo que él cree que es una interacción de adulto a adulto, pero descubre después que recibe una respuesta que se ubica mejor en el contexto de una relación padre-hijo. Estas interacciones problemáticas de los juegos que la gente juega pueden analizarse, para que las personas inicien o respondan de manera más adecuada en las interacciones posteriores. Los diagnósticos de Berne, muy fáciles de comprender, y sus explicaciones de las interacciones personales pusieron los conceptos freudianos literalmente al alcance de cualquier lector con una educación de nivel secundario en su haber.

La psiquiatría social me atrajo con mucha fuerza durante los años de mi capacitación psiquiátrica. Aunque me entusiasmaba mucho menos que a muchos de mis colegas la habilidad de las teorías psicosociales para cambiar la sociedad occidental. Estaba convencido de que el sufrimiento emocional no puede separarse de su contexto sociocultural. En otras palabras, las relaciones son críticas para prácticamente todas las enfermedades psiquiátricas y para sus tratamientos. Estas relaciones se extienden mucho más allá que la relación entre el terapeuta y el paciente.

Mientras la psiquiatría ampliaba sus horizontes, especialmente sus fundamentos, como especialidad médica legítima, estaban sufriendo erosiones desde afuera y desde adentro mismo. Desde afuera, una cantidad de cosas que pasaron socavaron su visión optimista de la capacidad de la sociedad estadounidense para curar su angustia emocional, según había parecido en 1960. Estos acontecimientos fueron la Guerra de Vietnam, los estallidos de violencia en los medios urbanos, las protestas en las universidades, las confrontaciones raciales y la evolución de la cultura de la droga.[10] La esperanza de que el movimiento de centros de atención de la salud mental, junto con la popularización de la teoría psiquiátrica, sería capaz de corregir estos problemas se evaporó casi con tanta rapidez como apareció. Los psiquiatras se retiraron de la comunidad, para volver a los hospitales y a sus consultorios, y de repente se mostraron poco dispuestos a ofrecer recetas para curar los males de la sociedad. La angustia de los Estados Unidos estaba fuera de los alcances del ámbito de la psiquiatría. Los psiquiatras volvieron a ocuparse del tratamiento de los desórdenes psiquiátricos más graves.

También hubo desafíos a la psiquiatría planteados dentro de su propio campo. Algunos fueron choques frontales, como la sugerencia del psiquiatra Thomas Szasz, en *The Myth of Mental Illness,* de que muchas de las llamadas enfermedades mentales no eran más que los problemas comunes y normales que acarrea la vida.[11] Sugería que "el concepto de que una persona tenga una enfermedad mental nos libra de considerar a esa persona como responsable y nos invita, en cambio, a tratarla como paciente irresponsable".[12] La dificultad inherente para distinguir entre el que está enfermo de la mente y la persona simplemente preocupada también fue reconocida y utilizada por consejeros cristianos antipsiquiátricos, que ya venían acusando a los psiquiatras de etiquetar como enfermedades mentales comportamientos que eran simplemente pecado (véase capítulo cuatro).[13]

Michel Foucault, el filósofo francés que había ejercido una gran influencia en muchas universidades estadounidenses, extendió esta crítica. Él creía que a cada persona se le plantean sus límites según las restricciones que le imponen las fuerzas culturales y sociales que están al servicio del poder de las instituciones, antes que de las personas individuales. Para definir la normalidad, la sociedad debe aislar a ciertas personas y etiquetarlas como anormales. Con el surgimiento del capitalismo y la ética protestante del trabajo, los enfermos mentales ya no pudieron tolerarse, como se lo hace en sociedades sometidas a menos presiones. Fue imperioso, entonces, identificar a los enfermos mentales y aislarlos, para preservar el estilo competitivo e individualista de la sociedad occidental.[14]

Creo que Foucault estaba parcialmente en lo cierto. El cristianismo protestante, especialmente los evangélicos, que están fuertemente aliados al capitalismo, no se opusieron al etiquetamiento por parte de la psiquiatría, pese a su crítica de que la psiquiatría etiquetaba el pecado como enfermedad mental. Por lo general, apoyaban el estilo de vida individualista; por lo tanto, los enfermos mentales graves deben segregarse de la comunidad cristiana, así como de la sociedad más amplia. Pese a las críticas de Foucault, la psiquiatría recibió la responsabilidad de tratar a los enfermos mentales graves, pero este tratamiento debió suministrarse fuera de la sociedad y no tocaría el alma de la sociedad.

El psiquiatra E. Fuller Torey propuso que la psicoterapia es apenas algo más que un ritual de sanación específico de nuestra cultura, similar a los que practican los curanderos folclóricos de las culturas primitivas.[15] Se pusieron en tela de juicio los fundamentos científicos del supuesto beneficio terapéutico del psicoanálisis y de la mayoría de las psicoterapias. Hasta llegó a cuestionarse la capacidad del psicoanálisis para distinguir lo verdadero de lo falso, cuando interpreta la historia de un paciente. Por ejemplo, los testimonios de abuso sexual que daban los pacientes de Freud, ¿fueron en realidad instancias de abuso sexual o fantasías del paciente?[16] El mismo Freud, más tarde en su carrera, cuestionó la verdad de estas revelaciones, y este debate ha vuelto a encenderse en los años recientes, cuando la frecuencia y la gravedad de la violencia ejercida hacia los niños han llegado a tener mayor difusión pública. Antes que alinearse con los que sufren en el ámbito de sus emociones, la psiquiatría, con sus teorías, se ve, muchas veces, como un ocultamiento de la verdad del verdadero abuso que está sucediendo en nuestra sociedad.

Estos desafíos han conducido a los psiquiatras a preguntarse cuánto comprendieron en realidad a sus pacientes. Quizá no somos ni por lejos todo lo hábiles y objetivos que deberíamos ser en las relaciones "terapéuticas", habiéndonos dejado convencer con demasiada facilidad cuando el psicoanálisis y la psicología social eran fuerzas dominantes. En mi propia experiencia profesional, he disfrutado de llegar a conocer los pensamientos más profundos y los sentimientos de mis pacientes. Sin embargo, hoy me pregunto si las muchas horas que usé con algunos de ellos fueron en realidad valiosas. Quizá Szasz, Foucault y Torey tienen razón. Quizá llevé prejuicios erróneos a algunas de las relaciones y las condené desde el principio.

La psiquiatría también empezó a experimentar una competencia interna debido a la progresiva escasez de los recursos disponibles hacia principios de la década de los setenta. Los que debían pagar la salud mental visualizaron la psiquiatría como un barril sin fondo que requiere recursos ilimitados.[17] Al plantearse como un tema principal, el costo final de los tratamientos, algunos, que procuraban controlar los costos, examinaron muy de cerca los servicios psiquiátricos. Al mismo tiempo, los consejeros cristianos y otros, de una cantidad muy grande de orientaciones teóricas, crecían en número, y fueron cada día más. Armados con títulos de psicología, acción social, terapia del matrimonio y la familia, se posicionaban para competir, directamente, con los psiquiatras en la atención a los clientes cristianos que deseaban recibir servicios de asistencia mental.

De este modo, la psiquiatría entró, en la década de los setenta, en un estado de incertidumbre e inquietud, encontrando difícil abandonar sus herramientas psicoanalíticas y, sin embargo, aislada de las otras especialidades médicas. La psiquiatría había fracasado, evidentemente, en su meta de mejorar la salud mental de la comunidad por medio de la acción social. De esta incertidumbre y crisis de identidad, surge la neuropsiquiatría, para dominar el campo psiquiátrico antes que terminara la década.

La neuropsiquiatría, como una categoría dentro de la psiquiatría, fue el medio que permitió a los psiquiatras poner el acento en lo biológico en tanto que opuesto a lo psicoanalítico y a la psiquiatría social. Los orígenes de una psiquiatría biológica datan de la antigüedad, aunque entre 1920 y 1960 fue opacada por el psicoanálisis. Durante todo este período, la neuropsiquiatría no estaba muerta, sino que desarrollaba en silencio sus propios modelos de psicopatologías y terapias biológicas. Muchos psiquiatras biológicamente orientados habían estado esperando, durante mucho tiempo, la oportunidad para volver a ganarles a Freud y al movimiento de los centros de salud mental comunitaria el campo de acción que habían perdido en su beneficio. Como en el siglo XIX, los neuropsiquiatras tenían poco interés en la religión en general y en el cristianismo en particular, en tanto que éste se relacionaría con los desórdenes psiquiátricos. No les interesaba en absoluto la base neurótica de la religión y, por lo tanto, no tenían interés en conversar o debatir con los teólogos y consejeros cristianos. Tampoco les interesaba prescribir curas para los males de la sociedad. Pero sí deseaban que se los llegara a respetar como especialistas médicos que trataban a las personas individuales que manifestaban desórdenes psiquiátricos específicos.

El surgimiento de la psicofarmacología

La terapia psiquiátrica tiene raíces muy hondas en la biología. Hipócrates, cuatro siglos antes de la era cristiana, criticaba la superstición de los griegos con respecto a la epilepsia, la "enfermedad sagrada". Y decía: "Los hombres debieran saber que de ningún otro lugar sino de allí [el cerebro] provienen los gozos, los deleites, la risa en los deportes y las penas, dolores, el sentimiento de abandono y las lamentaciones... y por el mismo órgano podemos enloquecer y delirar."[18]

Las terapias biológicas y el aislamiento siguieron dominando el tratamiento de las enfermedades emocionales graves hasta la aparición de Freud. Tratamientos como la catarsis y el ejercicio físico predominaban durante la Edad Media. Hacia principios del siglo XX, tratamientos tales como las vitaminas para corregir las deficiencias alimenticias (los problemas mentales que resultan de la pelagra, por ejemplo, están causados por una deficiencia en la ingestión de ácido nicotínico), y se usaba de manera muy general el hidrato clorado, un sedante potente. Aun durante los días del crecimiento rápido del psicoanálisis, se seguían descubriendo y perfeccionando terapias biológicas. Ugo Cerletti y Lucio Beni introdujeron los tratamientos electroconvulsivos (TEC, electrochoque), como terapia para una gran variedad de desórdenes mentales graves en 1938.

Sin embargo, el surgimiento de la neuropsiquiatría como paradigma dominante para la investigación y el tratamiento de los desórdenes mentales en los Estados Unidos deriva de la revolución psicofarmacológica hacia fines de la década del cincuenta y la de los sesenta. Durante un período de 15 años, entre aproximadamente 1950 y 1965, se introdujeron cuatro medicamentos que aumentaron tremendamente la eficacia de los tratamientos psiquiátricos. Los derivados de esas medicaciones son todavía las principales armas de la terapia psicofarmacológica de las enfermedades mentales.

La Thorazina, una droga antipsicótica, se introdujo en los primeros años de la década del cincuenta y fue la primera droga que pudo controlar de manera efectiva los síntomas de la esquizofrenia.

La Thorazina y sus descendientes, como el Haldol y el Clozaril, fueron las contribuciones más importante a la declinación en el censo de los hospitales mentales, desde la década del cincuenta hasta nuestros días.

El Tofranil se introdujo hacia fines de la década del cincuenta y es el progenitor de todas las medicaciones antidepresivas, tales como el Elavil y el Prozac. Redujo la necesidad de los tratamientos con electrochoque, ocupándose de manera efectiva de las depresiones episódicas graves de personas que no respondían a la psicoterapia.

El Librium, una droga ansiolítica, se usó por primera vez en 1960 y fue el prototipo de las drogas más recetadas hoy, Valium y Xanax. Durante la década del sesenta, el litio, una sal que se encuentra en la naturaleza, se usó exitosamente para controlar los vaivenes de estado de ánimo que son frecuentes en los pacientes maníaco-depresivos. El Thorazine, el Tofranil, el Librium y el litio demostraron su efectividad en estudios médicos conducidos con meticulosidad absoluta y rigor científico. El ámbito de los desórdenes que tratan, desde la esquizofrenia hasta la ansiedad, incluyen la mayoría de los problemas más graves de los que se ocupan los psiquiatras.

A diferencia del psicoanálisis, la teoría neuropsiquiátrica apareció después de la práctica neuropsiquiátrica. El fantástico éxito de estas cuatro medicaciones psicotrópicas condujo al surgimiento de teorías de la enfermedad mental basadas en la patología del cerebro. Durante la década del sesenta, los neuropsiquiatras afirmaron que los "desequilibrios químicos", siendo las sustancias intervinientes distintas para cada enfermedad, podían ser responsables de las enfermedades. Por ejemplo, el mensajero químico dopamina estaría en desequilibrio en la esquizofrenia. La norepinefrina y la serotonina están entre los mensajeros químicos que se postulan como desequilibrados en los casos de depresión y enfermedad maníaco-depresiva.

Estas teorías de desequilibrios químicos, al principio, derivaban de los efectos conocidos de los medicamentos sobre las funciones cerebrales, unidos al efecto conocido de la medicina sobre los síntomas psiquiátricos. Por ejemplo, el Tofranil incrementa la concentración del neurotransmisor conocido como norepinefrina en el hiato entre dos células nerviosas. Estos mensajeros químicos facilitan o inhiben la transmisión de los impulsos eléctricos entre las células. Se postuló que la depresión estaba causada por una concentración decreciente de norepinefrina dentro de las células nerviosas en ciertas partes del cerebro. Los psiquiatras, por lo tanto, empezaron a entender la depresión como los internos hospitalarios entienden la diabetes: el resultado de un desequilibrio químico en la producción de insulina.

Sabemos que la base biológica de la depresión es más compleja, y que participan en su génesis no solamente los niveles de los neurotransmisores sino también el funcionamiento de los sitios reguladores que conectan a los transmisores. Sin embargo, la emergencia en la década de sesenta de teorías que explicaban las enfermedades psiquiátricas como desequilibrios químicos armó el escenario para el ascenso de la psiquiatría basada en el cerebro. Los neuropsiquiatras ya no necesitan tener en cuenta los factores sociales, culturales y religiosos en el diagnóstico o el tratamiento de las enfermedades psiquiátricas, así como hace el interno cuando se trata de diagnosticar y tratar una diabetes.

La historia de la psiquiatría en los Estados Unidos durante la última parte del siglo XX es la historia del ascenso de la neuropsiquiatría. Ésta no es un fenómeno nuevo, porque Emil Kraeplin, en Europa, y sus predecesores durante el siglo XIX, estaban muy interesados en el cerebro y los fenómenos de la conducta que pueden resultar de una patología del cerebro (véase capítulo uno). La herramientas que la neuropsiquiatría ha llegado a tener a su disposición durante los últimos años, sin embargo, han permitido visualizar y cualificar las funciones cerebrales de maneras que veinte años atrás eran inconcebibles. No sólo pueden medirse concentraciones de mensajeros en la sangre y en el líquido que baña el cerebro y la médula. Hoy pueden estudiarse los sitios por donde estos mensajeros se unen a las células, tanto en animales como en humanos.

La mayoría de las visiones que tenemos se obtienen por medio de la ventana de los mensajeros químicos y sus receptores en las células nerviosas. Se trata del estudio de los medios de que se vale el cerebro para transmitir un impulso desde una célula nerviosa a la más próxima. La ubicación de los distintos tipo de receptores en el cerebro, la actividad de esos receptores en la presencia de mensajeros químicos marcados con radiactividad y las consecuencias, en el nivel de la conducta, de la estimulación o el bloqueo de la función normal de transmisión de mensajes constituyen el núcleo de la neurociencia moderna y de la neuropsiquiatría. En otras palabras, la mente ha sido reducida al cerebro, y el cerebro ha sido reducido, en gran parte, a las redes neurales, que son muy similares a los *microchips*.

Los neuropsiquiatras reconocen actividades integrativas más complejas, que suceden más allá de la actividad simple de emitir y recibir mensajes (como las redes neurales). Pero estas actividades son más difíciles de estudiar, lo cual explica que se las relegue al último vagón de la exploración neuropsiquiátrica. Predominan las búsquedas de los mecanismos más simples. En contraste, el interés en los mecanismos integrativos ha llegado a ser uno de los puntos de concentración entre los neurocientíficos experimentales. Algunos de los recientes libros escritos para el público general por neurocientíficos reconocidos, incluyendo *The Engine of Reason, the Seat of the Soul,* de Paul Churchland, y *Consciousness Explains,* de Daniel Dennett, proponen atrevidas teorías sobre las bases de la mente, el alma y los sentimientos religiosos.[19]

Una consecuencia del surgimiento de la neuropsiquiatría ha sido el deslizamiento del paradigma de lo verbal a lo visual en el enfoque de las investigaciones psiquiátricas. Ese deslizamiento sigue la tendencia de nuestra sociedad hacia un deseo casi insaciable de la imagen, en detrimento de la palabra. Cuando hojeo el *American Journal of Psyquiatry* de los cincuenta y los sesenta, de vez en cuando encuentro un gráfico y sólo muy rara vez una fotografía. Pero, si revisamos cualquier número de la misma publicación en 1995, encontraremos abundancia de gráficos y tablas, en casi todos los artículos, así como fotografías y diagramas en muchos de ellos. Estas fotografías resultan de las nuevas y poderosas técnicas que se usan hoy para la visualización del cerebro, incluyendo la generación de imágenes por resonancia magnética (IRM) y la tomografía por emisiones positrónicas (TEP). Las descripciones verbales son menos valoradas como información pertinente en el diagnóstico y el tratamiento de los problemas emocionales. Recibe mucho más interés la información que puede diagramarse, cuantificarse y traducirse en una imagen. Esta información visual está, característicamente, congelada en el tiempo. Se trata de instantáneas y no de películas donde puede simularse el movimiento.

El paradigma para comprender los desórdenes psiquiátricos también se ha desplazado del proceso de escuchar las protestas de un paciente desplegándose a lo largo del tiempo, para privilegiar hoy la entrevista de diagnóstico "instantánea" y el test de diagnóstico. Se le reconoce menos valor a la historia del paciente psiquiátrico. "Una imagen vale más que mil palabras" sirve tanto para la psiquiatría moderna como para el tratamiento del cáncer del hígado, pese al hecho de que ninguna enfermedad psiquiátrica puede identificarse por medio de una técnica de generación de imágenes.

La psiquiatría no es una excepción en su búsqueda de una representación visual. Nuestra sociedad ha dado la bienvenida a la imagen. Los comerciales para televisión son imágenes de corta duración, entre quince y treinta segundos cada una, con argumentos prendidos muchas veces con alfileres, para estimular la compra de un producto y no el de sus competidores. Aun cuando la mente funciona como un flujo de conciencia a través del tiempo y sólo puede expresarse de manera plena por medio de la narración, el develamiento de conceptos parecería tener cada vez menos pertinencia y es cada vez menos importante para la psiquiatría, así como para la sociedad en general. Si el psiquiatra puede "ver" una anormalidad química en la sangre o una imagen anormal en una resonancia magnética, y puede, después, verificar visualmente si la anormalidad se ha corregido, así como en la normalización del valor de laboratorio, entonces la práctica de la psiquiatría puede, en teoría, efectuarse con unos pocos contactos limitados y puntuales con el paciente. La interacción verbal continua entre el psiquiatra y el paciente, la relación terapéutica, puede percibirse como menos importante. La conversación de alma a alma, compartir los pensamientos y temores más profundos, ser comprendido por un médico del alma, ha ido desapareciendo casi totalmente entre las expectativas del paciente psiquiátrico.

Del mismo modo como el descubrimiento del antidepresivo Tofranil ayudó a estimular el resurgimiento de la neuropsiquiatría, el estudio del cerebro y de sus mensajeros y receptores específicos ha estimulado el desarrollo de medicaciones nuevas y más específicas: el Prozac y sus parientes Zoloft, Paxil y Serzona pertenecen a una familia de drogas llamadas inhibidores selectivos de la recaptación de la serotonina. Comparados con los antiguos antidepresivos, tales como el Tofranil y el Elavil, estas drogas traban de manera más específica el flujo de serotonina en el sistema de mensajes. Aunque en términos generales no son más efectivos que los antidepresivos antiguos, producen menos efectos colaterales.

Al mismo tiempo que se comercializan estas drogas, sin embargo, han surgido nuevas teorías biológicas de la personalidad, que relacionan ciertos tipos específicos de personalidad con determinados mensajeros químicos, especialmente la serotonina, la norepinefrina y la dopamina. Los tipos de personalidad, por ejemplo los introvertidos, resultan, teóricamente, de un equilibrio de actividad de estos mensajeros químicos. Los medicamentos pueden, teóricamente, cambiar la personalidad básica de los que los ingieren, al reajustar los niveles de esos mensajeros. Los psiquiatras han informado que el Prozac parecería cambiar la personalidad en algunos pacientes. Los pacientes depresivos que responden bien al Tofranil pueden decir, después de un tratamiento exitoso: "Creo que he vuelto a lo normal." Los pacientes que toman Prozac, sin embargo, a veces dicen: "Nunca he sido tan sociable en mi vida. Este remedio es maravilloso." Este tipo de respuestas llevaron a Peter Kramer a escribir su libro de divulgación *Listening to Prozac* (Escuchando al Prozac).[20]

La respuesta de la sociedad al Prozac ha sido muy distinta de la respuesta a los antidepresivos primitivos, durante los años sesenta. La gente habla no solamente de los antidepresivos o ansiolíticos sino también de las drogas personalizadas, que fabrican estados de ánimo "hechos por encargo o sacados de las estanterías (de la farmacia)".[21] Con el surgimiento de remedios que alteran o redireccionan la personalidad y las emociones, no puede sino estar muy cerca una versión reduccionista psicobiológica de la religión. Sin embargo, los psiquiatras, los consejeros pastorales y los teólogos no parecerían criticar o preocuparse por esta revolución de la psiquiatría y han recibido la neuropsiquiatría con los brazos abiertos.

La crítica y la preocupación de algunos psiquiatras frente al progreso de la neuropsiquiatría no deberían fundarse en el deseo de las personas a sufrir aun cuando el alivio está al alcance de la mano, sino más bien basarse en la tendencia hacia la aceptación ciega del alivio que puede brindar una píldora. Muchos cristianos consagrados que no sufren desórdenes mentales serios han buscado mis servicios profesionales para que les recete Prozac. Los consejeros cristianos y los pastores se han conectado conmigo cuando el dolor emocional persiste, y los pacientes cristianos han aceptado virtualmente cualquier droga que yo les prescribiera. Aunque algunos cristianos siguen resistiéndose a los medicamentos, la tendencia va claramente hacia su aceptación.

Los psiquiatras deberían ser los primeros en expresar advertencias con respecto a la solución de la angustia emocional por medio de una píldora. Los doctores del alma distinguirán entre el uso correcto de la medicación para el tratamiento de los desórdenes psiquiátricos y el deseo incorrecto de curar el dolor social y existencial con una píldora.

La psicofarmacología de la religión

La sugerencia de que la personalidad y aun los sentimientos espirituales son fenómenos biológicos no proviene sólo de la psiquiatría de fines del siglo XX. Hipócrates postulaba que los temperamentos se basan en el equilibrio relativo de los "humores" de nuestro cuerpo: la sangre, para la gente sanguínea, que determina la calidez, la alegría y el optimismo; la bilis negra, para los melancólicos, una tendencia hacia la tristeza o la depresión; la bilis amarilla, para los coléricos, que llevan la marca de la ira, y la flema, para las personalidades flemáticas, que se resisten a la acción y son apáticas.[22] Robert Burton (siglo

XVII), quien estaba convencido de que esta melancolía derivaba de las presiones del Diablo y de los sacerdotes, recomendaba que "el mejor método para reducir estos sentimientos religiosos melancólicos y lograr una mente sana es alterar el curso de la vida con constantes amenazas, promesas y convicciones, todas ellas combinadas con *'fisik'*".[23] El *"fisik"* de Burton significa medicamentos, dieta, baños, ejercicio, lecturas, aire puro y viajes al exterior; todo esto, dirigido a corregir el equilibrio de los humores.

G. Stanley Hall, un psicólogo del siglo XIX, observaba que todas las experiencias de conversión suceden alrededor de la época de la pubertad, de manera paralela a los cambios físicos que acompañan la maduración sexual. Sugería que la devoción religiosa y el amor sexual comparten muchas similitudes, tales como la tendencia a vacilar entre la autoafirmación y la abnegación, asumir un exceso de devoción volcada hacia los objetos de la religión, expresar la devoción por medio de la música rítmica y el baile o la danza, y la experiencia de sentimientos extáticos y de felicidad invencible.[24] Las teorías psicológicas de Hall se basaban en las ideas de Hipócrates sobre los temperamentos. Desde su punto de vista, el sentimiento religioso no depende de manera alguna de la intervención de un Otro trascendente. En su autobiografía, Hall reflexiona que "cada punto de mi psicología y filosofía, sea adquirido u original, crece de mis rasgos básicos e instintivos".[25]

El estudio de la biología de la religión resurgió en los Estados Unidos durante las décadas del cincuenta y el sesenta, acompañando los progresos de la neuropsiquiatría. Arnold Mandell postuló en 1978 que la experiencia trascendental puede explorarse por medio de técnicas neuroquímicas, neurofarmacológicas y neurofisiológicas.[26] Argumentaba que las perturbaciones en los estados de ánimo de las personas enfermas de una tendencia maníaco-depresiva, los éxtasis que acompañan los ataques epilépticos, la conciencia trascendental que inducen las drogas alucinógenas y la meditación, representan, todos ellos, fenómenos neurobiológicos similares. Estos fenómenos empiezan con la pérdida de la inhibición normal que ocasiona un desequilibrio de la serotonina en el lóbulo temporal del cerebro. Este desequilibrio lleva a un incremento de las descargas cerebrales que resultan en fenómenos que van del placer al éxtasis. A partir de tales mecanismos neurobiológicos, pueden emerger diversas experiencias. Un desplazamiento del temor y el odio a un amor virtualmente idólatra hacia sus captores, entre algunas de la víctimas de secuestros (el efecto Estocolmo), el lavado de cerebro de las personas, tendiente a la aceptación de una condición completamente nueva, la experiencia extática del corredor de fondo y el momento creativo que sigue a las horas y días de lucha intelectual están entre estas experiencias.[27] Mecanismos biológicos, argumenta Mandell, sustentan, incluso, la experiencia trascendente de Dios.

Esta filosofía de la naturaleza humana, una explicación neurobiológica del impulso religioso, también la exponen muchos biólogos de otras disciplinas así como psiquiatras y neurocientíficos. Edward O. Wilson, autoridad mundial en materia de hormigas y ganador del premio Pulitzer, resume así su filosofía:

> La misma religión está sometida a las explicaciones de las ciencias naturales... La psicobiología puede dar cuenta del origen de la mitología (la religión) por medio del principio de la selección natural que actúa sobre la estructura material, genéticamente evolucionada, del cerebro humano... El último borde del que gozará el naturalismo científico provendrá de su capacidad para explicar la religión tradicional, su principal competidor, como fenómeno totalmente material. No es probable que la teología sobreviva como una disciplina intelectual independiente.[28]

No todos los biólogos y neuropsiquiatras son tan reduccionistas. Por ejemplo, el muy conocido biólogo de la evolución Ernst Mayr no cree que "se haya demostrado jamás que hay genes específicos que controlan los más altos valores éticos".[29] Aunque Mayr no postula un Dios trascendente, acepta la capacidad del individuo "para adoptar una conducta ética que va más allá de los genes y las moléculas".[30] Deja lugar para algo más aparte de la herencia, a saber, la interacción de los programas genéticos para el desarrollo y el medio ambiente.

Los neuropsiquiatras, sin embargo, apenas si han considerado las implicaciones filosóficas, y mucho menos teológicas, de sus exploraciones científicas. Ha sido verdaderamente un placer, por lo tanto, leer las obras de mi amigo y colega Ed Hundert, de Harvard. En su libro *Philosophy, Psyquiatry and Neuroscience: A Synthetic Analysis of the Varieties of Human Experience,* se cuida mucho de sobrepasar los alcances de la síntesis entre la psicología y la biología del cerebro, aun dentro de un marco filosófico fundado de manera rigurosa y firme.[31]

Separa cuidadosamente la pregunta metafísica sobre la mente y el cuerpo (y, para nuestros propósitos, el problema de un Dios trascendente y la capacidad de la humanidad para conocer a ese Dios) de los problemas epistemológicos. Hundert reconoce que la pregunta metafísica —"¿Qué existe en realidad?"— no puede abordarse en un estudio de la psicología y la neurociencia que se base en la filosofía tradicional. Pero sí se puede encarar el problema epistemológico de: "¿Cómo es posible ejercer un conocimiento válido?"

Con todo, al encarar este problema, debe evitarse la ilusión de un cerebro totalmente objetivo (o de una ciencia del cerebro que lo sea). Hundert incorpora el honesto concepto de "intersubjetividad" para encuadrar las explicaciones tanto de la conducta normal como del sufrimiento emocional. En último análisis, afirma básicamente Hundert, nunca podemos ser totalmente objetivos como individuos. Las interrelaciones nos brindan controles para nuestros análisis subjetivos y nos restituyen al equilibrio. Si aceptamos las interrelaciones con un ser espiritual, Dios, entonces podemos saber, aunque de manera imperfecta, qué es lo que hay más allá de lo físico, en el terreno de lo metafísico.

Es una desgracia que a las obras de Mayr y Hundert ya no se las tenga en cuenta, mientras la neuropsiquiatría prosigue trabajosamente su búsqueda científica de un asiento biológico del sufrimiento emocional, sin relaciones de ningún tipo. Arnold Cooper, al evaluar el impacto de la neuropsiquiatría, sugiere que los progresos de la neurofisiología seguirán a los intentos seculares por confinar el ámbito de la psiquis. No hay peligro de que, en esos intentos, la mente desaparezca. Por ejemplo, hace alguno años, aun la tuberculosis se consideraba una enfermedad sobre todo mental. Después se descubrió el bacilo tubercular y se lo reconoció como la causa última de la enfermedad. Aun así, hay muchas personas que son portadoras del bacilo pero nunca desarrollan la enfermedad; muchos factores, especialmente la relación de portador con el medio social, contribuyen a la aparición de la enfermedad. Los desequilibrios químicos que subyacen en las depresiones más graves son bien conocidos por todos los médicos, así como por el público lego. Sin embargo, según Cooper, la neurobiología no será jamás el puente hacia el inconsciente, porque la neurobiología explica en un nivel diferente del de la psicología.

Cooper cree que el conocimiento del cerebro no debería alterar fundamentalmente nuestro modo de investigar la mente.[32] Yo estoy de acuerdo con él (es un buen amigo mío con quien he conversado de estas cuestiones en profundidad). No podemos regresar al dualismo de Descartes. Sin embargo, sería muy difícil defender un enfoque totalmente materialista de la conciencia, y especialmente de la autoconciencia.

Un enfoque que conserva el conocimiento de los mecanismos biológicos y, sin embargo, no es reduccionista es la "superviniencia" *(supervenience)*. Propiedades de un cierto tipo, tales como la conciencia, "supervienen" a propiedades de otro tipo, tal como la transmisión neuroquímica de un impulso, de una célula nerviosa a otra. La propiedad subyacente debe estar allí, pero la propiedad superviniente no puede deducirse de la propiedad subyacente. Por lo tanto, se necesitan diferentes avenidas de conocimiento e investigación de los pensamientos y conductas del ser humano si queremos evitar los límites deterministas y, mejor digámoslo, francamente depresivos de un enfoque puramente materialista.

Aun si la neuropsiquiatría mecanicista es filosóficamente muy poco sana, su influencia, sin embargo, está muy generalizada. Melvin Sabshin resume de la siguiente manera cuál es la influencia de la psiquiatría. "Los límites y fronteras de la psiquiatría, que parecían infinitos en el sesenta, hoy son más estrechos. Hacia 1989 nuestro campo está dominado por la remedicalización, una prominencia de la ciencia por encima de la ideología, una tendencia hacia fronteras circunspectas."[33]

Si la experiencia religiosa puede reducirse a mecanismos neurobiológicos tales como la alteración de los sistemas de serotonina de mensajeros químicos, los medicamentos que afecten a estos mensajeros químicos podrían alterar las experiencias religiosas y personales.

Peter Kramer, en *Listening to Prozac*,[34] no se concentra en la nueva generación de antidepresivos por su habilidad para aliviar a los deprimidos graves, sino por su potencial para alterar la personalidad. Prozac afecta al mensajero químico serotonina, que Mandell asocia con las experiencias religiosas. Aun cuando Kramer tampoco se refiera a la religión de manera directa, se acerca mucho a sugerir que los valores éticos y religiosos de un individuo pueden sufrir alteraciones si constituyen obstáculos para la autorrealización plena. "La medicación psicoterapéutica nos lleva a concentrarnos en las diferencias biológicas... hasta el punto en que los medicamentos son agentes importantes para la transformación de la personalidad."[35] En otras palabras, la personalidad y el temperamento pueden entenderse y cambiarse por medio de los nuevos antidepresivos, aunque estos cambios estaban previamente reservados para el aprendizaje en una psicoterapia de las relaciones (donde los resultados eran cuestionables) y de la religión, especialmente la conversión religiosa (un cambio en la relación con las percepciones de un Otro trascendente por parte de la persona).

¿Cuáles son las implicaciones éticas de usar Prozac como una droga para alterar la personalidad y también, quizá, la visión del mundo que uno sostiene? Creo que son profundas.

Kramer pone el acento sobre otra cuestión crítica asociada con la neuropsiquiatría, a saber, su aplicación tanto a la gente en general como al paciente psiquiátrico. "Con el tiempo, sospecho, llegaremos a descubrir que la psicofarmacología moderna ha llegado a ser, como Freud en su época, todo un clima de opinión, bajo el cual cada uno conduce su vida diferente de todos los días."[36] Drogas como Prozac y Valium no solamente han sido aceptadas, sino que empapan toda nuestra cultura. La gente, hoy, y en esto cuento tanto a los no cristianos como a los cristianos, vienen a pedirnos Prozac en vez de contarnos que sufren, hablarnos de su disfunción o, siquiera, de una leve insatisfacción consigo mismos. No buscan que los ayudemos en sus relaciones con los otros y con Dios. Directamente, quieren sentirse mejor, suponiendo que sus relaciones mejorarían si se sintieran mejor.

Los psiquiatras, incluso aquellos que pertenecen a una tradición de fe fuerte, o han ignorado o jamás han tomado conciencia de la respuesta de la sociedad a los efectos percibidos de estas drogas revolucionarias. No bastan respuestas simplistas como "Dios ha provisto estos medicamentos, y debiéramos darle gracias por haberlos puesto a nuestra disposición". O "los cristianos no debieran usar drogas capaces de alterar la mente". Los remedios antidepresivos son seguros, no crean adicción y pueden aportar alivio a miles de personas que sufren los síntomas de depresiones graves. Sin embargo, ¿es correcto que la primera respuesta que demos, la primera solución considerada cuando una persona experimenta dolor emocional sea el medicamento?[37] El mensaje implícito que transmiten los psiquiatras y otros médicos que prescriben estas drogas de manera indiscriminada es que la infelicidad es biológica y puede curarse con una píldora.

El médico es (o debiera ser) una persona capacitada para comprender las causas del sufrimiento de las personas y, si esas causas son, por ejemplo, un desorden de las relaciones o una cultura enferma, entonces la solución no es una droga. Durante un día ocupado en la vida profesional de un médico, sin embargo, es mucho más fácil recetar una píldora que desenredar un embrollado problema psicosocial (y quizás espiritual), tal como el paciente lo describe. La mayoría de los médicos muy ocupados dedican no mucho más de cinco minutos a conversar sobre los problemas emocionales del paciente. Los pacientes, por su lado, aceptan los medicamentos, porque esperan que su médico haga algo, pero quieren que la respuesta a sus problemas sea tan sencilla como una píldora. Sin embargo, la mayor parte de las experiencias religiosas más significativas surgen del sufrimiento emocional que se extiende y persiste durante semanas y meses, y se trata de un sufrimiento que no acepta respuestas fáciles.

El peligro de la neuropsiquiatría para la religión, sin embargo, no debiera exagerarse. Cuando Mandell se propuso postular una base biológica para la religión, dio como ejemplos algunas experiencias religiosas específicas que se oponen al comportamiento religioso general. La drogas psicoactivas se usan, incluso, para producir experiencias que se cree son espirituales. Los indios americanos usaban el peyote, una droga psicodélica, como elemento central de sus prácticas religiosas, para comunicarse con el mundo espiritual. Aun cuando esta práctica muy pocas veces lleva al abuso de la droga o a comportamientos disfuncionales, la sociedad en general ha adoptado una actitud negativa hacia esta práctica. A veces, se castiga a los indios, en nuestros días, sobre la base de las leyes estatales que prohíben el consumo de drogas. Del mismo modo, hay en nuestra sociedad muchas personas que están aburridas del Prozac. Los psiquiatras del Reino Unido me han comentado que los británicos son reticentes al uso de drogas antidepresivas. Hay muchos médicos clínicos que prefieren no prescribirlas. El uso de Prozac a veces se considera análogo al consumo de drogas ilegales. La sociedad occidental no ha aceptado las drogas de manera inequívoca como una solución de sus problemas.

Sin embargo, en los Estados Unidos hay una tendencia hacia un uso más generalizado y una aceptación menos crítica de la psicofarmacología. Este cambio exige un manejo cuidadoso de las drogas, especialmente por parte de aquellos psiquiatras interesados tanto en la persona como en algún síntoma psiquiátrico particular. Hacia el final del libro de Aldous Huxley *Un mundo feliz,* un grupo de reporteros encuentra difícil comprender la realidad del dolor que experimenta "el salvaje".

Le gritan: "¿Por qué no toma Soma? Basta con tomar algunos gramos para que el mal pierda su realidad... el dolor es imaginario."[38] Cuando Huxley escribió estas palabras, en 1932, pocos entre sus lectores hubieran podido imaginar que la humanidad se volvería tan temerosa de sentir dolor que aceptaría una medicina para aliviarlo, sin cuestionar la validez de su uso.

El dolor es una necesidad, y las personas pueden perder su identidad y la capacidad para protegerse si no experimentan dolor. Nos hemos acercado un poco hacia el *"brave new world"* de Huxley durante los últimos veinticinco años, drogando el dolor emocional y el sufrimiento con nuestras propias formas de Soma. La aceptación no crítica de la neuropsiquiatría es un paso hacia la distopía* de Huxley. Los psiquiatras han sido demasiado indiferentes frente a la nueva cultura de la prescripción de drogas, al mismo tiempo que combaten el consumo de las drogas que se compran por la calle. ¿Cómo han podido los psiquiatras perder de vista la totalidad del cuadro? La especialización y la medicalización de la psiquiatría le están robando una parte importante de su alma.

La especialización y la medicalización de la psiquiatría

Durante el último cuarto de siglo, la medicina se ha vuelto cada vez más especializada. El exceso de especialización de los médicos estadounidenses fue uno de los temas centrales de la reforma de la salud pública hacia mediados de los noventa. Los gobiernos estatales y federales están empujando para que la medicina vuelva a los generalistas o médicos de atención primaria porque, según se anticipa, podrían ser los guardianes de la puerta a los servicios de salud, en el futuro: médicos que tratan a sus pacientes como personas integrales. El público, sin embargo, es posible que no sepa cuál es la principal razón para la especialización en la medicina en los Estados Unidos. Muchos suponen que se trata del deseo, por parte de los profesionales de la medicina, de una mayor seguridad financiera y nivel profesional. Pero estos deseos son solamente una parte de la razón por la que los médicos estadounidenses han decidido especializarse. La explosión de las ciencias médicas y la sofisticación tecnológica de los procedimientos de diagnóstico, unidas a la aparición de terapias cada vez más complicadas, han resultado en

* Distopía: utopía negativa, pesimista; un subgénero de la ciencia-ficción. (N. de T.)

que muchos médicos no se sientan lo suficientemente calificados para ejercer más allá de su especialización. En otras palabras, no se sienten cómodos cuando deben tratar con toda la persona, cuerpo y alma. La especialización permite a los médicos sentirse competentes, habiendo llegado a dominar a fondo un área de la práctica médica.

La psiquiatría, como otras disciplinas médicas, avanzó en términos de especialización en la década del setenta. En esos años, aparecieron subespecialidades, incluyendo la psicofarmacología, la psiquiatría geriátrica, la psiquiatría forense y la psiquiatría de las adicciones. Previamente a 1970, la única subespecialización importante de la psiquiatría era la infantil. Las razones que llevaron a la psiquiatría a especializarse en lo años setenta fueron las mismas que en las otras especialidades médicas. Los psiquiatras se sentían mejor cuando sabían casi todo sobre una de las áreas de la psiquiatría, en vez de saber un poco sobre todas las áreas. Yo sentí la necesidad de especializarme temprano en mi carrera y, por lo tanto, me concentré en la psiquiatría de las personas mayores (psiquiatría geriátrica) y en el estudio empírico de los desórdenes psiquiátricos en la comunidad (epidemiología psiquiátrica). Hasta llegué a obtener un doctorado en epidemiología.

Sin embargo, la "especialización" implica el uso de herramientas y técnicas especiales. Antes de 1970, había poco que la psiquiatría pudiera hacer con un laboratorio. Durante los últimos 25 años, sin embargo, la cantidad de pruebas de laboratorio que pueden ayudar al psiquiatra ha aumentado de manera sensacional, incluyendo métodos mejorados para ver la estructura del cerebro (MRI) y las funciones cerebrales (PET). Además, hay un viejo procedimiento para el diagnóstico de la epilepsia, el electroencefalograma (EEG), que hoy se ha cuantificado y sometido al análisis computado, y nos da "imágenes" del cerebro, derivadas de estos registros de la actividad cerebral.

Sigue no siendo claro hasta qué medida estas pruebas para el diagnóstico han mejorado la atención de los pacientes psiquiátricos, dado que la probabilidad de llegar a identificar problemas tratables previamente desconocidos por medio de estos procedimientos de diagnóstico es baja y que las pruebas rara vez informan el enfoque terapéutico. Son muy valiosas, sin embargo, en las exploraciones de la estructura y la función del cerebro en las personas con y sin desórdenes psiquiátricos. Los psiquiatras han hecho un uso muy generalizado de los estudios de laboratorio durante los últimos años.

¿Por qué estos estudios han llegado a ser tan atractivos para los psiquiatras? La primera razón es que permiten que los psiquiatras *vean* el cerebro, tanto en su estructura como en su función. Estas imágenes del cerebro se construyen a partir de información numérica digital. No son fotografías directas y pueden inducir a interpretaciones equivocadas. Pese a esto, gracias al uso de estas pruebas, los psiquiatras han pasado a integrar el grupo de los especialistas que ven el cerebro tal como es. Del mismo modo como el gastroenterólogo puede ver, usando un gastroscopio, el revestimiento interior del estómago y diagnosticar con certeza, dado el caso, una úlcera gástrica, el psiquiatra puede estudiar un escaneo MRI y confirmar su diagnóstico de la enfermedad de Huntington. Por otro lado, se ha descubierto que los cambios anatómicos del cerebro están asociados a la eclosión de ciertas enfermedades psiquiátricas. Por ejemplo, los ventrículos —cavidades en el centro del cerebro que contienen fluido espinal cerebral—tienden a agrandarse en la esquizofrenia. El valor diagnóstico y terapéutico de estos cambios queda todavía por establecerse de manera precisa.

Los psiquiatras también analizan muestras de sangre. Aun cuando ninguno de los desórdenes psiquiátricos comunes puede diagnosticarse por medio de un análisis de sangre, hay algunas anormalidades químicas asociadas con ciertos síntomas psiquiátricos, tales como la depresión o la ansiedad. Por ejemplo, la prueba de supresión de la dexametasona (DST) se ha usado desde hace muchos años para diagnosticar la enfermedad de Cushing, en la cual el cuerpo produce cantidades anormales de cortisol debido a la hiperactividad de la glándula adrenal. El cortisol es una hormona que se segrega en el caudal sanguíneo en los momentos de tensión. Las personas que experimentan depresión producen más cortisol de lo normal, quizá porque la depresión grave es tensionante para el cuerpo. Los psiquiatras que usan el DST han demostrado la asociación que hay entre los niveles elevados de producción de cortisol y la depresión grave. El DST se ha usado como medio de diagnóstico de la depresión.

En realidad, el DST ofrece al psiquiatra solamente una cantidad limitada de información útil, más allá de la que puede obtenerse hablando con el paciente. Es muy raro que las decisiones sobre tratamiento se basen en un DST. Puede servir para predecir la eficacia de ciertos tratamientos. Si un paciente deprimido recibe un medicamento antidepresivo después de un DST anormal pero no parece mejorar después de un par de semanas, el psiquiatra debe repetir el DST. Si el nivel de cortisol ha descendido, es muy posible que la depresión ceda durante las dos semanas próximas. La química del cuerpo parece reflejar la recuperación antes que el paciente la experimente. Los psiquiatras han usado esta prueba con bastante asiduidad, como señalador biológico de la depresión. Aun cuando no es necesaria para tomar decisiones de diagnóstico, los psiquiatras se sienten más cómodos cuando pueden hacer como otros médicos, recurriendo al laboratorio como ayuda en el diagnóstico.

Es paradójico que las otras especialidades estén en este momento cuestionando el uso generalizado del laboratorio, porque es caro y en muchos casos no tiene utilidad alguna. Por ejemplo, el valor de un PSA (antígeno específico prostático) como análisis de eliminación para los casos de cáncer de próstata en hombres por encima de los setenta años es cuestionable, aun cuando en la actualidad todavía se lo usa de manera generalizada.

Armados con estos nuevos procedimientos de diagnóstico y con estas nuevas medicinas, los psiquiatras pueden ejercer su práctica médica del mismo modo que otros colegas suyos: el médico de cabecera, el internista o el neurólogo. Una breve historia y un examen físico son seguidos por análisis de laboratorio, después de los cuales se receta una droga o se prescribe algún otro tipo de terapia. Este esquema de atención resulta cómodo para los psiquiatras que no quieren perder su identidad como psiquiatras. En el futuro, sin duda, aparecerán análisis para diagnosticar los desórdenes psiquiátricos más graves. Sin embargo, la práctica general de la psiquiatría nunca debiera quedar bajo el dominio de los análisis de laboratorio. Los problemas emocionales comunes se identifican mejor escuchando al paciente. Escuchar es el alma de una buena medicina del diagnóstico; es escuchando como se revelan las relaciones fracturadas de los que sufren en el plano de las emociones.

Aun cuando en el pasado los psiquiatras preferían no usar la chaqueta blanca que es uniforme de los médicos, y preferían no tener su consultorio en un hospital general sino en un hospital psiquiátrico, ahora han vuelto a la chaqueta blanca y al hospital de clínicas. Cuando salgo de mi consultorio, siempre me pongo la chaqueta blanca y hasta me siento tentado a llevar un estetoscopio. Los psiquiatras pueden llegar a ver unos diez pacientes por día, mientras que en el pasado un horario completo consistía en ver siete pacientes, durante una hora cada uno. Las clínicas psiquiátricas generales han sido reemplazadas por clínicas especializadas, tales como las clínicas de desórdenes alimentarios, las clínicas de ansiedad y pánico, las clínicas de desórdenes del afecto, las clínicas del déficit de atención y otras más.

La investigación y el tratamiento de pacientes con síntomas similares, en las clínicas especializadas, han facilitado la reunión de una vasta información empírica sobre esos pacientes. Hace treinta años, un investigador clínico podía publicar sin dificultades los resultados de su trabajo con una serie de seis pacientes, por ejemplo, de anorexia nerviosa, sugiriendo que la experiencia con esos seis pacientes podía generalizarse a categorías mucho más amplias. Hoy, un estudio clínico aceptable debe incluir decenas de pacientes analizados, junto con los *tests* estadísticos adecuados. Estos estudios más amplios han ayudado a los psiquiatras a proceder de manera menos apresurada en la aceptación de formas nuevas de terapia o en la asociación de un desorden psiquiátrico con una causa particular. Sin embargo, el informe de un caso individual de características únicas, la historia del paciente, se considera en la actualidad menos valioso para el mejoramiento de la práctica psiquiátrica de lo que era en otros tiempos. Lo que ganamos en exactitud con los estudios más amplios lo perdemos al no salir al encuentro de cada paciente, como una persona especial en relación con los otros, y con sus características espirituales.

El psiquiatra generalista es, hoy, menos capaz de mantenerse al corriente de la investigación clínica pertinente, especialmente la investigación de tratamientos con medicación. Es natural que se hayan producido subespecialidades. La psicofarmacología fue una de las primeras subespecialidades en aparecer dentro del campo de la psiquiatría. El desafío de prescribir drogas para los desórdenes psiquiátricos se ha complicado lo suficiente como para justificar entrenamiento adicional, y muy pronto resultó claro que adquirir una experiencia extensa en psicofarmacología puede llegar a significar que un psiquiatra no podía adquirir habilidades en, por ejemplo, la psicoterapia. Otras áreas de conocimiento especializado han aparecido de manera subsecuente. Por ejemplo, el cuidado psiquiátrico de adultos mayores es una labor muy compleja; tanto, que algunos psiquiatras en la actualidad harán estudios especializados en psiquiatría geriátrica para poder atender a esos pacientes. La Junta Estadounidense de Psiquiatría y Neurología ofrece un certificado de "idoneidad adicional" en psiquiatría geriátrica para los psiquiatras que completan un entrenamiento adicional y aprueban un examen por escrito. Yo poseo este certificado y, en la práctica, he ganado mi reputación académica y clínica, en gran parte, como psiquiatra geriátrico que se especializa en el estudio y tratamiento de la depresión en la ancianidad.

¿Cómo han afectado la medicalización y la especialización de la psiquiatría a la conversación entre ésta y el cristianismo? Primero, los psiquiatras han estado mucho menos preocupados con las teorías generales sobre las causas del sufrimiento emocional, que incluyen factores biológicos, psicológicos, sociales y espirituales. José Ortega y Gasset ha descrito los resultados de esta especialización.[39] Es posible que Ortega exagere la situación un poco, pero sugiere que los especialistas en política, en arte o en las ciencias son primitivos e ignorantes y, sin embargo se perciben a sí mismos como autosuficientes. Están satisfechos con sus limitaciones y tienen poca capacidad para resistir el flujo de una sociedad en todo aquello que sucede fuera de su propia área de especialización. Y sigue diciendo que, si el especialista es ignorante de la filosofía total de la ciencia que cultiva, es mucho más radicalmente ignorante de las condiciones históricas que se necesitan para su continuación; es decir: cómo la sociedad y el corazón del hombre deben organizarse para que ellos puedan seguir siendo investigadores.[40]

El especialista en psiquiatría tiene menos interés en los temas más generales que estimularon a Freud, a Menninger, a Jung y a otros psiquiatras a principios y mediados del siglo XX. Los psiquiatras han perdido interés en la sociología, la antropología, la filosofía y la teología en general, y específicamente han perdido interés en la filosofía de las ciencias que subyacen en la práctica de la psiquiatría moderna. La medicalización y la especialización de la psiquiatría se fundan en una filosofía, y uno de los aspectos de esta filosofía es un empirismo médico radical. La psiquiatría operativa es una de las consecuencias de este empirismo.

Psiquiatría operativa

A medida que los psiquiatras desarrollaron explicaciones e intervenciones especializadas de carácter biológico para virtualmente todas las experiencias humanas, fueron abandonando su interés en el significado personal (para sus pacientes) del dolor emocional y el sufrimiento. Para facilitar la prescripción de terapias neuropsiquiátricas, es más importante describir que explicar. Las explicaciones psicológicas y sociales de los desórdenes psiquiátricos, aun cuando puedan sufrir distorsiones, que desarrolló Freud y sobre las cuales elaboraron sus seguidores, han cedido lugar a una psiquiatría descriptiva, que se concentra en los síntomas y las conductas, que pueden observarse y medirse. Antes de curar las enfermedades, los médicos se sienten obligados a etiquetar o poner nombre a cada problema, tal como la joven en el cuento de hadas, que se sintió obligada a dar un nombre a Rumpelstiltskin antes de dominarlo.

El deseo de nombrar y ponerle una etiqueta a cada cosa no ha cambiado durante mi carrera, pero el enfoque ha cambiado. La psiquiatría descriptiva en los Estados Unidos culminó con la publicación de la tercera edición del *Diagnostic and Statistical Manual of Mental Disorders* (DSM-III).[41] Este *Manual,* desde su primera publicación en 1952, ha sido la biblia de todas las etiquetas psiquiátricas. El DSM-III representó un viraje radical con respecto a sus dos ediciones anteriores y todo otro manual de diagnóstico en uso en los Estados Unidos. DSM-III y sus sucesores, DSM-IIIR (1987) y DSM-IV (1994), abandonan, prácticamente, todo intento de los psiquiatras por incluir una explicación de las causas dentro de las etiquetas que usaban. La nueva clasificación se basa, en cambio, en observaciones dignas de confianza.[42]

Por ejemplo, en ediciones anteriores del DSM, la depresión se definía en gran parte basándose en su supuesta causa. La melancolía involutiva era una depresión grave causada por el período involutivo de desarrollo biológico de la mujer o menopausia. Con el tiempo, los psiquiatras reconocieron que no existían evidencias concretas de una depresión causada de manera específica por la menopausia. Se evaporaron muchas otras explicaciones de desórdenes psiquiátricos honradas por el tiempo, llevando a un profundo escepticismo entre los psiquiatras con respecto a nuestra habilidad para identificar las causas específicas de los desórdenes psiquiátricos. Para el diagnóstico adoptamos, entonces, un enfoque descriptivo, empírico. En DSM-III, la depresión grave se define no por su causa sino por la presencia o ausencia de ciertos síntomas, como los desórdenes en el régimen del sueño, pérdida del apetito o pensamientos suicidas. La prueba que debe pasar este nuevo enfoque es hasta qué punto el diagnóstico es confiable, o sea, por ejemplo, si dos o más psiquiatras pueden estar de acuerdo con el diagnóstico después de haber entrevistado al paciente, cada uno de ellos por separado.

La confiabilidad del diagnóstico es una medida del grado en que los clínicos que observan independientemente a una persona que sufre algún problema emocional pueden estar de acuerdo en la etiqueta que le van a colgar al problema. La confiabilidad puede crecer cuando los criterios para realizar el diagnóstico son *operativos*. El enfoque operativo del diagnóstico deriva de la teoría operativa del físico Percy Bridgman.[43] El operacionismo define los contenidos científicos en términos de los procedimientos experimentales utilizados para establecer su aplicabilidad. Por ejemplo, la longitud se define por medio de las operaciones con las que se la mide, como podría ser el uso de un metro. El físico, por lo tanto, no debiera debatir la "verdadera" longitud de un metro sino que debería aceptar un metro en particular como la norma. Un metro es la longitud de un metro en particular. Del mismo modo, una depresión grave se define en el DSM-IV por medio de la acumulación de cinco o seis síntomas observables que puede registrar un psiquiatra, de manera confiable, durante una entrevista de diagnóstico.

El operacionismo es un enfoque radicalmente empírico de la ciencia. Yo creo que es un enfoque más honesto y predecible. Cuando atribuyo una depresión grave a una persona, he limitado mis propios prejuicios y puedo sentir una cierta certeza razonable de que otro colega le asignará, al mismo paciente, idéntica etiqueta. Sin embargo, las etiquetas tienen la tendencia a cobrar vida propia. La etiqueta de algún modo se convierte en "verdadera" en la medida en que representa una condición actual y singular. Sin embargo, las personas a las que asigno la etiqueta de "depresión grave" vienen en una gran variedad de distintas formas y, me parece a mí, van desde personas con enfermedades biológicas graves a personas que experimentan un estado de ánimo que puede ser pasajero, quizás secundario con respecto al exceso de tensión en su lugar de trabajo. Los psiquiatras que están interesados en la clasificación del sufrimiento emocional se concentran en el reconocimiento de los síntomas antes que en buscar la causa de esos síntomas, puesto que la causa debe inferirse. Descubrir o interpretar el significado de un problema emocional al paciente no es la meta. Pero clasificar al paciente parecería ser una meta. ¿Por qué?

Los diagnósticos operativos, dignos de confianza, hacen que la asignación de terapias específicas sea mucho más fácil. Del mismo modo como medir una presión sanguínea de 180/100 en una mujer joven lleva casi automáticamente a la prescripción de una droga antihipertensiva, asignar el diagnóstico operativo de depresión severa de gravedad moderada a un hombre de edad media lleva a la prescripción de una droga antidepresiva. En un consultorio médico con muchos pacientes, cuando he asignado una etiqueta, no estoy ya obligado a explorar en profundidad el contexto del sufrimiento emocional. Aun si prescribo la psicoterapia, la terapia responderá no tanto a los problemas específicos de este hombre de edad media sino al problema genérico de "depresión grave". Los diagnósticos operativos son simples pero estériles.

Subrayo que la psiquiatría operativa es una psiquiatría más honesta. Durante principios y mediados del siglo XX, los psiquiatras eran observadores prejuiciosos. Un psiquiatra supondrá que una mujer sufre de una depresión grave basada en conflictos que experimentó con su madre. Otro puede suponer que la misma mujer estaba ansiosa (no deprimida) debido a un ajuste difícil en su situación laboral. Estos dos psiquiatras verán el mismo fenómeno y lo etiquetarán de manera diferente, basándose en sus respectivas orientaciones teóricas. El enfoque operativo no busca una explicación de los síntomas. El psiquiatra observa y se limita a registrar los síntomas. Una vez que estos síntomas han sido catalogados, se aplican a un algoritmo para determinar un diagnóstico. Los psiquiatras que usan el enfoque operativo son muy confiables, aunque el enfoque operativo no tiene en cuenta los aspectos espirituales y existenciales del sufrimiento emocional. Reduce la importancia que se les otorga a los aspectos sociales. Lo espiritual, lo social y lo existencial no se prestan a un acuerdo fácil entre distintos psiquiatras y, por lo tanto, enturbian algo que de otro modo sería un enfoque relativamente claro de la tarea de asignar etiquetas.

El impacto del enfoque operativo a la práctica psiquiátrica ha sido tan profundo como el de los progresos de la neurobiología. En su mayor parte, la psiquiatría ha abandonado la exploración de cada problema emocional como un problema único para el cual debiera descubrirse una explicación psicológica y social única. Los psiquiatras modernos hacen que sus pacientes encajen en el lecho de Procusto de las categorías de diagnóstico del sistema DSM. Hacia mediados de siglo, el psiquiatra quizá era culpable de intentar de hacer que diversos síntomas respondieran a una causa común como, por ejemplo, las inhibiciones sexuales, pero el psiquiatra moderno ha sido por lo menos tan culpable como aquél de preocuparse excesivamente con la bondad del "calce". La individualidad y la historia de vida única del paciente, que estaban en el centro de la práctica psiquiátrica a mediados de siglo, se han vuelto periféricas tanto en la diagnosis como en el tratamiento. Los pacientes son tarugos redondos o cuadrados que deben entrar en sus respectivos agujeros. Si el tarugo no encaja, debido a problemas del alma, muy a menudo simplemente se ignora a la persona. El paciente, por supuesto, no comprende su problema emocional como una entidad basada en un conjunto de síntomas. El sufrimiento emocional es una experiencia personal y es única con respecto a los eventos de la vida, los valores, los sentimientos y las relaciones del individuo.

El sistema DSM reconoce el lugar de lo espiritual. En el DSM-IV, aparece un nuevo código de diagnóstico que designa los problemas psicorreligiosos o psicoespirituales. Los ejemplos de este tipo de problemas que se dan incluyen el planteo de preguntas o cuestionamiento de una fe firme, o las dificultades que se enfrentan después de una conversión a una fe nueva.[44] Otros ejemplos son las experiencias próximas a la muerte y las experiencias místicas. Algunos dan la bienvenida a este agregado como un acomodamiento entre la psicología y la religión, en un sistema de diagnóstico más sensitivo desde el punto de vista cultural.[45] Por desgracia, en este acomodamiento, la religión se convierte en un factor operativo; las experiencias religiosas se relegan a fenómenos observables y mensurables. Los fenómenos religiosos se entienden como factores de riesgo o de apoyo que modifican el fenómeno de interés real, el síntoma psiquiátrico.

Investigaciones recientes de la interfaz entre la psiquiatría y la religión desde una perspectiva operativa han estudiado el impacto de los fenómenos religiosos mensurables, tales como la asistencia a la iglesia, la lectura de la Biblia o las preferencias denominacionales, sobre el trasfondo del diagnóstico operativo que pueda interesar, según el caso. Se han agregado las creencias y las prácticas religiosas a otros factores mensurables de riesgo o protección, tales como los acontecimientos tensionantes de la vida, el apoyo social, el nivel económico y las predisposiciones hereditarias, en un esfuerzo por explicar la aparición de desórdenes psíquicos. Procedimientos estadísticos se utilizan para calificar el grado en que un desorden psiquiátrico está causado o evitado por una experiencia o conducta religiosa. La religión, de este modo, se reduce a un atributo susceptible de medición, hecha operativa por medio de una serie de preguntas tales como:

—¿Cree usted en Dios? (Responda "sí" o "no".)

—¿Asiste a los servicios religiosos de manera regular?

—¿Es usted un cristiano "vuelto a nacer"?

Los psiquiatras, tanto cristianos como no cristianos, han aceptado con entusiasmo esta forma de investigación, en la medida en que es paralela a otras indagaciones científicas de los factores de riesgo y protectores relacionados con la enfermedad psiquiátrica.[46]

No es posible descubrir el significado de preguntas tales como "¿Cree usted en Dios?" en el contexto de una investigación general. El diálogo entre el cristianismo y la psiquiatría tiende a reducirse, de este modo, a una discusión de asociaciones estadísticas. La asociación estadística de recuperarse de una depresión y el uso de drogas antidepresivas podrá convencer a muchos psiquiatras y cristianos de que, en el caso de depresiones graves, deben prescribirse antidepresivos. Sin embargo, es dudoso que una asociación entre la ausencia de creencias cristianas y la presencia de enfermedades mentales pueda convencer, sea a cristianos como a psiquiatras, para que cambien sus creencias o prácticas en relación con el tratamiento del sufrimiento emocional. Las asociaciones estadísticas son atractivas porque parecen aportar comprensión y simplicidad a un tema imponderable y complejo. Esta simplicidad y este sentido común han ejercido una influencia especial sobre la psiquiatría, por lo menos de otro modo: a través de las terapias cognoscitivas.

Surgimiento de la psiquiatría del sentido común

Durante las primeras décadas del siglo XX, el psicoanálisis freudiano fue la principal, aunque no la única fuerza de la psiquiatría en los Estados Unidos. Un personaje clave de la psiquiatría estadounidense fue Adolf Meyer, que propuso un enfoque de la psiquiatría basado en el sentido común. Siendo Meyer profesor de psiquiatría en la Facultad de Medicina John Hopkins, se rebeló contra la óptica neuropsiquiátrica, para la cual la perturbación mental obedece solamente a una patología del cerebro.[47] Creyendo que el entorno social del paciente y un estado de desorganización mental en el área del pensamiento son los principales factores que contribuyen al problema, adoptó lo que él mismo denominó un enfoque psicobiológico de la enfermedad mental. Al mismo tiempo que se distanció de los neuropsiquiatras del siglo XIX, Meyer también mantuvo distancia con respecto a los psicoanalistas. Rechazó, específicamente, la idea de que la psicoterapia debía concentrarse en el inconsciente. "Su punto de referencia debería siempre ser la vida misma y no el pozo ciego imaginario del inconsciente."[48] Para Meyer, no había necesidad de establecer una distinción entre el inconsciente y el consciente. El paciente y el psiquiatra aportan al tratamiento, ambos, un punto de vista sobre la enfermedad del paciente. La meta del tratamiento debería ser aproximar esos dos puntos de vista en un contexto mutuamente aceptable, un enfoque de sentido común.

Hubo otros psiquiatras preocupados porque la psiquiatría se había alejado demasiado del sentido común. Se creía que el psicoanálisis no estaba orientado hacia la realidad y también que el psicoanálisis socavaba la capacidad adaptativa de la mente consciente. El dogma del psicoanálisis clásico consideraba que los pensamientos conscientes eran solamente reflejos de los conflictos inconscientes (reflejos disfrazados); por lo tanto, las explicaciones que daba el paciente de su problema eran nada más que una defensa contra cualquier exploración de las causas reales del problema. El psicoanálisis actuaba a contrapelo del método empírico científico que guiaba a otras especialidades médicas. Algunos psiquiatras se preguntaban si de este modo la psiquiatría no estaba alejándose demasiado de la realidad.

Aaron Beck recogió este tema del sentido común hacia mediados del siglo XX y desarrolló la que sería, muy posiblemente, la forma de psicoterapia que en la actualidad es más popular, la psicoterapia cognitiva. Beck creía que las principales escuelas de psicoterapia habían ignorado la importancia de los intentos del paciente por resolver sus problemas, en sus propios términos, usando su racionalidad innata.[49] El psicoanálisis intentaba curar la neurosis destapando ideas ocultas o reprimidas y traduciéndolas a su significado simbólico. La terapia de la conducta se concentraba en los premios y los castigos asignables a la corrección de las conductas anormales e ignoraba los pensamientos del paciente. La neuropsiquiatría y la psicofarmacología se concentraban en corregir los desequilibrios químicos e ignoraban las causas y las curas psicológicas del sufrimiento emocional. Beck, en contraste, proponía que el problema central en los desórdenes psiquiátricos, especialmente en la depresión, es que el paciente psiquiátrico carece de información esencial. La depresión es, principalmente, el resultado de pensamientos irracionales basados en una información inadecuada. El paciente psiquiátricamente perturbado, por lo tanto, experimenta pensamientos y sentimientos que resultan de supuestos actos fallidos.[50] Cuando se le da la información adecuada, puede incorporar el sentido común para superar el problema percibido, y la depresión desaparecerá.

La terapia cognitiva se ocupa del aquí y ahora, y no indaga el pasado del individuo. No se pregunta *por qué*, sino que examina *cómo* piensan las personas y cómo esos pensamientos interfieren con su bienestar emocional. La terapia cognitiva es un enfoque práctico, a corto plazo y educativo. Entre el paciente y el terapeuta, se da un rico intercambio de ideas en el proceso de trabajar juntos para resolver el problema. El terapeuta podrá asignar tareas al paciente, como por ejemplo corregir un hábito de pensamiento erróneo que se aparta del sentido común. Las creencias negativas e irracionales con respecto al yo, a sus habilidades y su enfermedad, los llamados "pensamientos automáticos", pueden superarse una vez que se los ha identificado.

A mí y a muchos de mis amigos, la terapia cognitiva nos resulta atractiva. Por su misma naturaleza, exige la cooperación entre el terapeuta y el paciente. El terapeuta no ejerce el control, de manera que los conflictos por el control no se convierten en un problema más durante la terapia, como puede suceder, por ejemplo, en las terapias conductistas. Teniendo en cuenta que el paciente y el terapeuta cognitivo piensan juntos los problemas, hasta resolverlos, el paciente no puede temer que se lo someta al control del pensamiento y de la conducta. Dada la preocupación con respecto al control del pensamiento durante la década del sesenta, la terapia de Beck aparece en el mejor momento posible.

En 1962, se publicó una novela, *La naranja mecánica,* de Anthony Burgess. En ella el autor describe a un joven delincuente, Alex; cuando la policía lo apresa, es sometido a una terapia conductista para controlar sus impulsos violentos. Los terapeutas llegan a controlarlo de manera tan efectiva que Alex se somete a todas las órdenes de sus captores, aceptando la destrucción total de sus pensamientos y voluntad. Aunque Alex reconquista su libertad al final de la novela, los peligros potenciales del control de la voluntad y la libertad por medio de la terapia conductista que se describen en el libro produjeron un profundo impacto en los lectores de todo el mundo.[51] La terapia cognitiva no evoca los temores de una sociedad cuya conducta está bajo el control conductista, que sí se justifican en el caso del apóstol de la terapia conductista, B. F. Skinner. En un retrato de ficción de una utopía moderna, *Walden II* (1948), Skinner pinta una sociedad en la que los problemas humanos se resuelven por medio del control científico del comportamiento de las personas y en la cual, por lo tanto, los valores contemporáneos del individualismo se vuelven obsoletos.[52]

No es sorprendente que una gama tan amplia de profesionales de la salud mental se hayan sentido atraídos por la terapia cognitiva. Sin embargo, la gran pregunta es si la terapia cognitiva funciona. A diferencia del psicoanálisis, la terapia cognitiva puede someterse a comprobación en pruebas clínicas, de manera que es potencialmente posible encontrar respuestas a esta pregunta, tan importante en una sociedad hasta tal punto consciente de los costos.

Los psicoanalistas siempre han estado revestidos de misterio porque, por la misma naturaleza de su terapia, es prácticamente imposible someterla a una evaluación objetiva, excepto la que pueden hacer el paciente mismo y su terapeuta. El tiempo que se necesita para un psicoanálisis se extiende por años. Además, rara vez hay otra terapia comparable, contra la cual pueda establecerse su eficacia.

La eficacia de la terapia cognitiva, por contraste, puede controlarse por medio de un método similar al que se utiliza para comprobar la efectividad de las medicinas específicas. Son métodos directos, que el terapeuta puede aprender a manejar en dos o tres meses de entrenamiento. Se han escrito manuales y desarrollado sesiones de capacitación que garantizan que los terapeutas cognitivos usen técnicas virtualmente idénticas. Dado que una terapia cognitiva, por lo general, dura entre doce y veinticuatro semanas, se puede asignar al paciente, a una terapia cognitiva o a grupos de control. De este modo, pueden determinarse las mejoras que se dan entre las personas que son tratadas y otras que no reciben terapia alguna. Una buena cantidad de este tipo de experimentos con la terapia cognitiva han demostrado que es más eficiente que la carencia de terapia, de cualquier tipo que sea, y en algunos casos tan efectiva como la medicación.

La terapia cognitiva es efectiva y directa. Sin embargo, la descripción anterior podría sugerir que la teoría que subyace en ella es superficial, si la comparamos con las teorías de otras psicoterapias tradicionales. Pero no es así. Beck, que fue entrenado como psicoanalista, es una de las personas más creativas y profundas de la psiquiatría moderna. Cuando empezó a desarrollar la terapia cognitiva, reaccionaba, en gran parte, ante la poca disposición de la comunidad psiquiátrica a comprobar si el psicoanálisis y otras "psicologías profundas" eran en realidad efectivas. Por otro lado, los terapeutas cognitivos profesionales son personas sensibles y comprensivas que incorporan sus propias habilidades intuitivas e interpersonales en el marco de la teoría y la terapia cognitivas.

La terapia cognitiva no es la única terapia del sentido común que existe en la actualidad. La psicoterapia interpersonal (TIP) es otra terapia de gran divulgación para el tratamiento de la depresión.[53] Este tratamiento, limitado en el tiempo, se concentra en la conducta interpersonal antes que en la cognición o en los fenómenos intrapsíquicos. El terapeuta identifica uno de los cuatro problemas de los que padece una persona deprimida —pena, disputas con amigos íntimos o parientes, transiciones de rol o problemas interpersonales— que llevan al aislamiento y la soledad. Cuando se ha identificado entre ellos el problema primario, el terapeuta se concentra en ayudar al paciente a comprender el problema y sugerirle modos de superarlo. Se pone el acento en la capacidad del paciente de controlar y, por lo tanto, mejorar las relaciones interpersonales por medio de una conversación racional con el terapeuta. La teoría que subyace en la TIP es similar a la que respalda a la terapia cognitiva. La terapia cognitiva, de este modo, sirve como prototipo de una nueva tendencia en las terapias, que han surgido como reacción contra el psicoanálisis y han sido, de inmediato y de muy buen grado, apropiadas por la comunidad cristiana, tal como se lo describirá en el capítulo cuatro.

El interés pragmático de la terapia del sentido común no tiene que ver con una cuestión sobresaliente sino con la interfaz entre la psiquiatría y el cristianismo. ¿Cómo cura la psicoterapia? Esta pregunta, a diferencia de los estudios empíricos, se dirige necesariamente a las teorías y los valores subyacentes en una terapia en particular. Creo que los terapeutas firmemente embebidos en una tradición de fe necesitan examinar cuidadosamente los valores subyacentes y los métodos de la forma de terapia que usan.

Aun cuando me encuentro muy cómodo practicando la terapia cognitiva, me incomoda, con una cierta frecuencia, el contexto en el que la practico. Mi desasosiego no es fácil de explicar y requiere un paradigma para examinar la terapia desde un ángulo muy diferente del de la ciencia empírica. He elegido un paradigma para examinar la terapia cognitiva que ubica la terapia dentro de un contexto. Mi meta no es que los lectores critiquen el paradigma (hay muchos otros que podrían aplicarse) y preferiría que no se me haga responsable por las conclusiones que extraeré (podría haber modificado mis ideas cuando ustedes lean este libro). Lo que sí les pido es que sigan el proceso de explorar una terapia popular dentro del contexto de la cultura y de los valores culturales/religiosos.

Examen de la terapia cognitiva

Arthur Kleinman ha revisado información intercultural y etnográfica, y ha desarrollado un paradigma de la curación dentro del contexto de la cultura.[54] ¿Cómo encaja la terapia cognitiva en el marco de este paradigma? Kleinman afirma que hay cuatro procesos estructurales que son esenciales para que la curación simbólica funcione. El primer proceso o etapa postula la presencia de un puente simbólico entre la experiencia personal, las relaciones sociales y los significados culturales. Los individuos se orientan ellos mismos hacia los símbolos de un grupo. Entre los cristianos tradicionales, por ejemplo, el sufrimiento personal o el infortunio pueden orientarse hacia el Cristo crucificado.[55] En la comunidad cristiana tradicional, la curación, por lo tanto, se orientaría hacia el poder del Cristo resucitado, para aliviar o identificarse con los sufrimientos del creyente.

La terapia cognitiva no parecería orientarse hacia ningún conjunto de símbolos en particular... ¿o sí lo hace? El estilo de psicoterapia basado en el sentido común se acomoda muy bien en el clima religioso actual de la sociedad occidental. Primero, aunque no hay país occidental moderno que sea más abiertamente religioso que los Estados Unidos, Harold Bloom, en su libro *La religión en Estados Unidos,* sugiere que los estadounidenses no perciben típicamente la religión como algo que se les acerca en cuanto individuos.[56]

En la sociedad estadounidense, la preocupación por la culpa, la muerte, el dolor y el sufrimiento ha desaparecido, en general, de las conversaciones sobre temas religiosos, especialmente entre los cristianos evangélicos. Basándome en mi experiencia como terapeuta que ha tratado a muchos cristianos confesos, creo que Bloom tiene razón. El yo no está orientado hacia el Cristo crucificado, sino que Cristo se orienta hacia el yo. En otras palabras, el creyente puede apropiarse de Cristo para la curación. "Cristo ayuda a los que se ayudan a sí mismos." Por lo tanto, las personas religiosas en nuestra sociedad, especialmente los cristianos evangélicos, creen que una de las señales de su fe es acudir a sus propios recursos cuando necesitan curación. El puente simbólico entre el individuo que sufre y la fe cristiana forma parte de la creencia estadounidense en el individualismo, la autosuficiencia, el pragmatismo y el realismo.[57]

La segunda etapa de la tesis de Kleinman comienza con la conexión simbólica entre la experiencia personal y los símbolos de la sociedad que se activan para la persona.[58] El terapeuta convence al paciente de que el problema que él o ella sufren puede redefinirse en términos del sistema de significados autorizante. En el caso de la terapia cognitiva, el problema se define en términos de supuestos ilógicos fundados en la carencia de información. La acumulación de información correcta y el uso de la lógica en su examen habrán de conducir a la curación, de manera natural. En nuestra sociedad, la información se ha convertido en una de las monedas del poder y el éxito. La terapia cognitiva deja poco lugar para la persona cuyas emociones están tan gravemente perturbadas, como es el caso de la depresión grave o la esquizofrenia, que la información y la lógica no pueden vencer el dolor de las emociones. La terapia cognitiva deja poco lugar para que el paciente diga: "Tengo toda la razón del mundo para sentirme deprimido o temeroso." Aunque Beck no forzaría la tragedia hacia un pensamiento positivo, los terapeutas entrenados en la terapia cognitiva muy a menudo se sienten frustrados frente a la tragedia.

El cristiano evangélico moderno también recurre al conocimiento de las Escrituras y la lógica inherente cuando se trata de superar cualquier problema con el que pueda enfrentarnos la vida. En contraste, la herencia judeo-cristiana brinda un poderoso sistema de autorización para comprender y aceptar el sufrimiento humano en la persona de Jesús, quien experimentó la persecución, el ridículo, la incomprensión y, en último término, la crucifixión. Se deja de lado la lógica, tal como lo vemos ejemplificado en la historia de los sufrimientos de Job. Cuando Job le pide a Dios una explicación de por qué estaba siendo afligido por tales dolores emocionales y físicos, Dios no le ofrece una respuesta lógica, sino que le pregunta: "¿Dónde estabas tú cuando fundaba yo la tierra? Indícalo, si sabes la verdad... Voy a preguntarte y tú me instruirás" (Jb 38, 4; 40, 7). Como se explicaba en el capítulo dos, la teodicea o intento de explicar (o disolver) el mal y el sufrimiento humano es un fenómeno relativamente nuevo en la Iglesia cristiana.

Durante la tercera etapa de Kleinman, el sanador orienta el cambio en las reacciones emocionales del paciente recurriendo a los símbolos mediadores que se aplican al paciente, extrayéndolos del sistema general de significado de la cultura. Por ejemplo, en el psicoanálisis, la ansiedad que experimenta un paciente individual se interpreta como volver a experimentar la ansiedad culturalmente universal del complejo de Edipo. Cuando el individuo reconoce la ansiedad universal, su condición cede y se alivia su ansiedad personal. En la terapia cognitiva, el terapeuta estimula al paciente a que practique un "regreso a pensar" lógico. Por ejemplo, el terapeuta podrá preguntar: "¿Qué quiere hacer usted con su depresión, conseguir que mejore o hacer que empeore?"

El paciente responde: "Conseguir que mejore."

El terapeuta, entonces, puede preguntar: "¿Cómo consigue aliviánar su depresión: criticándose a usted mismo, o estando deprimido?"

El paciente le responde: "Eso no funciona."

Entonces, el terapeuta sugiere que, antes de criticarse a sí mismo, el paciente debiera buscar un enfoque nuevo para vencer la depresión. La depresión, según el terapeuta cognitivo, no es una experiencia existencial que deba compartirse sino un enigma al que se le debe encontrar una solución, algo no sabido que debe llegar a saberse.

La solución de problemas, como símbolo mediador, resulta atractiva tanto para los psiquiatras como para los consejeros cristianos modernos, y no suscita conflictos entre la psiquiatría y el cristianismo. Ofrece un lenguaje común que no desafía a la fe cristiana, desde que en la terapia cognitiva la fe rara vez constituye un tema de conversación Al mismo tiempo, responde a lo que tanto el psiquiatra como el consejero cristiano creen que verdaderamente importa en la experiencia cotidiana: reunir información y tomar decisiones lógicas basadas en esa información. Sin embargo, la mediación histórica entre el cristiano que sufre y su Dios ha sido más parte de la experiencia de existir que de la comprensión lógica.

La última etapa de Kleinman es la confirmación, por parte del terapeuta, de la transformación de un significado simbólico específico en la interrupción de los acontecimientos personales.[59] En otras palabras, la curación tiene lugar, en parte, cuando la experiencia del sufrimiento personal se interpreta como significativa. La terapia cognitiva, y esto es paradójico, le quita significado al sufrimiento. La meta de la terapia cognitiva se expresa en los títulos de dos libros muy populares de psicoterapia moderna: *I'm OK, you're OK*[60] y *Feeling Good* ("Yo estoy bien, tú estás bien" y "Sintiéndose bueno", respectivamente). Por supuesto, prácticamente todas las personas que sufren de emociones dolorosas desean creer que están bien y sentirse buenas. Sin embargo, hay muchos que nunca alcanzan esa meta y se preguntan: "¿Por qué yo? ¿Por qué debo seguir experimentando sufrimiento?" Otros, que consiguen recuperarse, dicen: "¿Por qué me sucedió esto a mí?" La terapia cognitiva hace que estas preguntas se vuelvan irrelevantes en relación con sus finalidades, si la respuesta no puede identificarse de manera fácil y directa. Tanto la atención pastoral como el asesoramiento cristiano evangélico han planteado estas preguntas del mismo modo como lo hace la terapia cognitiva, al preguntar: "¿Qué le está pasando psicológicamente a esta persona, que explique su lucha espiritual o existencial manifiesta?" Muy pocas veces el conflicto existencial o espiritual es el centro del problema. En este punto, algunos autores populares, como Scott Peck o Thomas Moore, han buscado maneras de llenar el vacío, pero su esfuerzo no emana ni de la psiquiatría moderna de la línea dominante ni de la atención pastoral o el asesoramiento cristiano. (Véase más adelante, y el capítulo seis.)

La psiquiatría encuentra su identidad pero pierde su alma

Durante los últimos veinticinco años, la psiquiatría ha avanzado a grandes pasos hacia el establecimiento de su identidad. Aun cuando no está entre las más populares de las especialidades médicas, la psiquiatría ha llegado a ser una especialidad legítima, con una sólida base científica. Al concentrarse en los enfermos más graves, los esquizofrénicos, los maníaco-depresivos, los gravemente deprimidos y los obsesivo-compulsivos, la psiquiatría se ha propuesto el estudio y tratamiento de problemas que muy pocos niegan que merezcan la atención de un médico. Hoy es mucho menos probable que la terapia trate bien a los que están preocupados. Se lo hacía mejor a mediados del siglo XX. Las técnicas que usan los psiquiatras —la entrevista de diagnóstico, el laboratorio y las nuevas farmacoterapias— son paralelas a las terapias médicas tradicionales. Aun las psicoterapias actuales, como por ejemplo la terapia cognitiva, tienen su paralelo en la medicina física. Por ejemplo, el tratamiento actual de los diabéticos incluye un programa educativo de sentido común con respecto al estilo de vida así como la prescripción de insulina. Sin embargo, en la actualidad la psiquiatría atrae a menos médicos que se gradúen, que en el pasado. Algunos sugieren que la psiquiatría ha perdido su vitalidad.

Pretendo sugerir que el problema no es que la psiquiatría "carezca de mente", sino que ha perdido su alma. El concepto de alma es una idea difícil de captar para el psiquiatra. Muy a menudo, el tema del alma conduce a debates sobre el dualismo de Platón, que separa el alma del cuerpo y asigna al alma propiedades trascendentes, como una invención adecuada para explorar la vida mental de las personas. Aun así, el concepto de alma se nos aparece a muchos de nosotros, intuitivamente, como representativo de la totalidad, la profundidad y el significado, más allá de los mensajeros químicos, la ciencia empírica y el sentido común. Thomas Moore, en su popular libro *Care of the Soul* (El cuidado del alma), dice:

> La gran enfermedad del siglo XX, implícita en todos nuestros problemas y que nos afecta a todos, de manera individual y social, es la "pérdida del alma"... Es imposible definir de manera precisa qué es un alma... y, sin embargo, decimos que cierto tipo de música tiene alma o que una persona notable está llena de alma... El alma se revela en la fidelidad y fuerza de los afectos, tanto en el amor y la comunidad como en el aislamiento.[61]

Jeffrey Boyd, que es psiquiatra y ministro episcopal, insiste en que los psiquiatras tratan el alma, sea que la reconozcan en la terapia o no. "Si los psiquiatras y los psicólogos tratan a la persona en su totalidad o a toda la personalidad, el punto focal de su tratamiento no es otra cosa que el alma... Si los terapeutas tratan enfermedades mentales, tales como la depresión o la esquizofrenia, se los entendería, en los tiempos bíblicos, como sanadores del individuo poseído por espíritus malignos que invaden el alma desde afuera."[62]

Creo que la psiquiatría moderna ha perdido su alma del mismo modo como se ha evadido de la preocupación por la totalidad, el significado y la trascendencia. Los psiquiatras se sienten mucho menos inclinados a conversar entre ellos o con sus pacientes sobre el tema del alma, que medio siglo atrás. Es posible que tratemos el alma, pero muy a menudo nos comportamos como si ya no fuéramos compañeros del alma de nuestros pacientes.

Empecé este capítulo describiendo mis frustraciones con las barreras que se habían levantado entre mis pacientes y yo. He cambiado necesariamente el estilo de mi práctica profesional a medida que la psiquiatría ha ido cambiando durante los últimos veinticinco años. De muchas maneras, he llegado a ser un mejor profesional. En el pasado, despilfarré incontables horas con pacientes a quienes yo sabía que no podía ayudar pero con quienes me sentía obligado a seguir "relacionándome" en un estilo no contencioso, un resto de mi capacitación en la psiquiatría psicodinámica. A mí me costó tiempo, a ellos tiempo y dinero, sin propósito aparente alguno. Es muy raro que hoy me encuentre prisionero de este tipo de relaciones. Los cambios que acabo de describir me impiden ingresar en relaciones que no son terapéuticas y me aconsejan recurrir a medicamentos, muy a menudo con resultados maravillosos, en los casos donde escuchar y hablar no sirven para nada.

Sin embargo, creo que mis pacientes y yo hemos perdido tanto como hemos ganado. Yo no los conozco, ellos no me conocen, y la psiquiatría, francamente, no ofrece ya tantas recompensas. He retirado mi alma, en gran parte, de mi tarea profesional como psiquiatra.

4

El cristianismo pierde la cabeza

Mi abuelo y mi abuela maternos eran tan conservadores como cualquier cristiano estadounidense a principios del siglo XX. Él era "anciano" y director de canto en una Iglesia de Cristo fundamentalista, que se oponía al uso de instrumentos musicales en la iglesia. Vivían cerca de Nashville, Tennessee. Ella era profesora de lengua en una escuela secundaria local. Mi abuelo trabajaba en el transporte de correspondencia y nunca terminó la escuela secundaria. Murieron antes de que yo pudiera tener recuerdos de cualquiera de los dos. Sin embargo, siento que los conozco muy bien, porque heredé sus libros. Ambos eran lectores ávidos y hacían numerosas anotaciones marginales en los libros que llegaron a mi posesión.

Estos cristianos fundamentalistas semirrurales sureños consideraban que la aceptación de la doctrina y las prácticas de su tradición de fe era un desafío intelectual. Podían ofrecer argumentos lógicos y aun filosóficos para virtualmente todo lo que creían y practicaban. Si hubieran estado vivos cuando empecé a estudiar psiquiatría, no tengo dudas de que nos hubiéramos trenzado en largas y calientes discusiones sobre los valores y la filosofía subyacentes de esta nueva "terapia de la mente". Por lo que me han contado de ellos, los dos hubieran disfrutado de un debate amistoso. Sospecho que hubieran desafiado los escritos de Freud, pero los hubieran leído antes de condenarlos. Los preocupó el surgimiento de la teología liberal a principios del siglo XX, pero entendían la teología liberal. Mis abuelos no solamente eran cristianos fieles sino cristianos que pensaban. Sospecho que el desarrollo de la industria contemporánea del asesoramiento cristiano los hubiera apenado mucho, así como lo hueco de la mayoría de lo que hoy pasa por ser conversaciones cristianas.

Me parece que el cristianismo ha perdido su cabeza. Si mis abuelos son de alguna manera representativos, aun entre los más conservadores de los cristianos de principios del siglo XX no faltaban personas inteligentes, capaces de poner en tela de juicio sus propias creencias y prácticas, del mismo modo en que cuestionaban las de los otros. Son muy pocas las personas como mis abuelos que yo conozca entre mis hermanos en la fe contemporáneos. De manera que, muy a menudo, vuelvo a leer las notas marginales de los libros que heredé.

La reacción fundamentalista a la teología liberal

Así como los cambios que se han producido en la psiquiatría durante el último cuarto de siglo tienen raíces en la neuropsiquiatría de mediados del siglo XIX, los cambios recientes que se han producido en el asesoramiento cristiano tienen raíces en el pensamiento de principios de siglo. Los años sesenta señalaron la necesidad del cambio en el asesoramiento cristiano en los Estados Unidos.

Para comprender las tendencias actuales en el asesoramiento cristiano y la atención pastoral, es necesario tener en cuenta el impacto que significó la década del sesenta para los cristianos que creen en la Biblia y van a la iglesia todos los domingos. Algunos definieron esos años como la época de la "muerte de Dios" o como "la gran revolución moral".[1] Aunque se habían planteado dudas, aun antes de 1960, con respecto al papel de los Estados Unidos como líder moral del mundo, la tradición moral de la nación no había sufrido deterioros. O, por lo menos, eso es lo que muchos pensaban.

Pocos podían negar, sin embargo, que los cambios que se produjeron en la década del sesenta debilitaron gravemente esa tradición. Los temas dominantes de la cultura se deslizaron. Uno de estos deslizamientos tuvo que ver con una rápida secularización. Eso es lo que demuestran algunas de las decisiones de la Corte Suprema. En 1963, se declaró inconstitucional la celebración de ceremonias religiosas en las escuelas, socavando la conexión, en la que muchos creían, entre la fe de los cristianos evangélicos y la educación pública. Sin embargo, los acontecimientos de la década del sesenta tenían raíces que databan de varias décadas.

A principio del siglo XX, algunos cristianos estaban muy ocupados convocando conferencias bíblicas y reavivamientos religiosos, mientras que otros habían vuelto su atención a enderezar males sociales tales como la industrialización y las ganancias corporativas.[2] Hacia 1920, muchos cristianos sentían la necesidad de regresar a los fundamentos de la fe, al mismo tiempo que ganó fuerza, casi simultáneamente, el "evangelio social", como movimiento. Muchas de las tensiones entre los cristianos conservadores fundamentalistas (como mis abuelos) y los defensores liberales del evangelio social se centraban en cuestiones tales como si la religión y la ciencia (tanto biológica como social) podían coexistir. Los fundamentalistas tendían a tener bajos niveles de formación académica, pero estaban sólidamente fundados en el estilo de pensamiento lógico del iluminismo. La teología liberal, sin embargo, dominaba las facultades de teología de las mejor conocidas instituciones educativas y el cristianismo protestante histórico. Aunque los teólogos liberales conocían perfectamente bien a Freud y discutían sus ideas, los fundamentalistas concentraron sus argumentos en defender a la Iglesia de la amenaza —percibida— de la biología evolucionista, que asociaban con el comunismo y otros males sociales. Para ellos, Freud no era más que una preocupación periférica.

Durante un tiempo, después de la Primera Guerra Mundial, los temas fundamentalistas y antiintelectualistas florecieron en el cristianismo protestante de los Estados Unidos. La teología liberal, que desafiaba la autenticidad de las Escrituras, junto con un evangelio social progresivo y pragmático, llenaban a muchos cristianos de ansiedad, y hasta de un sentimiento de traición. Años antes de Jerry Falwell, voceros tales como William Jennings Bryan expresaron su preocupación por los temas dominantes en el cristianismo protestante. Pero el ejemplo más visible de esta reacción contra la Iglesia histórica fue el esfuerzo por impedir que las escuelas y universidades públicas enseñaran la evolución, debido a su incompatibilidad —percibida— con una interpretación tradicional de la Biblia.[3]

Estos esfuerzos llegaron a su culminación en 1925, durante el juicio de John Scopes, en Dayton, Tennessee. Bryan acusaba por la fiscalía y Clarence Darrow era el defensor de Scopes. Scopes estaba acusado de enseñar la evolución en la escuela del pueblo. El juicio en sí fue todo un espectáculo de las habilidades retóricas de Bryan y Darrow (y una fiesta para los reporteros de los diarios). Pero, por otro lado, sirvió para despertar a un gigante dormido en el cristianismo protestante, especialmente en el Sur.

El juicio de Scopes resultó un desastre total para los fundamentalistas, y la guerra contra la evolución se liberaría en el futuro de manera sólo esporádica y se mantuvo sólo en los bordes de las iglesias más conservadoras hasta mediados del siglo XX. A principios de siglo, los ataques fundamentalistas contra Darwin avergonzaron y debilitaron el movimiento. La atmósfera carnavalesca del juicio de Scopes contribuyó significativamente al ridículo. El creacionismo se equiparaba con el granjero sucio de tierra e ignorante del Sur, culturalmente atrasado. La revitalización de la "ciencia de la creación" no se produciría hasta la década del sesenta.[4]

La "ciencia de la creación" se basa en la interpretación literal del libro del Génesis y sugiere que la historia del universo puede medirse en miles y no en miles de millones de años. Aunque la comunidad científica no acepta, por lo general, sus postulaciones, un grupo de evangélicos, tanto teólogos como científicos, desarrollaron una teoría que ellos creen explica la mayoría de los fenómenos geológicos conectados con el diluvio universal que se describe en el libro del Génesis. La más conocida de sus obras publicadas es *The Genesis Flood* (El diluvio del Génesis, 1961), escrito por John C. Whitcomb Jr. y Henry Morris, y publicado por la Baker Book House, una editorial cristiana conservadora. Whitcomb era pastor y Morris ingeniero hidráulico, formado en la Universidad de Rice. Más tarde, serviría como presidente del departamento de ingeniería de la Universidad Tecnológica de Virginia.

La historia del creacionismo científico es paralela, en ciertos aspectos, a la historia del movimiento de asesoramiento cristiano, porque ambos adquirieron su ímpetu a partir de una reacción contra la erudición secular, se dirigían al miembro de las iglesias evangélicas y no a la comunidad científica, y se desarrollaron de manera paralela con sus contrapartes seculares, más que en un diálogo significativo con ellas. Sin embargo, aparecerían diferencias. Los creacionistas científicos nunca consiguieron la aceptación generalizada entre los evangélicos y continuamente buscaron —sin éxito— mantener un debate con los biólogos y geólogos seculares, a fin de ganar alguna credibilidad. El movimiento de asesoramiento cristiano, por su parte, atrajo a muchos más adherentes, y sus líderes nunca han estado demasiado interesados en establecer el diálogo o la discusión con la psiquiatría o la psicología seculares.

Las iglesias protestantes históricas también reaccionaron contra la erudición bíblica liberal. Su reacción derivó de una lucha por el control de la Iglesia. Los teólogos liberales estaban claramente al mando de las principales iglesias protestantes durante la primera parte del siglo. En general, las iglesias del Sur no fueron amenazadas. La Convención Bautista del Sur siempre fue un hogar para los elementos más conservadores del cristianismo. Sin embargo, aun entre los bautistas del Sur se libraron muchas batallas; los conservadores y los moderados disputaban entre sí más que con los liberales. En la Iglesia Bautista del Norte, sin embargo, la tensión era profunda.[5] Pese al hecho de que la iglesia bautista creció predominantemente como resultado de movimientos de reavivamiento entre las poblaciones menos educadas, muchos de los mejor educados teólogos liberales eran bautistas, incluyendo a Walter Rauschenbusch y Harry Emerson Fosdick. Uno de los resultados de esta lucha fue que los bautistas conservadores lograron convencer a sus correligionarios de mantenerse al margen del movimiento intereclesiástico mundial en 1920. Los conservadores se encerraron en sí mismos.

Durante la década del treinta, los grupos cristianos conservadores revivalistas crecieron rápidamente a lo largo y a lo ancho de los Estados Unidos.[6] Se instalaron muchos institutos bíblicos que competían de manera directa con los seminarios asociados a las universidades. Además, se usaron de manera efectiva los medios masivos de comunicación, para llegar a amplios públicos. Por ejemplo, Charles E. Fuller tenía un gran éxito con su *Old Fashioned Revival Hour* (Hora de reavivamiento a la antigua), difundida por radio desde Los Ángeles. El corazón del conflicto era el desafío —percibido— de los teólogos liberales a la infalibilidad de la Biblia. Entre los conservadores, empezó a florecer una semilla antiintelectualista durante esas primeras décadas del siglo, paralela a la reacción contra la teología liberal. Mis abuelos no hubieran dado la bienvenida a esta corriente en su expresión más plena. Muchos intelectuales abandonaron las iglesias fundamentalistas. H. L. Mencken resume:

> Se cree que cualquier patán, con tal que sepa leer, es capaz de predicar. Por lo general, se lo mandaba a la universidad. ¿Pero a qué uni-

> versidad? Usted podrá encontrar una de ésas en la cumbre de cualquier montaña o en la hondonada de cualquier valle en los Estados Unidos... En esos colegios bastaba un solo profesor para dictar oratoria, historia antigua, aritmética y exégesis del Antiguo Testamento.[7]

Los fundamentalistas parecían reaccionar contra cualquier cosa que fuera moderna, no solamente la crítica bíblica, la teoría de la evolución o el evangelio social. Se oponían de manera manifiesta a la investigación de la historia de la iglesia. Insistían empecinadamente en la restauración de la iglesia del Nuevo Testamento en el siglo XX, ignorando virtualmente dos mil años de historia eclesiástica.

La ascendencia del evangelicalismo

Mientras los teólogos y los pastores liberales abrían el diálogo con los psiquiatras y los psicólogos para hablar sobre la atención pastoral, un grupo emergente de tendencia conservadora, los evangelicalistas, les robaban la atención de los miembros de sus iglesias. El punto fuerte más significativo de los evangelicalistas era su habilidad para atraer la atención de los protestantes de todas las iglesias, que se sentían alienados tanto de la Iglesia como del Estado.

Los fundamentalistas habían demostrado su incapacidad para cambiar el contenido de los programas sobre ciencia que se enseñaban en las escuelas, y habían perdido en la mayoría de las otras batallas políticas en torno a cuestiones de esta índole. Aun las universidades que habían sido históricamente controladas por grupos religiosos fundamentalistas se estaban volviendo más y más seculares entre los treinta y los sesenta. Por ejemplo, escuelas bautistas tradicionales tales como la Universidad Baylor o la Universidad de Wake Forest se estaban convirtiendo en bases del liberalismo. Por lo tanto, los líderes evangelicalistas trabajaron para asegurarse de que el cristianismo protestante liberal y los teólogos que se identificaban con él no ejercieran control sobre las creencias religiosas y las actividades de los cristianos evangelicalistas en los Estados Unidos.

Las iglesias protestantes históricas perdieron, como consecuencia de esto, una gran parte de su liderazgo intelectual y literario en la sociedad secular y entre sus propios miembros, porque la energía y el crecimiento en la comunidad cristiana durante las últimas décadas se habían dado entre los evangélicos.[8] La industria del asesoramiento cristiano de finales del siglo XX había aprovechado todo lo posible la energía de los nuevos evangélicos y la reacción contra la teología protestante liberal.

A medida que el fundamentalismo fue desvaneciéndose como influencia y los evangélicos fueron ganando poder, la presión antiintelectualista fue menos visible, aunque no desapareció del todo. Muchos líderes evangelistas estudiaron en excelentes instituciones de educación superior y, en consecuencia, desarrollaron una teología más sofisticada. Las universidades bíblicas que describía Mencken evolucionaron, en muchos casos, durante las décadas de mediados de siglo, para llegar a ser universidades de artes liberales plenamente acreditadas. Sin embargo, los instructores de estas universidades, aun hoy, no han llegado a estrechar vínculos con sus colegas de sus mismas disciplinas en las universidades seculares, especialmente en aquellas disciplinas en las que se plantean conflictos entre las creencias evangélicas y los temas que dominan la erudición secular. Mark Noll, profesor de pensamiento cristiano en el Wheaton College, ha lamentado la actual carencia de pensamiento riguroso entre los evangélicos, en su libro *The Scandal of the Evangelical Mind* (El escándalo de la intelectualidad evangélica).[9]

Noll sugiere que la falta de erudición entre los evangélicos es particularmente notable en las ciencias. Lo mismo sucede en el campo del asesoramiento y la psicología. La mayoría de los profesores que enseñan psicología y asesoramiento en las universidades evangélicas han sido capacitados en universidades seculares. Sin embargo, se concentran primordialmente en la enseñanza o en la terapia, y no en la investigación. Es mucho más probable que escriban libros de divulgación, para el consumo popular, y no aportes serios a la literatura científica, pese a que mantienen un relación permanente con sus colegas seculares en reuniones científicas. A diferencia de sus colegas seculares, no han considerado que la exploración de las fronteras de la psiquiatría, la psicología o las neurociencias deba ser una de sus prioridades. Se sienten satisfechos con lo que han podido pescar, de segunda mano, en los medios de su disciplina. Esta orientación educacional se arraigó en las décadas del cuarenta y el cincuenta, y ha cambiado muy poco hasta nuestros días. Dentro de mi propia comunidad de fe, nuestras universidades cristianas se mantienen relativamente aisladas de la erudición secular.

Para mí, como cristiano evangélico, este enfoque educacional no carecía de atractivos. Durante mi educación como psiquiatra, llegué a considerar seriamente la opción de mudarme a una comunidad donde podía asistir a una de esas universidades cristianas. Me imaginaba una perspectiva de vida cómoda y productiva, dividiendo mis responsabilidades entre la práctica de la psiquiatría, principalmente entre cristianos evangélicos, supervisar a los pastores en su trabajo de asesoramiento con los miembros de las iglesias y quizá enseñando cursos de psicología y religión en alguna universidad. (Muchos de mis colegas psiquiatras de trasfondo cristiano evangélico hacían lo que yo imaginaba que podía llegar a hacer yo mismo. En esta vida, no me hubiera quedado lugar para mantener relaciones con psiquiatras seculares, y ciertamente ningún lugar para las investigaciones psiquiátricas.)

Durante la década del cincuenta, los evangélicos crecieron en número de manera espectacular. Por lo menos tres factores contribuyeron a este crecimiento. Primero, el tremendo éxito de las cruzadas evangelísticas de Billy Graham durante la década del cincuenta. El mensaje evangélico se dio a conocer en todo el mundo.

Segundo, los cristianos evangélicos penetraron en las universidades seculares durante la década del sesenta. Asociaciones evangélicas como la InterVarsity Christian Fellowship ofrecieron a los estudiantes universitarios la posibilidad de explorar las implicaciones de su fe fuera de los cursos tradicionales de religión que ofrecían las universidades. En tercer lugar, muchos jóvenes brillantes y llenos de energía, atraídos, quizá, por el éxito de Graham, aspiraron al ministerio en las congregaciones evangélicas, como una alternativa profesional viable.[10] Por lo tanto, cuando se hicieron públicos los desafíos a las creencias tradicionales por parte del obispo J. A. T. Robinson, Harvey Cox y Thomas Altizer, había todo un ejército de evangélicos listos para devolver el ataque y movilizar a millones de protestantes confundidos y alienados.

Muchos estadounidenses buscaron restablecer su identidad religiosa durante la turbulenta década del sesenta. Estas personas experimentaron la necesidad de volver a sus raíces y encontrar respuestas seguras a las preguntas más duras que plantearon los sesenta. Los cristianos evangélicos ofrecían muchas de esas respuestas por medio de un regreso a la fe, en oposición al modernismo. Este regreso asumió un carácter militante y revolucionario, en el cual se eliminaron siglos de historia transcurrida, en el intento de restablecer la visión fresca del cristianismo del primer siglo, y concentrando el acento en las viejas creencias y valores. Este contramovimiento con respecto al protestantismo histórico se ejemplifica muy bien con el Movimiento de Jesús entre la gente joven de los años sesenta y principios de los setenta. Desdeñaban a las iglesias y (por lo tanto) a la autoridad histórica, aceptaron a la persona de Jesús como un ejemplo histórico para seguir, y trabajaron en favor de la paz y la justicia social. Subrayaron el amor e intentaron rescatar a sus compañeros de los excesos de los sesenta, especialmente del consumo y la cultura de la droga.

Hacia 1960, el cristianismo fundamentalista, como movimiento, había sido reemplazado casi por entero por el cristianismo evangelicalista. El evangelicalismo que surgió nunca creyó que se apartaba de los "fundamentos" de la fe. Sin embargo, sí intentó cambiar su imagen, dejando de ser un movimiento reaccionario y de enfrentamiento. Pretendían ofrecer respuestas a los problemas de la vida real. Carl F. H. Henry escribió, en 1970, que el empuje del nuevo evangelicalismo "no está preocupado por el destino de las grandes verdades bíblicas, sino que está entristecido por los reiterados fracasos al aplicarlas a los problemas críticos con que se enfrenta la mentalidad moderna".[11] El movimiento evangelicalista, sin embargo, estableció su base epistemológica en la creencia en la claridad y autoridad de las Escrituras.

Durante la década del sesenta, los cristianos evangélicos llegaron a ser unos 40 millones de personas. (Hoy, la cantidad de evangélicos en los Estados Unidos se estima en unos setenta millones.) En 1969, Billy Graham escribió: "Creo que el cristianismo evangélico está, ahora, donde suceden las cosas."[12] En esa época, no solamente Graham predicaba a cientos de miles por año, sino que la membresía de las iglesias evangélicas había crecido de 400 a 700 por ciento durante los años posteriores a la Segunda Guerra, en contraste con el 75 ó 90 por ciento de las denominaciones protestantes históricas.[13] El énfasis inicial fueron las doctrinas conservadoras y las misiones internacionales. Sin embargo, los evangélicos también se sentían impulsados a llegar con el Evangelio a los muchos estadounidenses "sin iglesia" o que se sentían alienados de las iglesias protestantes históricas. Ofrecer respuestas bíblicas claras a los problemas de la vida cotidiana era un método evangelístico poderoso, y por eso surgió toda una industria del asesoramiento cristiano, paralela al movimiento de asesoramiento pastoral de las iglesias históricas. Sin embargo, las raíces epistemológicas del asesoramiento cristiano evangélico eran muy diferentes de las que sostenían al cristianismo protestante liberal.

Entre las creencias centrales del evangelicalismo, que contribuyeron a dar forma al asesoramiento cristiano, está el acento en una vida espiritualmente transformada. En materia religiosa, la única autoridad es la Biblia, y el único medio de salvación es una experiencia transformadora de la vida, facilitada por el Espíritu Santo por medio de la fe en Jesucristo. El asesoramiento cristiano era por naturaleza práctico y, por lo tanto, provenía de un contexto en el cual, explícitamente, no se acentuaban la teología ni la aplicabilidad de la psicoterapia tradicional. El asesoramiento cristiano era práctico por naturaleza y enfatizaba el cambio, a corto plazo, hacia una vida transformada. La autoridad de la Biblia involucraba su aplicabilidad como guía práctica para la vida. En los libros de autoayuda y en las sesiones de asesoramiento, se salpicaban generosamente textos bíblicos más o menos adecuados. El asesor cristiano era mejor cuanto menos tuviera que trasladar a la atención de un psicólogo o psiquiatra secular.

En paralelo, he descubierto que los cristianos evangélicos individuales, como pacientes, están poco interesados en la exploración de sus historias personales dentro del contexto de las comunidades religiosas que los contienen. Las primeras veces que encontré cristianos en la terapia, me sorprendió que la mayoría de ellos no estuvieran interesados en hablar de sus experiencias espirituales pasadas. Jason, por ejemplo, no estaba interesado en entender el contexto del sufrimiento emocional que experimentaba, tanto como no le hubiera interesado su propia historia de vida como contexto del dolor de uno de sus dedos gordos del pie (véase capítulo uno). Se les había quitado importancia a la confesión y al examen de la vida. Los cristianos evangélicos modernos se quieren sentir bien con respecto al aquí y el ahora, y la industria del asesoramiento cristiano evangélico ha apoyado ese punto de vista.

El crítico literario Harold Bloom, en su libro *La religión en los Estados Unidos*, define la forma prototípica de expresión religiosa estadounidense como el cristianismo evangélico, una religión que busca febrilmente "el espíritu". Sin embargo, ese espíritu no es necesariamente el espíritu del Dios trascendente.[14] La verdadera agenda (oculta) de la religión estadounidense es la libertad interior, la afirmación del espíritu del yo. La religión estadounidense no estimula la comunidad o la confesión, porque el individualismo de la sociedad estadounidense arrastra su religión hacia la soledad interior. Los evangélicos se concentran en el Cristo resucitado antes que en el crucificado y, por lo tanto, tienen la visión de un yo revitalizado y no de un yo sufriente. Del mismo modo como los gnósticos de los dos primeros siglos de la era cristiana buscaban su propio espíritu interior y la unión de ese espíritu con la luz divina, la salvación, para los evangélicos, no viene de la confesión en la comunidad o la congregación sino a través de una relación personal y privada con Jesús.

La mayoría de los pacientes de fe evangélica que yo trato tienden a flotar de una congregación en otra. Si se plantean problemas con otros miembros de la Iglesia (y es muy probable que surjan problemas si una persona está experimentando sufrimientos emocionales), la solución más fácil es mudarse a otra congregación, incluso si hacerlo significa comprometerse con un conjunto de creencias diferentes (aunque no totalmente diferentes). Recordemos que Jason efectuó una mudanza significativa de una comunidad de fe a otra, sin pensar en la falta de apoyo que arriesgaba padecer ni en la pérdida de relaciones comunitarias (véase capítulo uno). Sin salir de la comunidad evangélica, uno puede navegar en un mar de pequeñas variaciones en la doctrina, entre docenas de congregaciones de cristianos. Este fenómeno es incomprensible para mis amigos judíos, cuando se los describo. La fe, para el judío, significa adhesión a la comunidad, a Israel, a lo largo de una historia muchas veces torturada. La fe no puede separarse de la comunidad y de la historia. Sin embargo, para el evangélico perturbado, la percepción de su aislamiento de cualquier tradición religiosa o comunidad es una experiencia demasiado común.

Durante la década del sesenta, los evangélicos tenían poco interés en la psiquiatría y la psicología de la religión. Estos cristianos estaban montando campañas paralelas y paradójicas a favor de la autosuficiencia individual y del cristianismo conservador, como remedio para las emociones dañadas, tal como lo describen Robert Bellah y sus colegas en *Habits of the Heart* (Hábitos del corazón):

> La religión radicalmente individualista, especialmente cuando asume la forma de creencia en una identidad cósmica, puede parecer que forma parte de un mundo distinto del de la religión conservadora fundamentalista. Sin embargo, éstos son los dos polos que organizan una parte considerable de la vida religiosa en los Estados Unidos. Para los

primeros, Dios es simplemente el yo magnificado; para los segundos, Dios enfrenta al hombre desde afuera del universo. El uno busca un yo que es, en último término, igual al mundo; el otro busca un Dios externo que provee el orden del mundo. Ambos valoran la experiencia personal como base de lo que creen.[15]

La Biblia se ha convertido en el símbolo del Dios absoluto e inviolablemente trascendente que enfrenta a la humanidad desde afuera del universo. Es interesante que la insistencia de los evangélicos en la infalibilidad de la Biblia no significa necesariamente que practiquen la lectura sistemática de la Biblia.[16] Es mucho más probable que usen la Biblia como un arma o como una justificación que como un estímulo para explorar sus propias vidas. Se ha convertido a la Biblia en un ícono, y de este ícono, en parte, emergió la industria del asesoramiento cristiano. Como se sugiere más adelante, el asesoramiento cristiano evangélico no deriva tanto de la teología bíblica, sino que usa la infalibilidad bíblica para convalidar su mensaje predominantemente cognitivo, racional, autosuficiente y positivo. Salpicando pasajes bíblicos a lo largo de libros de psicología *pop*, los autores cristianos afirman su credibilidad dentro de la comunidad evangélica, sin que importe cuál sea su mensaje.

En retrospectiva, creo que me quedé en la psiquiatría académica secular por dos razones. Primero, mi percepción del papel central que juega el viaje sagrado del cristiano a través de su sufrimiento emocional no era, muchas veces, compartida por los pacientes cristianos que trataba. No tenían deseo alguno de explorar su fe a lo largo del tiempo. En cambio, sí querían que su fe funcionase, que ahuyentara el dolor. Quizá por medio de oraciones especiales, quizá por medio de la imposición de manos, quizá por medio de una prescripción de conductas que garantizaran el éxito financiero o la felicidad matrimonial. Se esperaba de mí, el psiquiatra cristiano, que actuara como mediador de una curación rápida. Aunque no le impondría límites a Dios, yo sé cuáles son mis propios límites. No soy un sanador carismático.

En segundo lugar, aquella cómoda comunidad de fe era más aparente que real. Aprendí que las iglesias, los colegios y universidades cristianos y las congregaciones de cristianos evangélicos estaban a menudo tan plagadas de conflictos como la universidad secular donde estudiaba y me estaba formando. Reconocía que mi familia y yo mismo debíamos trabajar para hacer que nuestra comunidad de fe local fuera tan fuerte como posible. Para contribuir al fortalecimiento de esa comunidad, tenía que integrarme a ella no como un especialista sino como un socio igualitario. Antes que ser "el psiquiatra de la Iglesia", me sentía más cómodo y productivo siendo un miembro de la Iglesia que, así como venían las cosas, era psiquiatra, de manera no muy diferente de mi amigo o hermano, que eran ingenieros de transporte.

Intentos de integrar la psiquiatría al cristianismo

De manera previa y concurrente con el surgimiento de la industria del asesoramiento cristiano, hubo intentos de reconciliar la psiquiatría y el cristianismo desde el interior de la comunidad cristiana evangélica. Estos intentos los lanzaron personas firmemente arraigadas en su fe, que se dirigieron primordialmente a la comunidad cristiana. En contraste con los profesionales de la salud mental y los teólogos descritos en el capítulo dos, estas personas trabajaron verdaderamente en la interfaz entre la psiquiatría y el cristianismo. Uno de los intentos mejor conocidos lo inició Paul Tournier, un médico suizo.[17] Aun cuando no estaba entrenado como psiquiatra, Tournier eligió practicar la psiquiatría. No contribuyó de manera abundante a la literatura psiquiátrica, ni se apoyaba en una tarea de docencia universitaria. Entre los psiquiatras no religiosos, Tournier es un total desconocido. Era un clínico con una fuerte fe cristiana que se sintió impulsado a escribir para otros cristianos sobre las experiencias de sus pacientes que luchaban por encontrar su Dios. La curación psicoterapéutica, para Tournier, involucraba necesariamente una exploración de las relaciones entre su pacientes y Dios. Su estilo, cálido y aceptador, apelaba tanto a los cristianos liberales como a los conservadores.

Fundado firmemente en una psicoterapia tradicional de mediados de siglo, Tournier, sin embargo, consiguió destellar con visiones únicas que reflejaban su enfoque espiritual de la terapia. Por ejemplo, en su libro *The Meaning of Persons* (El significado de las personas), se esfuerza hasta el límite para integrar el cuerpo y el alma del lector:

> La vida espiritual involucra a toda la persona y no solamente los procesos psicológicos que estudian los psicólogos... Si bien es difícil definir la frontera entre la psicología y la vida del espíritu, al cruzarla

ingresamos en un dominio completamente diferente: el de los juicios, los valores, la fe, las decisiones en las que nos comprometemos.[18]

Tournier sugiere que las enfermedades del alma, como la que resulta de la depresión, distorsionan y dificultan el crecimiento de las relaciones con Dios y con los demás.

Dentro de su práctica psiquiátrica, Tournier observaba que Dios se relaciona con las personas para liberar sus almas de la enfermedad y se une con ellas a fin de curar la totalidad de las personas. "Con un paciente trabajamos muchas semanas —incluso meses— sin detenernos, en total oscuridad. De repente, la luz brilla: el Dios viviente ha llegado hasta esa persona."[19]

Tournier, a diferencia de muchos cristianos evangélicos que practican la psiquiatría, no experimentaba necesidad alguna de cristianizar la psiquiatría ni de psicoanalizar el cristianismo. La facilidad con que se trasladaba de su consultorio a la Biblia, para volver después a su consultorio otra vez, el acercamiento tierno y dispuesto a brindar apoyo donde fuera necesario y su convicción firme en el poder curativo de la fe bíblica son ejemplos valiosos del poder de la conversación entre la psiquiatría y el cristianismo evangélico.

Tournier, sin embargo, no exploró las cuestiones teológicas y morales que tienden a dividir a la psiquiatría y el cristianismo. Para él, había poco para debatir. Ignoró, virtualmente, la neuropsiquiatría, pese a su capacitación como médico. Cuando entraba en discusiones sobre problemas difíciles de la teología o la filosofía, tendía a asumir una vía media. Por ejemplo, cuando considera el derecho del médico para usar la psicoterapia para cambiar la personalidad de sus pacientes, presentaba el caso a favor y el caso en contra de esa idea, pero no sugería una solución del dilema. Al referirse a los usos de la lobotomía —la separación quirúrgica del lóbulo frontal y el resto del cerebro (procedimiento que en la actualidad la mayoría considera barbárico)—, Tournier asume una posición sorprendentemente acomodaticia: "Condenar cualquier interferencia de la personalidad sería condenar la totalidad de la medicina... Trazar una línea gruesa e inamovible en cualquier lugar que sea es incurrir en una casuística arbitraria."[20]

Otro intento de integrar la psiquiatría y el cristianismo durante la década del cincuenta fue el de Albert Outler en *Psychotherapy and the*

Christian Message (Psicoterapia y mensaje cristiano).[21] Outler, un teólogo protestante respetado, se dirigió al crecimiento y la evolución de la atención pastoral, antes que al asesoramiento cristiano evangélico. Sin embargo, el repaso de sus preocupaciones brinda un contexto importante para el surgimiento del asesoramiento cristiano. Empezó con la premisa de que la psicoterapia moderna es más que otro desarrollo del arte de la sanidad: es un desafío, así como una oportunidad, para el pensamiento cristiano. Reconoció las metas comunes de ambas vertientes, especialmente con respecto a los aspectos prácticos de las relaciones interpersonales y los conflictos intrapersonales no resueltos: "El problema se ha resuelto de manera prematura en una gran variedad de modos, desde el rechazo y aislamiento en un extremo hasta, en el extremo opuesto, el acuerdo amable para ignorar la teoría tan rápidamente como se pueda hacerlo y concentrarse en las cuestiones prácticas."[22]

Aun a principios de la década del cincuenta, Outler reconoció la tendencia que dominaría a la comunidad evangélica: las soluciones prácticas, divorciadas de la teología. A Outler estas soluciones prácticas no lo dejaban satisfecho. Aun cuando el cristianismo y la psiquiatría eran ambas "sabiduría para la vida, no resultaba claro de manera alguna que fueran la misma sabiduría. La exploración psicoterapéutica debe reconocer que uno tiene un fundamento a partir del cual puede explorar a su alrededor. En cuanto a lo que a mí respecta, he elegido y confirmado mi elección de la fe cristiana como fuente primaria de cualquier sabiduría que pueda haber en estas páginas".[23]

De este modo, Outler no solamente señala que todas las psicoterapias se basan en un sistema de valores, sino que hace explícitos sus propios valores. Reconoce la tensión inherente entre la psiquiatría y el cristianismo. Según Outler, dado que el psicoanálisis reduce el cristianismo a una obsesión que no puede demostrarse por ninguno de los métodos científicos, la psiquiatría está evidentemente prejuiciada con respecto al cristianismo. Esto coloca al cristiano en una posición comprometida. "Hasta aceptar la discusión con un psiquiatra que reduce la proclamación cristiana a un material psicológicamente perverso, involucra debilitar la posición cristiana... tratar con seriedad la anti-fe del pagano."[24] Sin embargo, Outler acepta la sabiduría empírica, práctica, de la psiquiatría con respecto a las relaciones, vía ciertos principios de la psicoterapia secular: el respeto hacia las personas inherente en la relación terapéutica; el descubrimiento de que las conductas tienen un significado y nunca debieran descartarse porque resultan simplemente ininteligibles, el proceso terapéutico en sí, especialmente el arte de escuchar; la perspectiva de todo un curso de vida, desde la infancia hasta la ancianidad; y la posibilidad de usar el pensamiento religioso de manera engañosa y protectora.

Outler advierte al cristiano que el temor hacia la psiquiatría basada científicamente a veces se justifica. El científico que no logra describir y controlar los procesos naturales frecuentemente irá más allá de las limitaciones del método científico y sostendrá que "todo lo que no es ciencia no es conocimiento". "La fe cristiana puede asimilar cualquier afirmación científica, excepto una: la pretensión de que la omnicompetencia de la ciencia es científica y verificable."[25]

Outler también desafía al psiquiatra. "Su acusación, de que la fe religiosa en Dios es una proyección al cosmos de los deseos infantiles, no está liberada de sus propios aspectos proyectivos. El teísmo es el reconocimiento, por parte del hombre, de su dependencia radical con respecto a Dios y de su responsabilidad finitamente libre como creatura y ciudadano de la comunidad de los que Dios ama."[26] Outler ocupa un lugar separado del que agrupa a los críticos evangélicos de la psiquiatría: habla desde un desafío no sectario y no agresivo a la psiquiatría:

> El cristianismo no tiene ni el derecho, ni el poder, para desplazar o eliminar el naturalismo que reina en la psicoterapia, por *fiat* o decreto. No tiene derecho —y, espero, tampoco deseo— de patrocinar una psicoterapia rival hecha a medida para satisfacer los dogmas y tradiciones del cristianismo histórico... Tiene el derecho de pedirle a la psicoterapia que sus supuestos prevalecientes sean repasados en un nuevo nivel de indagación autocrítica.[27]

Outler reconocía que la psiquiatría y el cristianismo deben dividir sus tareas, pero los urgió a sintetizar sus metas. Creía que un psiquiatra puede trabajar de manera efectiva con supuestos y metas derivados de la fe cristiana, del mismo modo que lo hace habitualmente a partir de presupuestos científicos seculares. Los cristianos, por lo tanto, pueden ingresar en la psiquiatría y practicarla de manera efectiva.

En la época en que Outler escribió este libro, eran escasos los cristianos profesos, y menos aún los cristianos evangélicos que ingresaban a la psiquiatría como profesión. Durante los últimos veinticinco años, sin embargo, son muchos los cristianos que recibieron una capacitación profesional como psiquiatras. Esto puede explicarse, en parte, por la tendencia entre los cristianos a adquirir mejor educación, pero también refleja la disminución de los factores de tensión entre la psiquiatría y el cristianismo. Por desgracia, la mayoría de los profesionales cristianos no se han sentido inclinados a explorar junto con sus colegas seculares las cuestiones teóricas más duras, tal como Outler nos estimula a hacerlo. Antes bien, los cristianos evangélicos que ingresan a la psiquiatría se incorporaron a la psiquiatría oficial o se sumaron a la industria emergente del asesoramiento cristiano. Esta industria fue inicialmente alimentada por los libros que escribían los consejeros cristianos, y por los grandes seminarios que montaban, desarrollando una identidad profesional distintiva e ingresando en la arena política.

La popularización del asesoramiento cristiano

Resulta claro que las raíces del asesoramiento cristiano evangélico están en las terapias de sentido común de Adolf Meyer, Aaron Beck y otros. Sin embargo, esas raíces también se extienden a guías prácticas publicadas durante las primeras décadas del siglo XX, tales como *El poder del pensamiento tenaz* de Norman Vincent Peale.[28] Los consejeros cristianos más populares se han concentrado, en sus libros y seminarios, en impartir consejos prácticos, y no en la exploración de la relación teológica y filosófica entre el cristianismo y la psiquiatría. Estos consejeros rara vez dejan que los problemas espinosos queden abiertos para la discusión, por lo menos en la superficie de su trabajo. Sus prescripciones prácticas, y muy a menudo dogmáticas, para la salud y el éxito no se aplican a los más perturbados entre nosotros, aquellos con quienes debe trabajar la psiquiatría. Muy frecuentemente, en mi iglesia me piden que les recomiende "un buen libro" para alguien que está luchando con algún problema grave. Es muy raro que pueda identificar un libro dirigido a las necesidades de alguien que esté gravemente perturbado. Los libros cristianos populares están hechos a la medida de los que están sanos, y sirven más para confirmar la confianza que para enfrentar las realidades de un sufrimiento emocional grave y profundo.

Los consejeros cristianos populares no han dirigido su atención a los que padecen de enfermedades mentales graves. La frontera entre las recomendaciones que puede ofrecer un pastor y las de un consejero cristiano profesional no son claras; pero sí lo son las características del asesoramiento cristiano popular. Hay pastores, como Tim LeHaye, que no vacilan en prometer a sus lectores recomendaciones sobre "cómo vencer la depresión".[29] James Mallory, un psiquiatra evangélico, habla de los problemas cotidianos de los cristianos evangélicos en *The Kink and I: A Psychiatrist's Guide to Untwisted Living* (El enredo y yo: Guía de un psiquiatra para una vida sin vueltas).[30] Estos escritores se han vuelto populares porque se ocupan de los problemas cotidianos que enfrentan los evangélicos, no los problemas más complejos de los enfermos mentales.

Gary Collins ha identificado nueve elementos comunes en el asesoramiento cristiano popular: pertinencia, simplicidad, practicidad, dejar de lado lo estrictamente académico, habilidad para la comunicación, atractivo personal, orientación bíblica, carácter reaccionario y especificidad.[31] Estos elementos se manifiestan en los escritos populares, en los seminarios y las conferencias, tanto como en las sesiones de asesoramiento individuales. Por ejemplo, ya cuando la industria del asesoramiento cristiano estaba en pañales, el seminario de Bill Gothard sobre "conflictos básicos de la juventud" atrajo a 250.000 personas en 1973.[32] Gothard habla primordialmente a cristianos que son psicológicamente sanos y quienes, él cree, pueden beneficiarse espiritualmente con sus enseñanzas. Enfatiza vivir la vida cristiana, observar las reglas del juego y de ese modo obtener la alegría de saber que uno está actuando bien.

El asesoramiento popular no fue privativo del cristianismo evangélico. Durante la década del sesenta y principios de los setenta, muchos psiquiatras y psicólogos no religiosos escribieron libros populares. Entre ellos figuran *Juegos en que participamos*, de Eric Berne, *Gestalt Therapy Verbatim* (La terapia *Gestalt* al pie de la letra), de Fritz Perls, y *El proceso de convertirse en persona*, de Carl Rogers.[33] La psicología *pop* evangélica cristiana y la psicología secular *pop* emitían mensajes sorprendentemente parecidos. Sin embargo, los escritores evangélicos rara vez admitieron las similitudes entre su mensaje y el de la psicología *pop* no religiosa. En cambio, el surgimiento de la industria cristiana evangélica del asesoramiento se presentaba como una auténtica terapia cristiana para las enfermedades emocionales, única en su género, en contraste con las terapias seculares.

En una etapa temprana de mi carrera, hablé en una cierta cantidad de seminarios sobre lo que ahora veo como una psicología *pop*. Incluso intenté escribir algunos libros populares. Sin embargo, estos libros nunca pasaron de la etapa del manuscrito. Las editoriales cristianas no estaban interesadas. En retrospectiva, creo que mi perspectiva no encajaba en la de la industria del asesoramiento cristiano. Por un lado, no era (y sigo no siendo) un autor popular irresistible. En segundo lugar, soy demasiado escéptico y crítico. En cierta ocasión, envié el que yo creía era un excelente manuscrito sobre el problema del orgullo entre los cristianos, al que titulaba "Huir de uno mismo". Editor tras editor me rechazaron el manuscrito, explicando que sus lectores "no querían leer un mensaje tan negativo". En eso terminaron mis aspiraciones de unirme a las filas de los autores populares cristianos.

El examen de cuatro autores exitosos —Bruce Larson, Tim LaHaye, David Seamands y Robert Schuller— nos brinda ejemplos desencarnados de la caracterización que hace Collins de los consejeros cristianos populares. Ninguno de estos autores es psiquiatra, ni profesan conocimientos o habilidades psiquiátricas. Sin embargo, creo, su enfoque y su popularidad han influenciado de manera significativa en muchos cristianos que ingresaron en la profesión de la psiquiatría durante los últimos veinticinco años. El enfoque que adoptan muchos psiquiatras cristianos evangélicos ha sido conformado por estos escritores populares.

Bruce Larson es un ministro presbiteriano que se ha convertido en un autor popular en los círculos del asesoramiento cristiano. En *Living on the Growing Edge* (Vivir en el borde por donde crecemos), resume su visión básica. Jesucristo es el Gran Médico y, si somos capaces sólo de obtener una visión renovada de sus enseñanzas, podremos manejar los problemas centrales humanos de fines del siglo XX, tales como la necesidad de ser un todo, la de sanidad y la de superar el miedo. Sugiere seis pasos para manejar el miedo: analice su miedo; preste atención a los miedos sanos; no luche contra los miedos malsanos; aprenda a reírse de usted mismo; arriésguese al fracaso; reconozca el miedo como lo opuesto a la fe.[34] Larson recurre extensamente a los escritos del psiquiatra judío Viktor Frankl cuando se trata de desarrollar su técnica práctica de asesoramiento. Frankl escribe exhaustivamente sobre sus experiencias en un campo de concentración nazi y cómo fue capaz de encontrarle significado a su vida. Su práctica de la psiquiatría, después de esas experiencias, se dedicó a ayudar a sus pacientes, a su vez, a encontrar un significado para sus vidas.[35]

El enfoque básico que Larson aplica a los miedos es que no se debería intentar escapar de ellos o combatirlos; las personas debieran reconocer los miedos como amigos que "nos impiden destruirnos o destruir a otros físicamente, mentalmente, emocionalmente y socialmente".[36] Usa el ejemplo de los temores que aprenden los niños y que los ayudan a desarrollar un "sano respeto por el tráfico en las calles, las cocinas encendidas y los cuchillos filosos".[37] En otras palabras, Larson sugiere que el miedo, después de todo, no es tan malo. Este enfoque, sin embargo, se opone al de Frankl, a quien nunca se le ocurriría decir que los miedos experimentados por los judíos durante la Segunda Guerra Mundial podían ser amigos. Frankl, en cambio, cuenta cómo enfrentaron, de la mejor manera posible, un temor y un miedo que jamás desearía para un amigo. Larson, por su lado, sugiere que, si uno puede reírse de sí mismo, si puede arriesgarse al fracaso y aprender a ponerse en las manos de Dios, el miedo puede ser un amigo y no un enemigo. Por lo tanto, si uno ha de vivir "en el borde por donde se crece", debe aceptar y dar la bienvenida a la emoción del miedo. Larson básicamente describe un proceso de insensibilización, un procedimiento bien fundado en las terapias funcionalistas y cognitivas de la psicología y la psiquiatría modernas. Sin embargo, no está dispuesto a reconocer los límites de tales terapias.

Por ejemplo, una mujer de trasfondo evangélico cristiano, de unos cuarenta y pico años de edad, no sale de su casa a causa de un temor irreal hacia la contaminación con bacterias. Su temor la ha aislado de Dios y de sus amigos. Los psiquiatras reconocen que esta mujer sufre de un desorden fóbico, posiblemente con rasgos obsesivo-compulsivos. El miedo la paraliza, hasta el punto de haber llegado a ser prácticamente disfuncional. ¿Cómo podría aceptar el mensaje de Larson? Sus consejos parecen razonables, pero ella no puede seguir sus seis pasos. Un psiquiatra le dice que debe tomar un remedio, quizá Nardil, que la ayudará a superar su fobia. Tomar un remedio está muy lejos de "vivir en el borde por donde se crece". Si Dios le ha dado este miedo para fortalecer su fe, ella debería intentar superar la fobia por su propia cuenta.

El problema de la fobia grave podría beneficiarse con una conversación entre los psiquiatras y los teólogos cristianos. Si una mujer con una fobia grave puede tener dificultades para negociar su "cura", imagínense el problema con que se enfrentaría Barbara si le pidiéramos que enfrentara a sus demonios siguiendo los seis pasos de Larson (véase capítulo uno). Los autores cristianos populares, sin embargo, dejan poco margen para estas conversaciones y parecerían tener poco interés más allá de los temores comunes de la vida cotidiana. Quizá a la fóbica grave la enviarían a consultar a un psiquiatra profesional; pero, una vez perdida de vista la paciente, su interés o preocupación por ella desaparecerían de su panorama mental.

El enfoque de los problemas emocionales de Tim LeHaye viene de una perspectiva diferente de la de Larson. Ataca uno de los problemas emocionales más graves que experimentan los seres humanos: la depresión. En el prefacio de su libro *How to Win over Depression* (Cómo ganarle a la depresión), LaHaye describe su propia experiencia con la enfermedad. "Experimenté el evento más devastador de mi vida desde la muerte de mi padre. Atacado por mi primera ola grave de depresión, pude, por primera vez, identificarme verdaderamente con el sentimiento frío, patético, sin esperanzas de los deprimidos."[38]

Su recuperación lo estimuló a escribir un libro que vendió más de medio millón de ejemplares. La meta de LaHaye era "ayudar a muchos otros a darse cuenta de la principal causa de uno de los principales males y, muchas veces, de un remedio practicable".[39] Entonces, prescribe un tratamiento con garantías de éxito: "De una cosa tengo confianza: no es necesario estar deprimido... Estoy convencido de que, usando la fórmula que contiene este libro, usted puede evitar volver a sentirse deprimido otra vez."[40]

LaHaye basa su fórmula en el trabajo de Aaron Beck (véase capítulo tres); es decir, propone una versión espiritual de la terapia cognitiva para la depresión. LaHaye apela a los cristianos evangélicos salpicando generosamente citas bíblicas todo a lo largo de su texto. Entre los "diez pasos para triunfar sobre la depresión", incluye los siguientes:

— Acepte a Jesucristo como su Salvador.

— Camine en el Espíritu.

— Perdone a aquellos que lo han ofendido.

— Practique la oración imaginativa todos los días.

En otras palabras, LaHaye mezcla el mensaje inspirador del ministro evangélico con el mensaje práctico del terapeuta cognitivo. Sin embargo, apenas si intenta reconciliar, y mucho menos integrar, los dos enfoques. Después de fundar sus pasos para la victoria sobre la depresión en la aceptación de Jesús y la dependencia con respecto a él, su fórmula recomienda el poder del pensamiento positivo, el dominio de la mente sobre la materia de las terapias cognitivas, junto con la terapia de imágenes de algunos terapeutas conductistas, tales como el psiquiatra Joseph Wolpe (véase más abajo). Por ejemplo, se recomienda al lector formarse una nueva imagen de sí mismo por medio de un ejercicio diario de oración/imaginación: "Acéptese como una criatura divina; acepte el perdón divino de los pecados; visualícese mientras Dios le está dando forma; sea siempre positivo."[41] Combinados con las terapias médicas adecuadas, según LaHaye, estos pasos prácticos aseguran al lector contra la recurrencia de la depresión como problema.

La depresión es una enfermedad crónica. Hay vidas plagadas por la tensión crónica, las pérdidas y las desilusiones, de manera que resulta extremadamente difícil, si no imposible, mantener una actitud positiva. Jeremías, el profeta "llorón", fue testigo de la destrucción de Jerusalén y soportó insulto tras tortura sin fin. Por último, expresó toda la carga de su depresión en las Lamentaciones. En este libro, incluido tanto en el canon judío como en el cristiano, Jeremías expresa su falta de esperanza para él y para su pueblo. La confianza en Dios, para Jeremías, no tenía nada que ver con el pensamiento positivo:

> Yo soy el hombre que ha visto la miseria bajo el látigo de su furor.
>
> Él me ha llevado y me ha hecho caminar en tinieblas y sin luz...
>
> Aun cuando grito y pido auxilio, él sofoca mi súplica...
>
> Ha tensado su arco y me ha fijado como blanco de sus flechas.
>
> Ha clavado en mis lomos los hijos de su aljaba...
>
> El me ha colmado de amargura, me ha abrevado con ajenjo.
>
> (Lm 3, 3-15)

La base escriturística del enfoque de LaHaye, por lo tanto, es cuestionable. Aun cuando cita frecuentemente las Escrituras, por lo general extrae pasajes que apoyan su fórmula, en vez de buscar en las Escrituras mismas una comprensión más profunda del dolor de la depresión. Los antiguos escritos bíblicos están llenos de sabiduría pertinente para los deprimidos del siglo XX. Los escritores antiguos expresaban y al mismo tiempo se identificaban con las personas que sufrían dolor emocional. Pero no ofrecían fórmulas que garantizaran mantenerlas libres de la depresión.

Algunas personas que experimentan depresión pueden mejorar con la ayuda de los escritores populares cristianos. Otros se recuperan haciendo uso de las psicoterapias seculares. Los más graves sólo podrán mejorar usando remedios. También están los que se recuperan de manera espontánea. Por desgracia, si una persona como Jason (ver capítulo uno) experimenta una depresión grave, sin que importe cuál sea la terapia a la que recurra, no hay seguridad de su recuperación y, si se produce, lo más probable es que vuelva a caer en ella en el futuro, por lo menos con un 50 % de probabilidad.

Podría ser beneficiosa una conversación entre escritores populares, como LaHaye, y los psiquiatras, sobre las realidades de la depresión grave. La popularidad de los escritos de LaHaye sugiere que habla un lenguaje que muchas personas que sufren de depresión entienden, un lenguaje de esperanza que la psiquiatría podría aprender. Por otro lado, LaHaye y otros escritores populares cristianos deben reconocer la naturaleza crónica de los desórdenes que, con demasiada facilidad, sugieren que pueden prevenirse.

David Seamands es otro escritor popular de la comunidad del asesoramiento cristiano evangélico. Fue pastor de la Iglesia Metodista Unida, así como consejero para el personal docente y los alumnos de la Universidad Asbury y del Seminario Teológico Asbury, en Kentucky. Como Larson y LaHaye, Seamands proviene de un trasfondo de seminario, pero se aventuró en el mundo del asesoramiento porque percibió que los ministros normales de la Iglesia no estaban corrigiendo problemas que él creía generalizados entre las personas con quienes interactuaban.

> Había dos grupos de personas a las que no podía ayudar por medio de los ministerios normales de la Iglesia. Sus problemas no se resolvían por medio de la predicación de la palabra... Uno de los grupos era arrastrado a la futilidad y la pérdida de confianza en el poder de Dios... mientras mantenían las observancias externas de la oración y la confesión de

> fe... El otro era arrastrado a la hipocresía... reprimiendo sus sentimientos internos y negándose a sí mismos que algo no funcionaba bien.[42]

Seamands se concentró, en su nuevo ministerio, en lo que él llamaba "el cuidado y la oración especiales a favor de las emociones dañadas y las memorias sin curación". Más que Larson y LaHaye, Seamands recurre a las imágenes en la cura de las emociones.

El enfoque de Seamands es llevar a sus aconsejados en un viaje hacia el pasado, un viaje que no es paralelo al del psicoanálisis. Subraya la reinterpretación del pasado a la luz del la gracia y el amor de Dios. Por ejemplo, Seamands describe a una aconsejada suya que sufría de una imagen pobre de sí misma, derivada, en gran parte, de la opinión que su padre tenía de ella como una joven sin atractivo.[43] Su padre le decía: "Ya sabes, no puedes hacer que una patata parezca un durazno." La muchacha fue sintiéndose cada vez más, a medida que pasaba el tiempo, como una fea patata. El enfoque terapéutico de Seamands era reprogramar su imagen de sí misma. "Teníamos que atravesar, caminando juntos con Dios, aquellas memorias dolorosas, ofreciéndoselas a Dios para que él las curara. Muchas veces la llamaba 'el durazno de Dios' o 'mi durazno'."[44/*]

El enfoque de la terapia que asume Seamands deriva de las terapias conductistas desarrolladas durante la década del cincuenta por el psiquiatra Joseph Wolpe.[45] Si un paciente experimentaba una ansiedad grave relacionada con un estímulo determinado, tal como el temor a los espacios cerrados, Wolpe prescribía enseñarle a visualizar el estímulo, que bien podía ser un lugar cerrado, mientras practicaba relajarse. El estímulo, de ese modo, perdía su potencial de crear ansiedad, porque la relajación es incompatible con la ansiedad. Para inducir la relajación, Wolpe recomendaba relajar ciertos músculos específicos mientras se imaginaban experiencias pacíficas o simplemente tranquilas, tales como recostarse en una reposera en la playa. Seamands, por lo tanto, daba una vuelta de tuerca espiritual a la técnica conductista de la inhibición recíproca.

El enfoque de Seamands de la curación es similar al de Bernie S. Siegel. Siegel, un médico de New Heaven, Connecticutt, publicó en

---

* La expresión "durazno" o "mi durazno" se usa en inglés, entre muchas otras, para designar a una mujer cuya hermosura se admira. (N. de T.)

1986 un libro popular, *Love, Medicine and Miracles* (Amor, medicina y milagros).[46] Allí repasa un cuerpo sustancial de literatura científica según el cual el pensamiento positivo disminuye el enojo, y el amor, actualizado por medio de la imaginación, puede hacerse presente practicando la creación mental de imágenes, asociadas con los mejores y más sanos resultados. "El poder de la mente está a nuestra disposición todo el tiempo."[47] Por ejemplo, describe a un hombre con un cáncer que se había extendido hasta tomar el cerebro. Bajo hipnosis, este hombre imaginaba que entraba en una habitación dentro de su cerebro, que controlaba el flujo de la sangre. Recibía instrucciones de cortar la válvula que controlaba la alimentación sanguínea de su tumor.[48] Después de esta experiencia, el tumor se achicó a un cuarto de su tamaño original.

La sociedad tecnológica moderna no acepta este tipo de curación. Hay un interés creciente, sin embargo, en la eficacia de los intangibles de la curación, tanto entre los médicos como entre los consejeros cristianos. Siegel ha recibido una vasta aceptación por parte del público. La similitud entre sus técnicas de imaginación y las que recomienda Seamands es notable, así que el enfoque de Seamands no es exclusivamente cristiano.

Pese a no ser exclusivo, el enfoque de Seamands ha conquistado auditorios muy receptivos para sus escritos y seminarios. Primero, ofrece a los evangélicos una esperanza, más allá de la psiquiatría racional: la esperanza de curar por medio del milagro de la gracia de Dios. Segundo, apela a la gracia, especialmente al papel de Jesucristo, en el proceso de la curación. En este punto, es diferente de otros consejeros cristianos, tales como LaHaye, que ponen el acento en la sabiduría práctica popular cristiana. Tercero, Seamands cepilla a contrapelo con respecto al asesoramiento tradicional, porque aporta el testimonio personal y dice que su enfoque tradicional, al principio, no producía los resultados buscados. Su nuevo enfoque, en cambio, le está brindando una alternativa largamente buscada. Por último, Seamands tiene muy poco entrenamiento en la psiquiatría o la psicología, hecho que refuerza su credibilidad entre algunos cristianos cuando expone su enfoque terapéutico, aparentemente único.

No está en cuestión la efectividad del enfoque de Seamands. No ha demostrado ser ni menos ni más efectivo que las terapias tradicionales. Es más importante reconocer que esta terapia ha sido tomada prestada de la medicina secular y la psiquiatría, mezclada con algunos símbolos cristianos y empaquetada como una terapia única para cristianos evangélicos.

No podríamos dar por terminada una presentación del asesoramiento cristiano popularizado sin mencionar la miríada de libros de autoayuda que se han publicado en los años recientes y que están a caballo de la frontera entre la curación de los problemas emocionales y la oferta de ayuda para la vida de todos los días. Un buen ejemplo de un ministro montado en esta frontera es Robert Schuller. En la introducción a su libro *Tough Times Never Last, but Tough People Do!* (¡Los tiempos duros no duran para siempre, pero las personas duras sí!), Schuller invita a sus lectores a "actuar, moviéndose de manera atrevida y decidida... para hacer una transición creativa. Este libro va a volver a ponerlos en el camino del éxito".[49]

Schuller proviene de la tradición de Norman Vincent Peale y no está claramente asociado con la tradición evangélica. Sin embargo, sus escritos han sido muy populares entre los evangélicos. *Tough Times Never Last...* no se dirige a los perturbados en el plano de sus emociones, sino a la gente común que busca una motivación para seguir adelante con su vida. Schuller cree que todos tienen problemas, sean físicos, emocionales o sociales. El éxito no depende de que la gente tenga problemas o no, sino de si es o no lo suficientemente dura como para sobrevivir a los problemas.

Sugiere seis principios que tienen que ver con todos los problemas: todos los seres vivos tienen problemas; cada problema dura una determinada cantidad de tiempo; todo problema contiene posibilidades positivas; todo problema va a cambiarlo; usted puede elegir cómo cada problema va a cambiarlo; hay una opción negativa y otra positiva asociada con cada problema. En estos pasos, resulta explícito, no solamente que después de cada problema uno va a ser un poco más duro, sino que puede salir ganando, tal como lo expresan una serie de aforismos distribuidos en el libro. Por ejemplo: "No va a ganar si no empieza a actuar", "El yo que veo... es el yo que voy a ser".

En una sociedad competitiva, agresiva y empresarial, Schuller tiene un gran atractivo. Acentúa el éxito, la piedra fundacional de la forma de vida estadounidense. Su enfoque simple, práctico, puede captarlo cualquiera que lea sus escritos. Es un excelente comunicador y posee un atractivo personal magnético. Aunque Schuller no profesa ser un asesor ni se identifica como evangélico, hay muchos asesores evangélicos que lo han elegido como su modelo, en vez de practicar alguna de las formas tradicionales de asesoramiento. Un consejero evangélico muy conocido me ha dicho: "Voy a abandonar mi consultorio de asesoramiento. Creo que puedo ayudar a más personas con un mensaje positivo y popular, a través de seminarios y libros, que trabajando con una persona a la vez."

Sin embargo, Schuller representa una tendencia que puede socavar la curación de los cristianos que experimentan sufrimientos emocionales graves. Los consejeros que tratan a estas personas no pueden seguir, simplemente, las exhortaciones de Schuller. Cada exhortación positiva despertará, de entrada, una respuesta igualmente negativa. Las personas que padecen sufrimientos emocionales graves pueden desgastar al consejero que les ofrece una única prescripción, muy simple, para su curación. El paciente sigue viniendo a su consejero con el mensaje: "Probé lo que usted me dijo, pero no funciona." Después de una o dos sesiones de exhortaciones positivas y optimistas, tanto el consejero como el aconsejado pierden el entusiasmo. Las relaciones, muy a menudo, terminan en frustración, para ambas partes.

Es más fácil escribir libros o dirigir seminarios, donde el encuentro es breve y puede mantenerse el entusiasmo, que trabajar día a día con alguien que padece una enfermedad mental crónica o grave. Los consejeros cristianos que buscan hacerse de un nombre como escritores populares u oradores demuestran de este modo poca inclinación para vérselas con los problemas emocionales más graves. No es sorprendente. No se alcanza la popularidad hablando a un porcentaje relativamente pequeño de la población, un porcentaje que no responderá a un buen libro o a un seminario.

La tendencia a popularizar el asesoramiento cristiano tiene poco espacio sobrante para una conversación significativa con la psiquiatría. El escritor popular está más interesado en pedirle prestado a la psiquiatría todo lo que pueda serle útil como guía práctica para la vida, que en la formación de equipos para el tratamiento de los problemas más difíciles. Los consejeros populares se sienten más inclinados a transmitir su mensaje a grupos numerosos que a la tarea continuada de la relación de uno en uno. Están más interesados en las respuestas prescriptivas a problemas prototípicos, que en interacciones repetitivas a lo largo del tiempo con la única historia de vida de una persona que sufre un grave dolor emocional. Estos consejeros populares son, creo yo, bien intencionados, y reciben muchas respuestas que les aseguran el éxito de su actuación, muchas más de las que reciben el consejero pastoral típico o el psiquiatra. Creo que su mayor fracaso es haber llegado a sentirse satisfechos con sus respuestas prescriptivas. Ya no plantean las preguntas difíciles.

La profesionalización del asesoramiento cristiano

Durante fines de la década del sesenta y principios de los setenta, al mismo tiempo que algunos pastores evangélicos popularizaban el asesoramiento cristiano, una gran cantidad de mujeres y varones de trasfondo evangélico ingresaron a las facultades de capacitación psiquiátrica y de patología clínica. El Seminario Teológico Fuller, en Pasadena, California, había sido fundado por evangélicos en 1947. La Escuela de Psicología de Fuller recibió su primera clase en 1965.[50] John Finch, un psicólogo practicante, fue una de las influencias principales en la fundación de la escuela. Lo preocupaban principalmente las cuestiones filosóficas que están por debajo de las tensiones entre los cristianos y las cosmovisiones psicológicas contemporáneas. A diferencia de los consejeros pastorales de las iglesias protestantes históricas, Finch era un psicólogo profesional con un fuerte trasfondo evangélico.[51] En su disertación, sugiere que el asesoramiento debiera apoyarse en una visión del mundo distinta de la que propone Freud, una visión que incorpore lo espiritual. En más de un sentido, la escuela se fundó para ofrecer una alternativa y no para complementar la psicoterapia freudiana.

La Facultad de Psicología de Fuller, sin embargo, trabajó duro para demostrar a la comunidad secular que su programa era legítimo y merecía el respeto de los psicólogos no religiosos. El primer decano que eligieron fue Lee Edward Travis, un psicólogo académico respetado, conocido por su trabajo en la electroencefalografía y las patologías del habla.[52] Travis había experimentado una profunda experiencia religiosa (una conversión del tipo evangélico) y conocía a fondo el sentimiento de vacío que resulta de los intentos humanos por ejercer el control de la condición humana. Sin embargo, en Fuller resultó difícil integrar la fe cristiana y la psicología. Algunos profesionales veían la psicología como una ciencia autónoma en la cual sería presuntuoso introducir conceptos de la teología evangélica. Otros buscaron descubrir y enseñar la ventaja del asesoramiento cristiano sobre el asesoramiento secular. Travis, claramente, estaba entre los primeros.

Como decano, trabajó diligentemente para asegurar que el programa de estudios fuera sobresaliente, según las pautas de la psicología clínica. Solamente a partir de allí podían los docentes expandir sus energías a los difíciles problemas de la integración teológica y el debate.[53] Esto, a su debido tiempo, llevó a la acreditación del programa de psicología clínica por parte de la Asociación Psicológica Estadounidense, en 1974. Hoy la escuela alberga uno de los programas de psicología clínica acreditados con mayor cantidad de alumnos en los Estados Unidos. Ofrece, sin duda, un entorno cómodo para los cristianos evangélicos que buscan recibir una capacitación profesional de primerísimo nivel. Fuller ha producido un grupo dilecto de psicólogos cristianos profesionales con un compromiso fuerte con la fe cristiana. La tarea integrativa, sin embargo, sigue resultando difícil.

Fuller no ha sido, de manera alguna, la única institución evangélica atraída por la psicología. La Universidad Biola es una gran institución de enseñanza terciaria evangélica que tiene un seminario importante y una escuela de psicología, la Escuela Graduada de Psicología Profesional Rosemead, en La Mirada, California. Muchos, si no la mayoría de los seminarios, tienen departamentos de psicología y asesoramiento pastoral. Los programas, en estas escuelas, van desde un enfoque académico serio del asesoramiento hasta las formas más prácticas y no eruditas de enfocar el tema. Muchos de los profesores que enseñan en estos programas han encarado intentos de integración, pero encuentran que les resulta más sencillo el liso y llano acomodamiento. Han incorporado a sus programas de capacitación, entonces, de manera no crítica, toda una gama de métodos terapéuticos de asesoramiento que van desde la hipnosis hasta la terapia conductista.

En la psiquiatría, de manera simultánea, se inició un movimiento, aunque mucho menos generalizado e institucionalizado. El movimiento de psiquiatría cristiana empezó en la Universidad de Duke, con la dirección de William Wilson, a principios de la década del setenta. Lo continuó la Universidad de Georgia, con la dirección de Mansell Pattison, durante los últimos años setenta y principios de los ochenta. Estos psiquiatras establecieron programas de capacitación para producir un grupo diferenciado de psiquiatras, dados en llamarse "psiquiatras cristianos". La psiquiatría cristiana, en tanto movimiento, no incluyó a todos los cristianos profesos que practicaban la psiquiatría. Pero sí atrajo a muchos médicos con trasfondo evangélico. A mí me interesó Duke, como lugar donde recibir una capacitación psiquiátrica, porque allí podía recibir la supervisión que impartía Bill Wilson, un cristiano evangélico que era al mismo tiempo un respetado psiquiatra académico, que trabajaba en un centro médico sobresaliente.

Ni Wilson ni Pattison llegaron a ser particularmente bien conocidos por sus escritos populares. Sin embargo, ambos fueron bien considerados por sus colegas profesionales. Cada uno de los dos había logrado un nivel considerable dentro de las filas de la psiquiatría, antes que se esforzaran por expresar más abiertamente sus creencias cristianas. Antes que Wilson iniciara el movimiento, los psiquiatras de trasfondo evangélico estaban aislados y, del mismo modo que los consejeros cristianos populares, atraían la atención entre los evangélicos, no entre los psiquiatras, si es que de algún modo eran merecedores de alguna atención especial. En contraste, Wilson atrajo una atención considerable entre sus colegas psiquiátricos, tanto en el ámbito local como en el regional.

Bill Wilson cuenta su historia en *The Grace to Grow* (La gracia para crecer).[54] Era un neuropsiquiatra respetado, especializado en la electroencefalografía en la época en que la psiquiatría freudiana dominaba la psiquiatría en los Estados Unidos. En 1965, experimentó una potente conversión al cristianismo y se volvió un vocero agresivo del cristianismo evangélico. Su disposición a identificarse, hablar en nombre del cristianismo y explorar la interfaz entre la psiquiatría y la religión sin temor de que su fe fuera de alguna manera socavada fue un ejemplo muy poderoso para quienes buscaban que él guiara su capacitación profesional. Su posición segura como psiquiatra y su autoridad como docente de la Facultad de Medicina lo ayudaron a poder desafiar desde un lugar privilegiado los supuestos básicos de la psiquiatría oficial. Aconsejaba a los jóvenes cristianos que se le acercaban en Duke, buscando recibir capacitación profesional como psiquiatras, que hicieran una buena carrera académica y enfrentaran con toda seriedad las preguntas difíciles que se les plantearían en el curso de sus estudios. Hay muchas personas capacitadas por Wilson que en la actualidad son profesores en programas de capacitación profesional psiquiátrica en todos los Estados Unidos, incluyendo Duke, la Clínica Menninger, la Facultad de Medicina de Loma Linda, la Facultad de Medicina de la Universidad del Estado de Michigan, la Facultad de Medicina Bowman Gray y la Facultad de Medicina de las Fuerzas Armadas Unificadas.

E. Mansel Pattison poseía un deseo igual de potente, pero menos agresivo, de incorporar la fe cristiana en la psiquiatría. Era un psiquiatra académico ya establecido cuando aceptó la cátedra de psiquiatría en la Facultad de Medicina de la Universidad de Georgia, a fines de la década del setenta. Aunque Pattison era más protestante histórico en sus creencias, reclutó para su departamento un núcleo de profesores cristianos evangélicos, muchos de los cuales habían estudiado en Duke con Wilson. Con este núcleo de profesores cristianos, estableció un programa que atrajo a la psiquiatría más hombres y mujeres provenientes de las filas del cristianismo evangélico.

Al principio, Pattison trabajó en la interfaz entre la psiquiatría y la religión de una manera similar a la de Karl Menninger y Gregory Zilboorg. Esto quiere decir que empezó a plantear preguntas sobre la religión, en su relación con la psiquiatría, desde la perspectiva del psiquiatra. Por ejemplo, en un artículo de 1966 exploraba cuatro posiciones ideológicas con respecto a la psicoterapia:

> —Los reduccionistas, psiquiatras que creen que la salud mental es solamente una cuestión de la psicología científica, por un lado, o una cuestión, por el otro, exclusivamente religiosa.
>
> —Los dualistas, que creen en la existencia de dos dominios pero sostienen que un terapeuta calificado puede actuar en ambos de manera efectiva.
>
> —Los alternativistas, que entienden, por lo general, que el problema es psicológico, pero creen que tanto el ministro como el psicoterapeuta pueden desempeñar la tarea terapéutica.
>
> —Los especialistas, que prefieren hablar de dos tareas diferentes y separadas, que requieren tanto al profesional de la salud mental como al pastor.[55]

En esa época, Pattison no prefería ninguna de estas posiciones sobre las otras, pero más tarde llegó a hacerse dualista (en sus propios términos), e intentaba capacitar personas tanto en la fe cristiana como en la psiquiatría, de manera tal que el psiquiatra cristiano calificado pudiera tratar lo psiquiátrico y lo espiritual. Pattison no experimentó una conversión como la de Wilson. Sin embargo, se mantuvo firmemente anclado en su fe durante los últimos años de su vida, y sus teorías psiquiátricas fueron derivando progresivamente cada vez más de la fe.

El movimiento de psiquiatría cristiana no se desarrolló de manera tan amplia como su paralelo en la psicología. Sin embargo, ha sido relativamente fuerte. En 1985, aproximadamente un centenar de psiquiatras eran miembros de la sección psiquiátrica de la Sociedad Médica Cristiana, una organización dedicada a prestar apoyo a los cristianos principalmente evangélicos que practicaban la medicina.[56] Esta sección psiquiátrica, de manera regular, atrae entre setenta y cinco y cien psiquiatras a los eventos que se relacionan con la reunión anual de la Asociación Psiquiátrica de los Estados Unidos.

Cuando muchos jóvenes cristianos evangélicos aspiraban a la capacitación psiquiátrica, en las décadas del setenta y del ochenta, muchos psiquiatras mayores reafirmaban su fe y la pertinencia de ésta en su práctica profesional, hecho que los sumaba a este movimiento. Algunos, como Bill Wilson, atravesaron por la experiencia poderosa de la conversión. Otros, en cambio, experimentaron cambios sustanciales, aunque más graduales, en sus puntos de vista sobre la psiquiatría, y empezaron a incorporar su fe de manera más integral en su práctica profesional. El movimiento atrajo a personas de un trasfondo y una perspectiva tanto evangélicos como no evangélicos. Sin embargo, tendió a estar dominado por los evangélicos.

Antes de 1970, los psiquiatras que profesaban la fe cristiana eran raros, pese a la abundante literatura sobre las relaciones entre la psiquiatría o la psicología y la religión.[57] Aquellos que expresaron sus creencias e intentaron incorporarlas a su práctica profesional, por lo general, eran cristianos convertidos o, por lo menos, cristianos que habían vivido una experiencia de reafirmación de su fe, después de haber terminado su capacitación psiquiátrica y cuando ya estaban establecidos en la práctica terapéutica o en la actividad académica. Sólo después de 1970, los cristianos, especialmente de un trasfondo evangélico, buscaron capacitación profesional como psiquiatras en cantidades sustanciales, porque entendían que la psiquiatría era una actividad a través de la cual podían expresar su ministerio. Se había roto, para ese entonces, la barrera freudiana al ingreso de los cristianos en la psiquiatría.

En la actualidad, sin embargo, el movimiento de una psiquiatría cristiana ha perdido gran parte de la identidad e impulso que había alcanzado en la década del setenta. Sospecho que una razón para esto que la batalla que muchos evangélicos sentían que deberían enfrentar nunca se materializó, aunque su amenaza llevó a los evangélicos a establecerse firmemente en su tradición de fe y a luchar contra teorías anticristianas sobre la naturaleza humana. En otras palabras, la necesidad de un movimiento psiquiátrico cristiano se desvaneció porque, después de algunos años de lucha, a la mayoría de los psiquiatras no religiosos no les preocupó que los cristianos evangélicos buscaran capacitarse como psiquiatras. Hoy hay tantos cristianos que buscan capacitación psiquiátrica como en 1970, pero no se identifican como parte de un movimiento especial, ni buscan un programa de capacitación que ponga el acento en la psiquiatría cristiana (con unas pocas excepciones), y muy rara vez se sienten aislados o en medio de un conflicto serio entre sus colegas no cristianos.

Esto no significa que los psiquiatras que tengan raíces en el cristianismo no se reúnan y debatan metas y preocupaciones comunes con respecto a la práctica de su profesión dentro del contexto de su fe. Ni significa que los psiquiatras cristianos hayan dejado de verse a sí mismos como adentrándose en territorios no explorados que los obligarán a reflexionar sobre sus creencias así como sobre sus actividades profesionales. Pero ha desaparecido la actitud de "nosotros contra los otros" que ponía a los cristianos y a los psicoanalistas en la lid de un enfrentamiento directo.

El movimiento de la psiquiatría cristiana creció en la tradición evangélica, no en la tradición de la atención pastoral. Se puso poco énfasis en la exposición de las creencias cristianas a la exploración psiquiátrica. Por el contrario, los psiquiatras cristianos han modificado diversos aspectos de su práctica de la psiquiatría, para dar lugar a los principios cristianos de la salvación y la curación. La psiquiatría, en cuanto profesión, es el vehículo que les permite a estos cristianos trabajar en el servicio de los miembros de la comunidad cristiana y ofrecer respuestas a muchas personas fuera de esa comunidad, que han buscado alivio para su sufrimiento emocional, sin éxito, a través de las terapias tradicionales.

La evangelización, del mismo modo que la curación, era una meta del movimiento de psiquiatría cristiana. La oración, el estudio bíblico y la participación en una comunidad cristiana eran ingredientes de la psicoterapia cristiana. Wilson expresa este punto de vista de la manera que sigue:

> Si bien la psicoterapia cristiana emplea muchas de las mismas técnicas que la psicoterapia secular, tiene, como su meta primaria para el paciente, su reconciliación con Dios por medio de la fe en Jesucristo... En la conversión, el paciente recibe al Espíritu Santo, que habitará en él: un consejero personal, un confortador, una fuente de poder sanador. Además, le es dado el potencial para adquirir una personalidad completamente nueva. Haciendo uso de este poder transformador y sanador del Espíritu Santo, el psicoterapeuta cristiano trabaja para limpiar a sus pacientes de toda emoción dolorosa o indeseable en sus conductas. Tiene a mano una amplia variedad de métodos y técnicas terapéuticas, incluyendo herramientas tan específicamente cristianas como la conversión, la oración, el perdón y la Eucaristía. Estimula en sus pacientes la adopción de nuevos comportamientos y valores, basados en la Biblia, que servirán para establecer una diferencia favorable en la vida del paciente.[58]

El papel de la evangelización en la práctica de la psiquiatría ha sido discutido con calor, aun entre los psiquiatras cristianos. Los psiquiatras de otras tradiciones religiosas lo han visto como poco profesional, y hasta como poco ético, e incluso esta diferencia ha sido el origen de tensiones cuando los psiquiatras cristianos trabajaban junto con colegas no cristianos o de una tradición más secular. Muy pocas veces, sin embargo, ha habido un debate abierto sobre las implicaciones éticas de la psicoterapia cristiana, tal como la describe Wilson, entre profesionales de distintas tradiciones religiosas.

Habiéndome encontrado en medio de una atmósfera tensa en Duke, durante la última parte de la década del setenta y en la del ochenta, conozco personalmente esa tensión. Por un lado, reconocía el potencial coercitivo, dado que el psiquiatra ejerce una autoridad significativa en su relación con personas que son vulnerables y están buscando ayuda. Sin embargo, la evangelización está en el núcleo mismo de la tradición evangélica: comunicar las buenas nuevas de Jesucristo a aquellos que están más necesitados. Como la mayoría de mis colegas evangélicos, nunca resolví el conflicto. La elección que nos enfrentaba era ser abiertamente evangelistas en nuestra práctica profesional o seguir un enfoque más tradicional de la terapia. Yo opté por la segunda alternativa, aunque no podría dar una razón lógica para mi decisión, con la que me sentí perfectamente cómodo. Más cómodo, sin duda, que en la atmósfera tensa que creó la controversia sobre la evangelización en la psicoterapia.

Algo que perdí (junto con mis colegas cristianos y no cristianos), al seguir el conflicto, fue la oportunidad de enfrentar las cuestiones básicas, los valores, la cultura y las implicaciones filosóficas que fundamentan las psicoterapias tradicionales. El conflicto tendió a polarizar a los cristianos evangélicos y otros psiquiatras que trabajaban en un momento lado a lado y no pudieron seguir haciéndolo. Después, encontramos el lenguaje y tema sobre el que podíamos estar de acuerdo: la neuropsiquiatría. Sobre su base, volvió a establecerse el diálogo amistoso.

Esta evaluación del problema, lo concedo, es mía y adolece de prejuicios. Mis colegas pueden evaluar la relación entre los psiquiatras cristianos evangélicos y sus colegas de otras tradiciones de fe, de una manera muy diferente. Algo que sí es cierto, sin embargo, es que en Duke, para todo propósito práctico, la tensión había desaparecido para 1980. Y, del mismo modo como desapareció la tensión, lo hizo la conversación.

Los bastiones originales de la capacitación de psiquiatras cristianos evangélicos ya no son bastiones. Wilson se fue de Duke durante la década del ochenta y, después de su partida, el programa para la capacitación de psiquiatras cristianos se evaporó. Pattison recibió heridas fatales en un accidente automovilístico hacia fines de esa misma década. Después de su muerte, la mayor parte del cuerpo docente de la Universidad de Georgia, que se habían sentido atraídos hacia la perspectiva de una psiquiatría cristiana, se fueron a otros lugares. Todavía hay programas de psiquiatría cristiana en por lo menos dos instituciones, ambas derivadas de las tradiciones cristianas históricas y que, por lo tanto, son medios naturales para los cristianos que practican la psiquiatría cristiana.

El Hospital Pine Rest, en Grand Rapids, Michigan, es una institución psiquiátrica privada independiente, operada por la Iglesia Cristiana Reformada.* Su personal es predominantemente cristiano y ha seguido con un programa fuerte de integración de la fe cristiana en la práctica de la psiquiatría. Pese a que se anuncia como un hospital cristiano, la institución no patrocina una única versión de la psiquiatría cristiana, pero sí una misión cristiana en la práctica de la psiquiatría. El hospital ha servido durante muchos años como lugar de entrenamiento para alumnos residentes de la Facultad de Medicina de la Universidad Estatal de Michigan.

* Una Iglesia reformada de inmigrantes holandeses, que sostiene una teología fundamentalista y conservadora. (N. de T.)

La Facultad de Medicina de Loma Linda, California, establecida por los Adventistas del Séptimo Día, mantiene un departamento de psiquiatría que acentúa la integración del cristianismo y la psiquiatría. Todavía hay seminarios sobre psiquiatría y religión (con énfasis en la religión cristiana) en los programas de capacitación de Menninger y Harvard. Por otra parte, los remanentes del movimiento de psiquiatría cristiana se han apartado de la psiquiatría dominante y se han desasociado de las instituciones académicas.

El movimiento de psiquiatría cristiana, sin embargo, no está muerto. Se ha institucionalizado, fuera de la psiquiatría dominante; pero, y esto es muy interesante, ha desarrollado una cierta forma de acercamiento con ésta. Durante mediados de la década del ochenta, una cierta cantidad de hospitales psiquiátricos, o de unidades psiquiátricas dentro de hospitales generales, establecieron unidades especiales de terapia cristiana. Al principio, estas unidades las establecieron profesionales que habían estudiado en Duke o en la Universidad de Georgia y que pudieron convencer a las autoridades hospitalarias sobre la conveniencia de tener unidades especiales de psicoterapia para cristianos. Pese a que muy a menudo se plantearon tensiones entre los directores de estas unidades y otros psiquiatras del mismo hospital, los administradores hospitalarios decidieron que los beneficios de estas unidades eran mayores que los riesgos que involucraban. Estamos hablando, específicamente, de una época en la que los hospitales experimentaban dificultades para mantener ocupadas todas las camas. Atraer a pacientes cristianos a atenderse en el hospital —pacientes cristianos que, por lo general, pagan sus cuentas religiosamente y que probablemente no hubieran buscado atención psiquiátrica bajo otros términos— era visto como una ventaja especial. Además, algunos administradores hospitalarios reconocían los problemas que podían tener los pacientes cristianos con la psiquiatría dominante. Muchos de esos hospitales servían a comunidades donde una minoría significativa, si no una mayoría de su clientela, eran de trasfondo cristiano evangélico. Los administradores, por lo tanto, veían con simpatía la necesidad de ofrecer programas de asistencia psiquiátrica con una orientación cristiana.

El próximo paso del movimiento de psiquiatría cristiana era establecer una red con estas unidades, creando una identidad que las caracterizase, en toda la nación.

Estas redes, hoy, incluyen Kairos (lanzada por uno de los principales proveedores de servicios psiquiátricos en los Estados Unidos), los centros de tratamiento Rapha y New Life. Los centros de tratamiento Minirth-Meier New Life se han vuelto muy populares en los últimos años y sirven como ejemplo de la industria de la psiquiatría cristiana hacia fines del siglo XX. Frank Minirth y Paul Meier estudiaron psiquiatría en la Universidad de Arkansas. Después de terminados sus estudios, trabajaron brevemente con seminarios teológicos y terminaron formando un centro de asesoramiento independiente en Fort Worth, Texas. Juntos y separados, han escrito libros cristianos populares de asesoramiento, similares a los de LaHaye, Seamands y Larson. Se diferencian de Wilson y Pattison, sin embargo, por su iniciativa agresiva en el *marketing* de la psiquiatría cristiana.

El reconocimiento de sus nombres que les redituaron sus escritos, así como sus apariciones en la radio y la televisión, en programas cristianos de difusión nacional, les permitieron establecer una red de centros de tratamiento en muchas partes de los Estados Unidos. Los folletos de estos centros publicitan el tratamiento para una variedad de problemas tales como la depresión, la tensión, los ataques de pánico, las fobias, las dependencias y codependencias, la dependencia química, la conducta sexual compulsiva, los desórdenes de ingestión compulsiva de alimentos y los problemas de la adolescencia. Se dirigen específicamente a los cristianos evangélicos:

> Podemos ayudarlo. A usted o a un ser amado. Somos un lugar en el que usted puede confiar, integrativo y no amenazador. Donde las personas pueden elaborar y resolver sus conflictos siendo respetadas por sus valores y creencias... Estamos firmemente comprometidos con la fe personal en Jesucristo, y ponemos el acento en un uso permanente de la Palabra de Dios como principal recurso de fortaleza y comprensión. Esta creencia se combina con la más alta calidad de atención clínica disponible en una demostrada terapia de doce pasos hacia la recuperación.[59]

Los Centros New Life (Nueva Vida) ofrecen una confesión de fe, destinada a todos los que quisieran poner a prueba la orientación cristiana de sus programas de tratamiento. Esta declaración afirma la inspiración y autoridad de las Escrituras y el poder de regeneración del

Espíritu Santo. Los servicios que incluye son la psicoterapia, la administración de medicamentos, la consulta y la evaluación, seminarios educativos y una prometida cooperación íntima con las iglesias locales y los pastores.

Hay muchos hospitales independientes y programas psiquiátricos basados en hospitales que han aceptado programas como los de los Centros New Life con sorprendente facilidad. La aceptación de un programa de este tipo en una unidad psiquiátrica de un hospital general hubiera sido una gran excepción hace veinticinco años. ¿Qué es lo que ha cambiado?

La economía, sin duda, ha jugado un papel importante, pero no es el único factor. La psiquiatría se ha vuelto mucho menos dogmática en sus teorías y, por lo tanto, le resulta más fácil acomodar a las personas con distintas convicciones religiosas. Quizá ésta es una respuesta natural a una sociedad cada vez más diversa. Se podría, con facilidad, establecer programas similares para satisfacer las necesidades de otras tradiciones religiosas, si se determinara que tales programas especiales son necesarios o serían aceptados por las comunidades de creyentes, siempre que se ofrezca la calidad de atención que todos los psiquiatras aceptan como satisfactoria y sirvieran para atraer pacientes a los centros de tratamiento. Los Centros New Life satisfacen estas condiciones y han sido muy bien aceptados por algunos —con vacilaciones por la mayoría— de los profesionales de la salud mental que trabajan en los hospitales donde estos centros se han establecido. El programa New Life ha madurado hasta constituirse en un paquete bien comercializado y atractivo como promesa de esperanza para los cristianos evangélicos que sufren problemas emocionales.

Los psiquiatras que trabajan con estos programas no se han mantenido, en su gran parte, en relaciones con la psiquiatría dominante, tal como podría medirse a partir de su participación activa en la Asociación Estadounidense de Psiquiatría o el Colegio Estadounidense de Psiquiatría. Los psiquiatras que practican en estas unidades han buscado a sus colegas profesionales entre los consejeros cristianos (con quienes trabajan de manera íntima) y han desarrollado redes sociales dentro de la comunidad evangélica. De modo que estos programas son paralelos, aunque interactúan, con respecto a la psiquiatría predominante.

Sin embargo, aún queda por determinar la efectividad de estos programas. Sospecho que el promedio de éxito general no debe ser mejor ni peor que el de las unidades psiquiátricas generales comunes. Por otro lado, estos centros resultan aceptables para muchos cristianos evangélicos que tienen miedo de exponer sus pensamientos más íntimos a una persona de fe diferente de la suya. Estos programas pueden ser especialmente efectivos para tratar problemas de dependencia química; ofrecen algo que todos reconocen como valioso en la superación de las dependencias químicas: una fuerte motivación religiosa y el apoyo de un grupo de creyentes en la misma fe. Por ejemplo, los doce pasos de los Alcohólicos Anónimos pueden integrarse con facilidad en un programa psiquiátrico cristiano. En su folleto, los Centros New Life prometen un grupo profesional "dedicado a integrar los principios bíblicos, los principios clínicos y los principios de demostrada eficacia, en doce pasos", que son iguales a los de Alcohólicos Anónimos.

Se han planteado preguntas, sin embargo, incluso entre los evangélicos, sobre la "marca registrada de la esperanza" que estos programas pretenden poseer. Se trata de una actividad lucrativa, y promueven sus servicios haciendo publicidad en programas de estaciones de radio cristianas y en publicaciones cristianas. Si el seguro social de la persona que solicita servicios no está dispuesto a pagar, no se la acepta. La caridad cristiana no juega papel alguno en estas unidades. Se las ha criticado por comercializar su psiquiatría como única, cuando en realidad no hay una forma coherente de práctica psiquiátrica que haga a sus servicios diferentes de los que ofrece cualquier psiquiatra secular, excepto en lo que respeta al uso de símbolos, lenguaje y rituales cristianos.[60] Sin embargo, el sistema de atención de la salud está cambiando muy rápidamente y se comercializa por medio de símbolos destinados a atraer a una clientela, de manera que el uso de símbolos atractivos no es una característica única de la psiquiatría cristiana.

Las unidades también han sido criticadas por borronear los límites entre la terapia y la evangelización, socavando de ese modo la autoridad de la Iglesia. En otras palabras, estas unidades, potencialmente, pueden convertirse en alternativas de la Iglesia como red de apoyo para las personas que sufren en el plano de las emociones, especialmente si sus programas de atención ambulatoria y atención de los crónicos crecen. En último análisis, sin embargo, el éxito o fracaso de estas unidades será su viabilidad financiera. Si los cristianos las aceptan y llegan a ser financieramente viables para los hospitales, las preocupaciones teóricas sobre ellas tendrán poca influencia.

La politización del asesoramiento cristiano

Pese a que los libros de asesoramiento cristiano son *bestsellers*, pese a las cantidades que asisten a seminarios de asesoramiento cristiano, pese al influjo de los cristianos evangélicos en la psiquiatría y otras profesiones relacionadas con la salud mental, el asesoramiento cristiano no ha logrado establecer un nicho distintivo entre los servicios de salud mental. Los libros de autoayuda populares son, en su mayor parte, psiquiatría secular aplicada y psicología adaptada a una orientación evangélica. Los evangélicos que ingresan a la psiquiatría en la actualidad, por lo general, practican la psiquiatría moderna con alguna incorporación de principios cristianos. Junto con la comunidad evangélica de apoyo, las personas que poseen credenciales psiquiátricas, psicológicas o de otras disciplinas de la salud mental han estado estableciendo sus prácticas con éxito, pero no tienen el mismo éxito en la tarea difícil de la integración. Mientras la atención pastoral incorporó los principios terapéuticos rogerianos, que han persistido sin modificaciones durante medio siglo, la industria del asesoramiento cristiano incorporó la neuropsiquiatría y la terapia cognitiva. El asesoramiento cristiano y la psiquiatría cristiana no han podido establecer un paquete de servicios de salud mental claramente único o superior.

En un entorno cada vez más determinado por su orientación hacia el mercado, las personas que sufren problemas emocionales pueden elegir entre una gran variedad de terapias que van desde los grupos de autoayuda hasta el uso de medicamentos prescritos por un médico. ¿Cómo podrían afirmar su identidad diferenciada los asesores evangélicos cristianos? Muchos cristianos, en la tradición evangélica, así como muchos consejeros pastorales, se han concentrado en la terapia matrimonial y de familias, y éste ha sido su nicho. Esta especialización, opino, es natural y potencialmente muy productiva. ¿En qué otro contexto podría la comunidad evangélica explorar mejor el sufrimiento emocional grave, en la trama de las relaciones sociales y culturales, que en el impacto de este sufrimiento sobre las familias? ¿Cuánto mejor podría la comunidad evangélica entender más el impacto de las relaciones disfuncionales, en su contexto social y cultural, que explorando las familias disfuncionales? ¿Qué modelo mejor podría encontrarse para comprender el potencial de la comunidad de fe para convertirse en una comunidad sanadora, que el modelo de una familia funcional?

Sin embargo, los terapeutas evangélicos del matrimonio y la familia intentaron otra estrategia, muy diferente.

De la concentración en el matrimonio y la familia, los consejeros cristianos han gravitado hacia la lucha política, convirtiéndose en los defensores más fuertes de los "valores familiares" y la derecha cristiana. Por supuesto, los cristianos evangélicos no son los únicos en manifestar su preocupación por el sufrimiento personal en la lucha política. El movimiento en pro de los derechos de los homosexuales ha politizado la experiencia emocional de las personas que experimentan deseos homosexuales, pero se sienten limitadas y conflictuadas cada vez que intentan expresar abiertamente esos deseos. Las feministas también han planteado los problemas emocionales y morales relacionados con el aborto, en la lucha política, con una retórica política del tipo del "derecho de la mujer a elegir". En relación con nuestro tema de interés principal, resulta pertinente que los cristianos evangélicos, del mismo modo, hayan estado enérgicamente dispuestos a proponer a la lucha política el tema de los "valores de la familia".

La terapia matrimonial y familiar fueron, en cierta época, una provincia de la psiquiatría y la psicología seculares. La edad dorada de la terapia de familia se extiende, en los Estados Unidos, aproximadamente entre los años 1950 y 1975.[61] Aun cuando sus raíces llegan a la década del cuarenta, los líderes más significativos en la terapia del matrimonio y la familia surgieron en la década del cincuenta. Nathan Ackerman es probablemente el mejor conocido de aquellos terapeutas de la familia. Defendía un interés concentrado en la familia, desde la perspectiva de un psiquiatra infantil firmemente fundado en la terapia psicoanalítica. Reconocía que

> ninguno de nosotros vive su vida totalmente solo. Quienes lo intentan están condenados a una existencia miserable. Puede decirse con justicia que algunos aspectos de la experiencia de la vida son más individuales que sociales. Sin embargo, en lo principal, vivimos con otros, y en los primeros años casi exclusivamente con los miembros de nuestra familia.[62]

Muchas y muy variadas disciplinas informaron la terapia familiar. Gregory Bateson, firmemente fundado en la antropología, identificó los problemas de comunicación de las familias, describiendo, específicamente, la hipótesis del doble vínculo de la esquizofrenia. Él, junto con sus colegas, sostuvieron como hipótesis que un aporte importante a la esquizofrenia en los niños era el mensaje ambivalente de una madre, que expresaba con palabras que quería al niño o la niña, pero le retiraba su amor en los lazos físicos. Esto coloca al niño en una permanente ambivalencia que —ésa era la teoría, por lo menos— precipitaba la esquizofrenia (una hipótesis que, en gran parte, hoy ha sido abandonada). Otros especialistas, como Lyman Wynne, aplicaron a la terapia de la familia teorías de la dinámica de grupo y propusieron que los terapeutas asumieran la posición de observadores y se dedicaran primero a esclarecer el proceso de las interacciones familiares. Estos investigadores/terapeutas produjeron una literatura extremadamente rica sobre el matrimonio y la terapia familiar durante las décadas del sesenta y el setenta.

El surgimiento de la neuropsiquiatría, junto con la negativa de las compañías de seguros a pagar los costos de las terapias de familia, obligaron a la psiquiatría a abandonar tanto el estudio de la familia como la práctica de la terapia de familias, hacia mediados de la década del ochenta. Los trabajadores sociales y los psicólogos ofrecían la terapia familiar como concomitante con la medicación y la psicoterapia individual que suministraban los psiquiatras, por lo general, como parte de un programa de salud mental comprehensivo. La terapia de familia se trasladó a la periferia a medida que el paciente, en el contexto de un entorno sociocultural, fue haciéndose menos importante, como base teórica, en la práctica de la psiquiatría.

Al mismo tiempo que los psiquiatras abandonaban la terapia del matrimonio y la familia, los consejeros evangélicos, entre otros, reconocieron el vacío y encontraron su nicho en el sistema de la salud mental, en una actividad en la que podían ser mejores que otros y que era compatible con los valores cristianos evangélicos. Por lejos, el mejor ejemplo del movimiento por el matrimonio y la familia es James D. Dobson.

Dobson era profesor de pediatría (psicología) en la Facultad de Medicina de Carolina del Sur. También era psicólogo escolar y observaba de primera mano los problemas con que los chicos se enfrentaban en su medio familiar. En 1970 publicó un libro, *Dare to Discipline* (Atrévase a castigar).[63] Hay tres circunstancias con respecto a este libro que son dignas de mención aparte.

En primer lugar, que lo publicó una editorial evangélica, Tyndale, y no un editor secular que ya ofreciera libros de psicología para un público más amplio. Unos pocos años antes, Avon Books había publicado *Between Parent and Child* (Entre padre e hijo), de Ginott, un libro que vendió más de un millón y medio de ejemplares.[64] El interés en las familias crecía, y Dobson reconoció un público que no estaba recibiendo lo que necesitaba, entre los cristianos evangélicos.

En segundo lugar, Dobson enfocó el trabajo con los niños desde una perspectiva muy atractiva para los cristianos evangélicos, porque era paralela a la recomendación bíblica "Quien escatima la vara, odia a su hijo" (Pr 13, 24). Su meta era ofrecer un modelo de disciplina que sirviera para criar hijos obedientes y respetuosos. "En días de consumo generalizado de las drogas, desobediencia civil, vandalismo y violencia, no debemos depender de la esperanza y la buena suerte para cultivar las actitudes críticas que consideramos valiosas para nuestros hijos... La permisividad no sólo ha sido un fracaso; ha sido un desastre."[65] Adoptó la parte de aquellos "padres y maestros que creían en la moral y la decencia, y querían inculcar actitudes sexuales responsables a sus hijos".[66]

En tercer lugar, hacia 1983 ya se habían vendido más de un millón de ejemplares de *Dare to Discipline,* lo cual colocó a Dobson como el principal defensor de la familia entre los cristianos evangélicos. Desde entonces, Dobson ha publicado varios libros y fundado un programa radial que se escucha en todos los Estados Unidos, a través de cientos de radios: *Enfoque en la familia.* Y desarrolló una organización, con el mismo nombre, que hoy es una empresa de millones de dólares. Ha abandonado sus raíces académicas y ubicado su cuartel general en una universidad independiente en Colorado Springs, Colorado. Dobson ha establecido pocos contactos con las organizaciones profesionales seculares. En cambio, ha ingresado a la lucha política. Ha adoptado varias causas, casi todas relacionadas con alguna "amenaza" exterior a la familia, en nuestra sociedad. Éstas incluyen la pornografía, la homosexualidad, el aborto y la eliminación de la oración en las escuelas.

El salto de la terapia del matrimonio y la familia a la acción política no es tan difícil como puede parecer. Hay muchos estadounidenses que creen que la familia está siendo atacada. Los culpables van desde la pobreza hasta las actitudes sociales cambiantes. El matrimonio cristiano evangélico y los movimientos de la familia han eliminado las ansiedades que las personas experimentaban con respecto a la familia y las han traducido en nuevos temores hacia las fuerzas políticas y sociales que desafían los valores familiares tradicionales. A estos valores se los equipara con los valores cristianos evangélicos. Dobson ha anunciado: "Estamos en una guerra civil de valores y el premio del vencedor es la generación próxima: nuestros hijos y nietos."[67] La guerra se libra en unos pocos campos de batalla privilegiados: el aborto, que puede significar la aceptación como normales de las relaciones sexuales fuera del matrimonio; la homosexualidad, que apoya un estilo de vida alternativo donde la familia tradicional ya no cuenta; la pornografía, que estimula actividades sexuales que quedan fuera de los límites de la familia cristiana; y la abolición de la oración en las escuelas, que indica que ésta ya no es una extensión de la familia cristiana.

Los cristianos evangélicos, como resultado de su interés en los valores de la sociedad, han desarrollado una contracultura. Las escuelas cristianas, establecidas como una alternativa a la educación pública, subrayan los valores familiares y mezclan la instrucción secular con la religiosa. Otros cristianos evangélicos prefieren educar a sus hijos en sus casas. Materiales de lectura, cintas de vídeo, películas y programas de televisión adecuados para los cristianos, orientados hacia la familia, son cada vez más populares. Las redes de televisión cristianas y los canales orientados hacia la familia son una de las opciones que ofrecen la mayoría de las redes de TV por cable. Se comercializan, también, lugares de vacaciones y actividades veraniegas orientadas hacia la familia, en círculos cada vez más amplios.

Sin embargo, hasta ahora los cristianos están logrando su impacto mayor en las elecciones de autoridades políticas locales. Pese a que la Mayoría Moral de Jerry Falwell ya no es tan visible como en la década del ochenta, hoy los evangélicos son una fuerza política formidable, tal como lo puso en evidencia la revolución política de noviembre de 1994. Esa fuerza política se alimenta de la preocupación por los valores familiares.

Este énfasis en la acción política y una contracultura cristiana no estimula la conversación entre los psiquiatras y los cristianos evangélicos. La concentración en las acciones externas y políticas va acompañada por una pérdida de interés en los conflictos internos de las personas que padecen sufrimientos emocionales. También genera ataques contra las familias no tradicionales. Es cierto que los evangélicos han desarrollado ministerios especializados para los solteros, para los padres o madres solteras, para los adultos mayores, para los habitantes del centro de la ciudad y para los sin techo. Pero a estos grupos diversos no se los incorpora en la familia de la iglesia. El mensaje para el adulto joven soltero es que se case. El mensaje para los divorciados o viudos, por lo menos implícitamente, es que vuelvan a casarse. La iglesia evangélica no acepta la afirmación de Pablo: "No obstante, digo a los célibes y a las viudas: Bien les está quedarse como yo" (1 Co 7, 8, 10-11, 17).

Los ataques políticos de los cristianos evangélicos, desde una plataforma de asesoramiento, estaban primordialmente dirigidos a personas elegidas para ejercer cargos públicos, no contra la psiquiatría. Sin embargo, el conflicto, derivado en gran parte de los intereses políticos de los evangélicos, surge dentro de la psiquiatría por lo menos en dos frentes. Primero, una minoría de psiquiatras, incluyendo muchos evangélicos, atacaron la posición que adopta la Asociación Psiquiátrica Estadounidense, favorable a la posibilidad de elegir. Los Psiquiatras Estadounidenses a favor de la Neutralidad con respecto al Aborto cuestionaron la posición de la Asociación y publicaron una declaración de su posición en ocasión de la reunión de ésta en San Francisco, en 1993. El grupo no quiere que la Asociación adopte necesariamente una posición favorable a la vida, sino que no se pronuncie en el debate sobre el aborto.

El segundo conflicto político se centra en la nomenclatura psiquiátrica para la homosexualidad. En la primera edición del *Diagnostic and Statistical Manual* (la Biblia de la nomenclatura psiquiátrica), la homosexualidad aparece como un desorden mental. Hay libros escritos predominantemente por psicoanalistas, que circularon de manera muy amplia entre los psiquiatras, que ofrecen líneas orientadoras para el tratamiento de los homosexuales, con la meta explícita de cambiar su orientación sexual.[68] Pero la junta de delegados de la Asociación eliminó la homosexualidad de la segunda edición del *Manual*, en 1973, sosteniendo que no poseían evidencia de que la homosexualidad cumpliera con los criterios que establecen el carácter de desorden mental. La tercera edición, de 1980, incluye un diagnóstico de la homosexualidad egodistónica, que permitiría emitir un diagnóstico de enfermedad mental si la persona expresa una orientación homosexual y sin embargo sufre, a causa de experimentar tales sentimientos, conflictos internos significativos. En 1984, la homosexualidad egodistónica desaparece del *Manual* porque faltarían evidencias de que se trata de un desorden mental. En 1994, la Asociación dio un paso más, declarando que no suscribe ningún tratamiento psiquiátrico basado en el supuesto, por parte del psiquiatra, de que la homosexualidad sea un desorden mental, o que procure cambiar la orientación sexual de la persona, aun si el paciente desea ese tratamiento.[69] Esta posición es difícil para los psiquiatras cristianos, que han desafiado a los representantes de la Asociación Estadounidense de Psiquiatría para que modifiquen su declaración.[70]

Los cristianos evangélicos se oponen a la conducta homosexual, no porque sea una enfermedad, sino porque suponen que se trata de algo que es malo, desde el punto de vista de la moral. Los psiquiatras evangélicos temen las acciones recientes de la Asociación por su impacto potencial en la práctica profesional. Si una persona con tendencias homosexuales busca la ayuda de un psiquiatra cristiano evangélico para controlar su comportamiento homosexual, porque cree (el paciente) que la homosexualidad, llevada a la práctica, es moralmente mala, ¿está prohibido que los psiquiatras ayuden a estas personas a alcanzar sus metas? Del mismo modo, si una mujer busca que un psiquiatra la oriente sobre las consecuencias psicológicas del aborto, ¿debe el psiquiatra decirle que no hay consecuencias adversas? Las posiciones adoptadas en este debate son de naturaleza política (sin juzgar quién está en lo correcto y quién en lo falso), y la batalla política no estimula una conversación significativa.

Cuando estas cuestiones ingresan en la lid política, las preocupaciones y los valores del paciente individual muy a menudo se pierden de vista en la lucha entre dos grupos políticos opuestos. Creo que es posible que los terapeutas mantengan un diálogo significativo sobre cuestiones como la homosexualidad y el comportamiento homosexual con sus pacientes, siempre que los terapeutas asuman con toda claridad una posición determinada y la den a conocer. Por ejemplo, creo que yo he mantenido conversaciones beneficiosas con homosexuales declarados que saben, desde el principio, que creo que la conducta homosexual es pecaminosa. Estas conversaciones no degeneraron hasta convertirse en disputas doctrinales, pero, al mismo tiempo, tampoco me obligaron a renunciar a mis creencias. Las personas con las que trabajé me eligieron porque sabían que yo no pensaba como ellos. La disposición a participar del diálogo con alguien con una creencia diferente fue el principio de la relación terapéutica. Además, creo que tanto mis pacientes como yo aprendimos de esas sesiones terapéuticas.

Un factor que complica la situación es si la compañía de seguros debe pagar o no una terapia basada en valores cristianos evangélicos. En la actualidad, prácticamente todas las terapias psiquiátricas son "subsidiadas" por compañías de seguros y planes de seguro federal tales como Medicare y Medicaid, y la cuestión del diagnóstico involucra al gobierno y a la política. Un debate político no es un debate filosófico o teológico. Los enfrentamientos políticos pueden producir ganadores y perdedores, pero por lo general no informan de manera significativa a ninguna de las dos partes. Ni la psiquiatría ni los cristianos evangélicos pueden resolver estas cuestiones para la satisfacción plena de la otra parte por medio de debates políticos. La ley y la política han colaborado con la sociedad norteamericana en la trivialización de los valores religiosos. Stephen Carter, un profesor de leyes cristiano, de Yale, dice: "En nuestro celo muy razonable para evitar que la religión domine nuestra política, hemos creado una cultura legal y política que presiona a los fieles religiosos a ser distintos de lo que son, a actuar de manera pública, y a veces también de manera privada, como si su fe no les interesara."[71]

La Asociación Psiquiátrica Estadounidense, en sus pronunciamientos políticos, responde a la cultura política y legal, no a los conocimientos que poseemos, en lo que respecta a cuestiones muy delicadas, como el aborto o la homosexualidad. La evidencia científica que informa a la psiquiatría cuando toma partido, con energía, por uno u otro lado en estas cuestiones, no se ha puesto a la disposición del público y, por lo que sospecho, nunca se lo hará. Por eso, probablemente sea imposible una discusión "científica" de estas cuestiones. Toda conversación significativa debe echar raíces en el respeto mutuo. Los psiquiatras deben respetar los valores cristianos, y los evangélicos deben comprender y respetar la cultura de la psiquiatría y los valores implícitos en ella.

Los consejeros cristianos evangélicos se vuelven sospechosos cuando sugieren que los conflictos personales y el sufrimiento emocional pueden solucionarse votando a favor de la familia en la urna electoral. ¿Qué pasa con el individuo en el proceso? Una historia que aparece en uno de los primeros escritos cristianos ejemplifica el reconocimiento, por parte de Jesús, de la futilidad de los pronunciamientos legales y éticos cuando se trata de resolver los problemas emocionales y espirituales de las personas. Algunos, que buscaban atrapar a Jesús en un debate político, le traen a una mujer que había sido descubierta en la cama con un hombre que no era su esposo. Le dicen: "Maestro, esta mujer fue descubierta en el acto del adulterio. En la ley de Moisés se nos ordena lapidar a estas mujeres. ¿Qué dices tú?"

Si Jesús decía que debían obedecer la ley de Moisés y lapidar a la mujer, se colocaba en abierto desafío a la ley romana. Él había dicho que sus seguidores debían obedecer la ley romana. Pero si, por otro lado, indicaba que la ley de Moisés ya no regía, hablaría en contradicción con respecto a otra de sus enseñanzas, cuando afirmó que había venido para cumplir la ley de Moisés y no para abolirla.

Jesús, entonces, fue al problema real. La mujer estaba siendo tratada como un objeto de debate teológico y político, antes que como una persona. Volviéndose a los que lo desafiaban, dijo: "Si alguno de ustedes está limpio de pecado, que sea el primero en arrojarle una piedra." Sus desafiadores se alejaron, y Jesús se volvió a la mujer y le dijo que, puesto que ninguno la condenaba, él tampoco lo hacía. Sin embargo, le recomendó revisar su vida y comportarse de manera más acorde con la moral (cf. Jn 8, 2-11).

Jesús no perdió la cabeza en el calor del debate. No permitió que el debate político entre los romanos y los judíos lo distrajera de su propósito de llegar a los que sufrían en lo espiritual y lo emocional. La Iglesia primitiva, del mismo modo, le quitó peso a la política y subrayó una relación sanadora con las personas que de uno u otro modo estaban sufriendo.

Los consejeros cristianos, desde mi punto de vista, han perdido de vista su objetivo principal. Prefieren discutir en la lucha pública, con una doctrina clara y no ambigua de su parte, que ocuparse de los problemas emocionales, más ambiguos y más complejos, que experimentan los individuos en sus relaciones los unos con los otros y con el consejero. Se han rebelado contra las complejidades del mundo moderno y han vaciado de espiritualidad los pronunciamientos morales y las prescripciones simples para los problemas complicados.

Cuando reflexiono sobre mi conversación con los miembros de mi comunidad de fe, me descubro anhelando poder hablar con mis abuelos, cristianos conservadores, que leyeron y escribieron esas notas en los márgenes de los libros que heredé. Me doy cuenta de que he proyectado mis propios deseos e intereses en mis abuelos, a quienes nunca conocí personalmente. También me doy cuenta de que quizá no sea justo con mis amigos cristianos, porque mis preocupaciones y mis intereses no son los mismos que los animan a ellos. Yo veo los peores problemas, los casos difíciles, y es posible que por ello mi perspectiva sea diferente. También tengo la fortuna de poseer una familia que ha permanecido intacta, que no está acosada por problemas como el abuso de la droga y la violencia. He tenido la fortuna de recibir ingresos que han sido más que suficientes para cubrir las necesidades de mi familia. Nosotros, como familia, hemos experimentado el dolor emocional, pero pudimos elaborarlo y superarlo. En otras palabras, he recibido la bendición de la libertad emocional para enfrentar esos problemas. Si mis hijos recibieran desafíos o fueran amenazados todos los días al asistir a la escuela, si viera que uno de mis hijos se desarma emocionalmente y se siente impotente para corregir los problemas, quizá me atrajeran las soluciones simplistas que leo en muchos de los libros que produce la industria del asesoramiento cristiano. Quizá me atrajeran las promesas de la derecha política cristiana. El enfoque meditado e inteligente que, según creo, adoptaron mis abuelos quizá sea una ilusión, o quizá mis abuelos fueran personas muy fuera de lo común.

Aun así, hay algo que falta del enfoque que asume la comunidad cristiana en su ministerio hacia el sufrimiento emocional que experimentan sus miembros. Sobre esto, estoy convencido. Creo que una buena parte de lo que falta es un compromiso para sondear a fondo los problemas de la vida real, sea a donde fuera que esto nos conduzca. No podemos escondernos de las realidades complejas que subyacen en el dolor emocional grave.

El servicio cristiano inteligente es un trabajo duro, un trabajo en las trincheras de las relaciones, donde es más difícil ayudar. Los beneficios de este trabajo retornan muy despacio. Comprender a las personas que sufren dolor emocional es un proceso lento. Encontrar los modos de ayudar a otros para que salgan de su dolor insume aun un esfuerzo mayor y no siempre nos recomendará a nuestros compañeros cristianos.

Cuando una comunidad se vuelve complaciente en su enfoque de los problemas difíciles, no le resulta fácil cambiar. Creo que muchos cristianos evangélicos, especialmente entre los consejeros cristianos, han tomado un sendero fácil, donde no se necesita usar la cabeza. En la comunidad cristiana evangélica, se desestima el pensamiento crítico sobre el sufrimiento emocional. El cristianismo ha perdido la cabeza en lo que concierne a ayudar a las personas que padecen problemas emocionales graves.

5

Llenar el vacío

Creo que tanto los psiquiatras como los cristianos quieren hablar. He estado poniendo a prueba las posibilidades y estoy recibiendo respuestas. Éstas, sin embargo, son vagas. Siento más como si estuviera siendo atraído hacia un vacío que a un tema de conversación específico. Los psiquiatras y los cristianos no saben por dónde empezar la conversación hacia la que ambos se sienten atraídos.

Algunos, sin embargo, están empezando a llenar ese vacío, o a hablar desde el vacío. Aunque estas personas están en cierta medida en los bordes de la psiquiatría o del cristianismo, están escribiendo y hablando desde el centro de algo. ¿Se trata de algo importante para comprender el dolor emocional grave que experimenta el esquizofrénico que busca, Barbara o el confundido y deprimido Jason (véase capítulo uno)? Creo que la respuesta es sí. ¿Estas personas han llenado el vacío y respondido a las preguntas que me impulsaron a escribir este libro? No. Creo que apenas han empezado a llenar el vacío. Muchos más psiquiatras y cristianos deben unirse a la conversación si el vacío ha de llenarse. Sin embargo, podemos aprender de los que están en los bordes, que han reconocido el vacío y han trabajado para llenarlo.

En este capítulo, repaso algunos movimientos que, en mi opinión, intentan llenar ese vacío que hay en nuestra sociedad y hacia el que gravitan las personas que padecen problemas emocionales y las personas que se ocupan de ellos. Estos movimientos, en gran parte, no se originaron como resultado de la falta de conversación entre la psiquiatría y el cristianismo, sino como una reacción a tendencias generales en nuestra sociedad. Estos movimientos, diferentes entre sí, no han surgido principalmente para curar a los enfermos mentales. Sin embargo, cada uno ha influenciado a las personas con problemas emocionales y a sus terapeutas. Esos movimientos incluyen el resurgimiento de la atención centrada en el paciente entre los médicos que no son psiquiatras, la *New Age* (Nueva Era) y un énfasis renovado en los "doctores del alma" espirituales, grupos de autoayuda y la teología narrativa.

¿Qué tienen en común todos estos? Creo que tienen alma y mente. Al decir "alma", quiero decir que se concentran en la relación entre el yo y los otros y/o lo trascendente. Tienen "mente" en cuanto ofrecen un razón nueva (aunque no siempre cerrada) para pensar que hay algo que falta en nuestra comprensión y atención de los que sufren en el plano de las emociones. En esta revisión breve, no puedo presentar todos los movimientos que perciben y tienen en cuenta el vacío. Los autores que menciono no son necesariamente los mejores, sino los que, eso sí, han captado mi atención y la atención de otros y nos han hecho pensar.

La atención centrada en el paciente entre los médicos no psiquiátricos

En medicina, hay un movimiento que vuelve a concentrar en el paciente la atención del profesional. Las nuevas tecnologías de la medicina, la presión para ser más eficientes en el uso del tiempo del profesional y la pérdida de la relación directa entre el paciente y el doctor, que en una época pasada fue considerada muy importante, todos han contribuido al deseo, entre los médicos, a restablecer la atención centrada en el paciente. La desaparición de la relación especial entre el doctor de la familia y las personas en su comunidad ha perturbado tanto a los médicos como a las personas que tratan. Autores populares, como Norman Cousins y Reynolds Price han señalado la insensibilidad de algunos doctores modernos. Price, en *A Whole New Life: An Illness and a Healing* (Toda una vida nueva: una enfermedad y una curación), subraya la falta de preocupación que percibió en un terapeuta que lo trataba con radiaciones por un cáncer en su columna vertebral: "Era el tratamiento más invasor... y lo presidía un oncólogo- radiólogo que daba la impresión sin fisuras, durante cinco semanas, de ser más o menos un físico nuclear cuyos conejillos de indias tenían la mala suerte de ser seres humanos."[1]

El científico social Donal Schon ha cuestionado que cualquier profesional pueda ejercer las responsabilidades de su profesión solamente sobre la base de la escueta ciencia exacta.[2] Sugiere que los mejores profesionales saben más de lo que puede decirse en palabras; confían menos en algoritmos o fórmulas aprendidas durante su capacitación profesional, que en la "improvisación" intuitiva que aprendieron durante su práctica. Schon denomina este enfoque de la práctica profesional "reflexión en la acción". Una característica de la práctica de un profesional es que éste se acerca a cada problema como un caso único, una relación única. Aun cuando el doctor recurre a su memoria de experiencias anteriores pertinentes, el profesional eficiente reconoce las peculiaridades de la situación que tiene por delante. Las soluciones hechas son secundarias con respecto a las soluciones específicas que se basan en el caso individual antes que en los sujetos experimentales agregados que sugiere Price; basarse en casos quiere decir: "Permítame a mí, que soy el paciente, hablarle de mí a usted, que es mi médico, así como de mi enfermedad. Usted necesita conocer mi alma para curar mi enfermedad."

El cuidado basado en los casos o centrado en el paciente exige que los doctores comprendan la enfermedad a través de los ojos de su paciente. Margaret Gerteis y sus colegas en la investigación de la atención de la salud, en *Through the Patient's Eyes* (A través de los ojos del paciente), han sugerido un marco conceptual para una práctica médica centrada en el paciente que subraya el respeto hacia los valores del paciente, sus preferencias y sus necesidades expresas; la comodidad física del paciente, por ejemplo, o el apoyo emocional y la disminución del miedo y la ansiedad, o la participación de su familia y amigos, y la perspectiva de trabajar con el paciente y su familia a lo largo del tiempo.[3] Las preguntas que el médico debiera hacer para promover una terapia centrada en el paciente incluyen: "¿Qué impacto tienen sobre la calidad de vida del paciente, o su sentido subjetivo de bienestar, la enfermedad o la terapia?"; "¿De qué manera el tratamiento de la enfermedad está siendo mediado por su estilo de vida, valores culturales y creencias religiosas?"; "¿Se trata a los pacientes con dignidad, respeto y sensibilidad con respecto a sus valores culturales?".[4] Gerteis y sus colegas, de este modo, reconocen lo espiritual, pero lo espiritual todavía no está en el centro.

El médico que quizá ha acentuado la terapia centrada en el paciente de manera más explícita es Eric Cassel. En *The Nature of Suffering and the Goals of Medicine* (La naturaleza del sufrimiento y las metas de la medicina), Cassel subraya la centralidad del paciente en la comprensión del sufrimiento. "La prueba de un sistema médico debería ser si resulta adecuado frente al sufrimiento... Los cuerpos no sufren, sufren las personas... La medicina moderna está demasiado dedicada a su ciencia y tecnología, y ha perdido contacto con la faceta personal de la enfermedad."[5] Los cardiólogos, los cirujanos y los radiólogos, así como los médicos de atención primaria, han expresado un nuevo interés en mejorar las relaciones entre el médico y el paciente, y en la comprensión del sufrimiento del paciente.

Un aspecto importante de la terapia centrada en el paciente es permitir que el paciente cuente su propia historia (tema al que volveré después, cuando me ocupe de la teología narrativa). El psicólogo y antropólogo Arthur Kleinman, en *Illness Narratives: Suffering, Healing and the Human Condition* (Narraciones de la enfermedad: el sufrimiento, la curación y la condición humana), argumenta que la interpretación de la experiencia de la enfermedad es un arte trágicamente abandonado en la capacitación moderna para la medicina, y sugiere que la narración es la clave para salvar el abismo entre el paciente y su médico.[6]

> La interpretación de las narraciones de la experiencia de la enfermedad es una tarea central en el trabajo de curar... La enfermedad tiene un significado; comprender cómo llega el paciente a asignarle ese significado es comprender algo fundamental sobre la enfermedad, sobre la cura y quizá sobre la vida en general. Más aún, la interpretación de la enfermedad es algo que el paciente, su familia y el médico debieran emprender de manera conjunta.[7]

Como psiquiatra, me parece un signo de esperanza, aunque también sea perturbador, ser testigo del resurgimiento, entre mis colegas de otras especialidades, de la relación médico-paciente, de la atención médica centrada en el paciente y del acento en permitir al paciente que cuente su propia historia. El psiquiatra, en muchas Facultades de medicina, ha pasado a un segundo plano entre los médicos que enseñan al estudiante de medicina a hablar con el paciente y escucharlo. El interno, el pediatra y el médico de familia han pasado al primer plano, para llenar el vacío. Los pacientes que padecen una enfermedad física y emocional experimentan la necesidad de que se los escuche, una necesidad muy bien expresada por Price y William Styron (véase capítulo dos). Como educador médico, tengo confianza de que, en el futuro, los médicos responderán mejor a sus pacientes, pese a los cambios que se están produciendo en nuestro sistema de atención médica.* Los pacientes exigirán una atención médica centrada en el paciente y los médicos redescubrirán el gozo que la práctica de la medicina reditúa cuando su trabajo gira alrededor del paciente. Aun así, temo que los psiquiatras no estén en la vanguardia del resurgimiento de la atención centrada en el paciente.

También temo que la Iglesia no haya facilitado este movimiento. La Iglesia cristiana tiene mucho para enseñar a los médicos sobre el significado de la enfermedad para los cristianos, primordialmente porque a la Iglesia debiera preocuparla el cuidado de las almas de sus miembros. Un pastor, un laico prominente de la iglesia local, un sacerdote es por lo general una persona a quien se vuelcan en primera instancia los que están enfermos del cuerpo o las emociones. Por desgracia, en la actualidad, la Iglesia, muy probablemente, ofrezca respuestas estáticas, siguiendo alguna fórmula, para expresar a sus miembros su incapacidad para comprender las complejidades de una enfermedad y su curación. La Iglesia prefiere prescribir y derivar antes que escuchar. La comunidad cristiana, si ha de ser efectiva, debe desarrollar la habilidad de escuchar y participar en la interpretación de las narraciones de enfermedad. La Iglesia debe estar tan centrada en el paciente como el médico.

Me temo que los consejeros cristianos evitan, frecuentemente, el cuidado centrado en el paciente. Encuentran mucho más cómodo asumir una postura distante, prescriptiva, frente a aquellos que experimentan sufrimiento emocional. Este enfoque muy a menudo asume la forma de una relación en la que se escucha muy poco y recomienda demasiado. Aconsejar, muchas veces, no requiere demasiado compromiso emocional.

---

* Se refiere a la situación en los Estados Unidos, pero se puede extrapolar fácilmente a los países que siguen sus directivas. (N. de T.).

El movimiento *New Age* (Nueva Era)

En medio de las tecnologías que avanzan y, entre los psiquiatras, del énfasis en el cerebro, ha surgido en la sociedad de los Estados Unidos un movimiento de apertura espiritual. Cuando cada día son más los científicos y los filósofos que dicen "la mente es el cerebro",[8] hay otros que reaccionan con energía contra esta visión monista y materialista de la mente. *Newsweek,* en su artículo de tapa del 28 de noviembre de 1994, explora la renovada búsqueda de lo sagrado: "Quizá sea una masa crítica de personas que nacieron en un período de explosión demográfica, que han llegado al atardecer contemplativo de la vida, o la ansiedad por la inminencia del milenio, o una insatisfacción general con el materialismo del mundo moderno. Por estas razones y muchas otras más, hay hoy millones de estadounidenses que se están embarcando en la búsqueda de lo que hay de sagrado en sus vidas."[9] Aunque algunos han buscado lo espiritual regresando a su religión tradicional, son muchos los que están buscando lo espiritual fuera de la tradición judeocristiano-islámica. "Lo espiritual", muy posiblemente, sea un concepto que no puede definirse pero que, sin duda, está presente en la tendencia actual. Muy pocos negarían, sin embargo, que se "busca" una relación, una posibilidad de comprenderse en un contexto más amplio, en lo social e incluso en lo cósmico.

Las exploraciones no tradicionales en lo espiritual y lo metafísico se han descrito, de una manera muy laxa, como "movimiento *New Age*". Las características de este movimiento incluyen la mirada hacia el Oriente en busca de inspiración; el acento en la meditación y el autocontrol, o de lo espiritual sobre lo físico; la propuesta de un nuevo tipo de monismo, el de la unidad de la vida, en vez de acentuar la diferencia entre el Creador y lo creado.[10] La filosofía *New Age* trasciende la historia, es pluralista y se vive en la experiencia; es expresiva antes que orientada hacia la formulación de reglas. El acento se pone en la vida privada, especialmente la vida espiritual privada, en oposición a las responsabilidades públicas o la incorporación a un grupo. Sin embargo, este énfasis en la vida privada deriva, en mi opinión, del sentimiento de estar aislados. Se piensa que la *New Age* es una reacción frente a la sociedad tecnológica, despersonalizada, que trata a los individuos como piezas intercambiables. Por lo tanto, el movimiento *New Age*, de una manera de algún modo perversa, intenta actuar contra la sensación de aislamiento. Pero lo hace estimulando a las personas a entrar en contacto consigo mismas, para encontrar la unidad y el significado por medio de la autointegración.

Aunque el movimiento *New Age* intenta quitarle peso a lo histórico, quizá no sea algo tan nuevo como les parece para los estadounidenses. Es el descendiente del trascendentalismo de Ralph Waldo Emerson.[11] Emerson defendía el desarrollo del yo y se concentraba en los recursos únicos de cada individuo. Emerson llevó sus puntos de vista sobre la autosuficiencia más allá de la idea de elevarse tirando uno mismo de los cordones de sus zapatos. Según él, hay una correspondencia entre la humanidad y todo lo que hay en el universo. Asumió un enfoque intuitivo, experimental —más bien que racional— de la realidad. El autodesarrollo incluye el desarrollo espiritual, una forma de desarrollo característica y exclusivamente estadounidense.

Este impulso hacia el desarrollo espiritual, sin embargo, no alcanza su meta. Un hilo común entre los que están entusiasmados con la *New Age* es la búsqueda de una conciencia elevada. Esta búsqueda la ejemplifican los escritos y las prácticas de la actriz Shirley MacLaine. Para la *New Age*, el cristianismo es irrelevante, porque su dios debe ser inmanente tanto en la naturaleza exterior como en la conciencia. No hay lugar para la encarnación.[12] El dios inmanente de las prácticas *New Age*, sin embargo, dista mucho de poder aislarnos. Por ejemplo, intereses tan amplios como la reencarnación, el satanismo y el budismo implican relaciones. Si uno revisa los lomos de los libros en cualquier sección *New Age* de una librería, verá que incluye libros sobre la reencarnación, la brujería, la meditación y las prácticas del budismo zen.

¿De qué modo esta *New Age* está relacionada con la conversación entre la psiquiatría y el cristianismo? Primero, la psiquiatría le ha restado peso a lo metafísico en su búsqueda de causas físicas para los problemas emocionales graves. Las personas que experimentan estos problemas, sin embargo, los perciben como, por lo menos en parte, el resultado de una enfermedad o un vacío espiritual, y se frustran por los enfoques materialistas de sus problemas. (Jason, en el capítulo uno, buscaba una explicación espiritual de su enfermedad, aunque su búsqueda no lo orientó en la dirección *New Age*.) Se rebelan contra la creencia de que todos los fenómenos mentales pueden explicarse a partir de los mecanismos neurobiológicos y que todas las experiencias pueden reducirse a fenómenos psicoquímicos. Si se vuelven a la religión tradicional, especialmente al cristianismo evangélico de fin de siglo, es mucho más probable que encuentren recetas mecanicistas para la modificación de la conducta, que una conversación edificante para el alma. Entonces, buscan alimento para sus almas hambrientas en algún otro lado.

La insatisfacción de algunos pacientes psiquiátricos implica sólo una parte pequeña del ímpetu del movimiento *New Age*. La religión estadounidense ha sido, históricamente, una religión de la individualidad que le permite a uno comunicarse con Dios de manera libre. Los niveles establecidos de la religión, en los Estados Unidos, restringen dolorosamente a aquellos que buscan "una experiencia religiosa verdadera", y esta restricción los ha llevado a buscar un modo alternativo de expresar sus sentimientos religiosos. Algunas iglesias evangélicas se han asociado, de manera cada vez más comprometida, con una política conservadora, limitando tanto la política como la doctrina, sin dejar lugar para la diversidad. La tradición de las iglesias protestantes históricas parece estéril y arcaica. Las personas mentalmente angustiadas, que experimentan la necesidad de curación para el alma, muy a menudo se sienten frustradas con el cristianismo oficial y, por lo tanto, buscan enfoques *New Age* de la espiritualidad, donde las responsabilidades son limitadas, virtualmente no existen las doctrinas y el individuo queda en libertad para encontrar el alma a su propia manera. Toda experiencia es real, sea la de la agonía que precede a la muerte o la de la reencarnación.

Aun cuando el movimiento *New Age* no nació para llenar el vacío que dejaba la ausencia de una conversación entre la psiquiatría y el cristianismo, aun cuando probablemente sea una evolución natural de la cultura y la religión de los Estados Unidos, viene a llenar un vacío para muchos que sufren en el plano de sus emociones y buscan la atención de sus almas. Los que se sienten atraídos por la *New Age* se apartan, por lo tanto, tanto de la psiquiatría tradicional como del cristianismo.

La *New Age* ofrece una oportunidad para la conversación entre la psiquiatría y el cristianismo. Ambos, sin embargo, deben transitar por un territorio nuevo y vérselas con un lenguaje que no les es conocido. Por ejemplo, la *New Age* usa, de manera común, el lenguaje de lo "espiritual". Los psiquiatras se sienten especialmente incómodos cuando hablan de "lo espiritual", dado su traslado reciente hacia una ciencia objetiva de la mente/cerebro basada en fenómenos observables, es decir, materiales. Muchos cristianos evangélicos se sienten del mismo modo incómodos al hablar de lo espiritual con los adeptos del *New Age*, especialmente cuando "espiritual" involucra conceptos tales como la reencarnación y el satanismo.

Sin embargo, hay muchas personas que padecen sufrimiento emocional que usan el lenguaje *New Age* para expresar sus angustias y esperanzas. Los psiquiatras y los cristianos evangélicos podrían mantener un diálogo útil centrado en la comunicación significativa con personas que no están arraigadas firmemente en los constructos científicos o religiosos sobre su dolor.

Los médicos del alma

Hay muchos terapeutas que han apartado su identidad de las disciplinas profesionales que practican, sea esa disciplina la psiquiatría, la psicología clínica o el asesoramiento pastoral, identificándose, en su nuevo rol, como "doctores del alma". Quizá los mejor conocidos de estos terapeutas, en los años recientes, son Thomas Moore y M. Scott Peck. En *Care of the Soul* (Cuidado del alma),[13] que llegó al primer lugar en la lista de los libros más vendidos del *New York Times,* Moore ofrece una guía para cultivar "la profundidad y el carácter sagrado en la vida de todos los días". Estimula a las personas a darse una oportunidad, es decir, a bajar el nivel de sus expectativas. Han ejercido excesivas presiones sobre sí mismas para bajar de peso, llegar a ser emocionalmente más independientes, liberarse de rencores crónicos de larga data con sus padres, y abandonar un trabajo o un matrimonio menos que perfecto. En el sufrimiento, se pueden encontrar oportunidades, pero siempre habrá problemas. Por lo tanto, Moore exhorta a las personas a disfrutar de la vida y no trabajar tan duro en mejorarse. Quiere que las personas se sientan más cómodas consigo mismas en su relación con los otros, y nutrirlas y nutrirse ellas mismas con lo que los demás puedan ofrecer.

Moore proviene de un trasfondo ecléctico, habiendo estudiado para el sacerdocio y completado el bachillerato en teología, filosofía y musicología. Obtuvo un conocimiento experto de la literatura clásica y en el renacimiento italiano, así como también en las religiones orientales. Es un "junguiano influenciado por el budismo zen". Su meta es insertar lo espiritual en la psicología.

Cuando Moore describe el alma, se cuida de no aliarse con un sistema filosófico o religioso en particular. Cree que la sabiduría espiritual puede derivarse de muchas culturas. Antes que intentar la difícil tarea de definir el alma, estimula a las personas que padecen sufrimiento emocional a sentir su alma para llegar a conocerla. Como con la belleza y el placer, las personas pueden reconocer su alma cuando la encuentran.

Moore cree que la popularidad de su libro y de su enfoque deriva de la insatisfacción general de nuestra sociedad con el narcisismo de la década del ochenta y el acento puesto en el mejoramiento del bienestar económico. En la década del noventa, las personas se daban cuenta de que la satisfacción debe calar más hondo. Además, la autorreflexión está mucho más de moda. Moore sugiere que ciertos problemas emocionales pueden ser dones espirituales: "En una sociedad defendida contra el sentido trágico de la vida, la depresión aparecerá como un enemigo, una enfermedad irredenta; sin embargo, en una sociedad como ésa, dedicada a lo *light*, la depresión, por contraste, puede tener una fuerza muy fuera de lo común."[14]

Moore subraya específicamente la necesidad del alma de lo que él llama "vida vernácula", una relación con un lugar y la cultura locales. "El alma tiene preferencia por los detalles y por las cosas particulares, la intimidad y el compromiso, la devoción y el arraigo."[15] Sugiere a las personas que desean cuidar su alma practicar rituales religiosos que les permiten arraigarse en comunidades espirituales y retirarse del mundo moderno. Moore reconoce, de este modo, un vacío entre los que padecen sufrimiento emocional y prescribe muchas soluciones que tradicionalmente tenían raíces en la Iglesia cristiana y el cuidado pastoral. Hoy, sin embargo, él está separado tanto de la Iglesia como de la corriente principal de la psicoterapia.

El psiquiatra M. Scott Peck es otro doctor del alma. Su libro de 1978, *The Road Less Traveled: A New Psychology of Love, Tradicional Values and Spiritual Growth* (El camino menos transitado: Una nueva psicología del amor, los valores tradicionales y el crecimiento espiritual), ha servido de inspiración a millares de personas que buscan alivio de su sufrimiento emocional.[16] Peck, aun cuando fue entrenado como psiquiatra, nunca ha estado firmemente arraigado sea en la psiquiatría, sea en el cristianismo histórico (aunque se hizo cristiano después de publicar ese libro). Sin embargo, tiene una buena cantidad de seguidores entre los cristianos de las principales iglesias históricas y entre los cristianos evangélicos. Del mismo modo que Moore, extrae elementos de muchas fuentes, incluyendo las religiones orientales, al desarrollar su enfoque de la psicoterapia.

Hay dos cosas que Peck da por supuestas en sus escritos. Primero, no hay distinción entre la mente y el espíritu, y, por lo tanto, tampoco la hay entre el proceso de acceder al crecimiento espiritual y el crecimiento mental. Segundo, el proceso de la psicoterapia y, por lo tanto, del crecimiento mental y espiritual, es una tarea difícil, compleja y ardua, que lleva toda la vida. La psicoterapia, si ha de ofrecer una ayuda sustancial al proceso de crecimiento mental y espiritual, no es un proceso instantáneo ni simple. "No creo que haya una sola respuesta fácil. Creo que las formas abreviadas de psicoterapia pueden ayudar y no deben despreciarse, pero la ayuda que brindan es inevitablemente superficial."[17]

Peck, por lo tanto, subraya la importancia de emplear un tiempo adecuado con las personas que sufren problemas emocionales y permitir que la historia del individuo se despliegue en el tiempo. En este énfasis, Peck refleja la característica central del psicoanálisis: la importancia de la historia del paciente, narrada en una confianza que ha logrado construirse con el psiquiatra a lo largo del tiempo. La psiquiatría se ha alejado de este énfasis. El costo de la terapia en una época de control de costos sin duda ha contribuido al cambio en la orientación de la psiquiatría tradicional, aunque, como se lo señala a lo largo de este libro, ha habido otros factores, internos y externos, que han apartado a la psiquiatría de las relaciones a largo plazo y profundas con sus pacientes. Peck prescribe dedicar tiempo para llenar el vacío que ha dejado la ilusión de las "soluciones rápidas".

Peck también subraya la importancia de la religión aunque, del mismo modo que Moore, enfoca la religión de manera ecléctica. "Entre los miembros de la raza humana, existe una extraordinaria variedad en la profundidad y sofisticación de las formas como entendemos de qué se trata la vida. Esta comprensión es nuestra religión. Puesto que todos tienen una manera propia de entender la vida —alguna visión del mundo, por limitada, primitiva e inexacta que sea—, todos tienen una religión."[18] Peck continúa criticando a los psiquiatras modernos: "En la supervisión de otros psicoterapeutas, encuentro, de manera rutinaria, que prestan poca atención, si alguna, a las formas como sus pacientes entienden el mundo... De manera que les digo a los que superviso: Intenten descubrir cuál es la religión, aun si dicen que no tienen una."[19]

Del mismo modo que Moore, Peck entiende el sufrimiento emocional, especialmente la depresión, como una oportunidad para el crecimiento. "El acto de decidir que uno va a buscar atención psiquiátrica en sí mismo representa una renuncia de la autoimagen 'Estoy bien'... El sentimiento que se asocia con el abandono de algo que uno ama —o, por lo menos, de algo que forma parte de nosotros y amamos— es la depresión."[20] Para Peck, la depresión es un fenómeno sano y se vuelve enfermo sólo cuando se prolonga demasiado. La depresión les permite a las personas reflexionar sobre sí mismas en el contexto de sus relaciones con otros y de sus sentimientos religiosos.

Otros doctores del alma han conservado su identidad dentro de la corriente principal de la psiquiatría o la psicología, aun cuando hayan quebrantado los paradigmas que se obedecen en sus filas. El psiquiatra Irving Yalom, en su libro *Psicoterapia existencial*, intenta llevar a la psiquiatría en una dirección opuesta a las tendencias de la época.[21] Yalom, a diferencia de Moore y Peck, era un respetado psiquiatra académico, como miembro del cuerpo docente de la Facultad de Medicina de la Universidad Stanford. Es uno de los principales expertos, en los Estados Unidos, en psicoterapia de grupos. Su exposición de la terapia existencial representa más una evolución a partir de la psicoterapia freudiana tradicional que una revolución. Sin embargo, las explicaciones que Yalom propone están concebidas para llenar un vacío, que él percibe, en la psicoterapia que se practicaba durante la década del setenta, aun en las psicoterapias fundadas en el psicoanálisis freudiano. Describe su enfoque expandido como "un marco para muchos de los elementos extra de la terapia" y reconoce que la psicoterapia existencial desafía toda definición pero es un enfoque de la terapia que subraya las preocupaciones arraigadas en la existencia individual.[22]

El concepto de psicoterapia existencial no se origina en Yalom. Los psicoterapeutas existencialeso, por lo menos los que expresan una orientación existencial, tales como Rollo May, Carl Rogers, Fritz Perls y Abraham Maslow, prevalecían y eran populares durante las décadas del cincuenta y del sesenta. Las raíces de la psicoterapia existencial datan de una época casi paralela al surgimiento del psicoanálisis.

Ludwig Binswanger, un psicoanalista precursor, fuertemente influenciado por el filósofo alemán Martin Heidegger, hizo una crítica profunda del psicoanálisis durante la década del cuarenta.[23] Aunque

Binswanger siguió fiel a Freud, creía que Freud no había dado una consideración adecuada a lo existencial y a la autorrealización como expresiones de las capacidades humanas de abrigar y dar expresión al Ser. Criticaba, especialmente, el método reduccionista del psicoanálisis, con sus raíces en las ciencias naturales, y afirmaba que éste debía avanzar desde la fenomenología a la "ontología existencial". Antes que atribuir las psicopatologías a perturbaciones de la disposición o de la constitución, Binswanger acentuaba las perturbaciones específicas del "diseño del mundo" o continuidad. "El diseño del mundo de cada individuo, según el cual todos los seres humanos ingresan a la vida, es comparable a las categorías filosóficas, es decir, a las estructuras a priori."[24] El terapeuta, por lo tanto, no debería explicar el sufrimiento emocional del paciente según las doctrinas de una escuela específica de la psiquiatría, sino comprender el sufrimiento como una modificación de la estructura total de su "ser-en-el-mundo".

Yalom amplía sobre este tema, que había corrido paralelo al psicoanálisis tradicional (y, por lo tanto, de la psiquiatría tradicional). Durante los años cuarenta y cincuenta, se mantuvo un diálogo entre el psicoanálisis transicional y el análisis existencial. Este diálogo desapareció virtualmente después de mediados del siglo XX. Yalom se dirige a cuatro cuestiones existenciales: la muerte, la libertad, el aislamiento y la carencia de significado. Sugiere que el aislamiento existencial se refiere a "un abismo insalvable entre el individuo y el mundo... una separación entre el individuo y el mundo".[25] En su enfoque terapéutico del aislamiento existencial, Yalom subraya la importancia de la relación entre el médico y el paciente. "Es la relación que cura."[26] Sin embargo, Yalom rompe la tradición psicoanalítica, afirmando la necesidad de hacer que la relación entre el médico y el paciente sea una relación "real". Específicamente, aconseja a los médicos abrirse ellos mismos a sus pacientes en vez de mantener la distancia para analizar la respuesta del paciente o los sentimientos que el paciente transmite a la terapia a partir de experiencias previas.

> Hay una concentración singular en la transferencia que se recarga sobre la terapia, quitándole agilidad e impidiendo una auténtica relación entre el terapeuta y el paciente. Primero, niega la realidad de la relación, considerándola sólo una clave para comprender una relación más importante. Segundo: brinda al terapeuta una racionalización para el ocultamiento personal.[27]

Sobre esto, Yalom avanza, subrayando el papel del amor como facilitador del crecimiento. "Una de las características sobresalientes del 'eros psicoterapéutico' es el cuidado del devenir del otro... Lo importante, entonces, es que el autodevelamiento del terapeuta esté al servicio del crecimiento del paciente."[28]

Yalom llama a los terapeutas a que sean genuinos y abiertos, y que consideren todos los aspectos del ser del paciente. Aunque no subraya la religión, como sí lo hacen Peck y Moore, es evidente que reconoce la importancia de la religión como ayuda al individuo para definir el significado, y especialmente el propósito, de la propia vida. Yalom no recomienda que el terapeuta ataque la carencia de significado de manera frontal, sugiriendo doctrinas religiosas o puntos de vista cósmicos sobre el universo. Sugiere que el significado deriva del compromiso, de las relaciones.

> Se debe buscar el significado, del mismo modo que el placer, de manera oblicua. El sentido de tener un significado es un producto colateral del compromiso... El compromiso es la respuesta terapéutica a la carencia de significado, sin que importe cuál sea su fuente... Encontrar un hogar, importarle a uno otros individuos, ideas y proyectos, buscar crear, construir, estas y otras formas de compromiso son una recompensa doble: son enriquecedoras de manera intrínseca y alivian la "disforia" que proviene de sentirse bombardeado con la información dispersa de la existencia.[29]

Del mismo modo que Moore y Peck, Yalom busca guía y profundidad en la sabiduría de la literatura religiosa y la filosofía del mundo. Al terminar su libro, establece la diferencia entre la terapia existencial y otras terapias:

> Porque su base es humanística y es el único entre los paradigmas terapéuticos que concuerda totalmente con la naturaleza personalmente intensiva de la empresa terapéutica. Por otro lado, el paradigma existencial tiene amplios alcances: recoge y cosecha las visiones de varios filósofos, artistas y terapeutas sobre el enfrentamiento, doloroso y redentor, con las preocupaciones últimas.[30]

Desde la perspectiva de alguien que está meticulosamente capacitado para las terapias psiquiátricas tradicionales, firmemente conectado con las figuras dominantes de la psiquiatría, este libro es excepcional tanto por su contenido como por el momento cuando se lo publicó. *Psicoterapia existencial* nunca llegó a ser un libro de gran venta entre los psiquiatras. Conquistó su público en la comunidad no psiquiátrica. A diferencia de Viktor Frankl (véase capítulo cuatro), que se ocupó de temas similares, Yalom tampoco ha ganado muchos seguidores entre los consejeros cristianos. Frankl tuvo resonancia entre los cristianos porque buscaba el significado fuera de lo mundano, un significado que partiera de las relaciones. Yalom habla, sin embargo, de cuestiones que son de gran interés para las personas que son sensibles al vacío que se percibe en los enfoques actuales del tratamiento del sufrimiento emocional.

Rober Coles es un psiquiatra/antropólogo que recibió un premio Pulitzer por su estudio sobre los niños en el Sur durante la década de los sesenta. Pese a que Coles ha estado siempre dispuesto a explorar los confines de la psiquiatría dominante, en años recientes se ha concentrado mucho más en lo espiritual. Luchó con la tensión entre psicoanálisis y religión a través de su estudio sobre los niños. En la introducción de su libro *The Spiritual Life of Children* (La vida espiritual de los niños), Coles escribe: "Antes que pudiera dejar que los niños me enseñaran algunas lecciones, tenía que dirigir mi atención hacia mi propia interioridad y examinar mis propios supuestos sobre la religión como fenómeno psicológico y como fuerza social histórica."[31] A diferencia de Yalom, Coles no ha desarrollado una terapia del alma. Sin embargo, su disposición a revelar sus propios conflictos interiores, mientras avanza en la conversación entre la psicología y la religión, es un modelo para los psiquiatras y los terapeutas cristianos. Coles, sin embargo, no ha recibido mucha atención en la actualidad dentro de la psiquiatría dominante, y sus exploraciones psicoespirituales se desvían sustancialmente de la neuropsiquiatría.

Otra persona cuyo trabajo se ha dirigido al vacío es Allen Bergin, un psicólogo de la Universidad Brigham Young. En 1980, Bergin escribió un artículo para el *Journal of Consulting in Clinical Psychology,* titulado "La psicoterapia y los valores religiosos".[32] Algo que hace único a Bergin es que publicó un artículo desafiante, abriendo un debate, en una publicación periódica respetada, sobre la interacción entre la psicología y la religión. Argumenta que la religión debiera ser considerada más empíricamente, y de manera sistemática, en las intervenciones terapéuticas. En otras palabras, el tratamiento psicoterapéutico de las personas no puede divorciarse de su contexto cultural. Bergin recibió inmediatamente una respuesta del muy conocido psicólogo Albert Ellis: "La religiosidad es en muchos aspectos equivalente al pensamiento irracional en una perturbación de las emociones... la solución terapéutica elegante de los problemas emocionales debe ser lo más no religiosa posible... Cuanto menos religiosa sea, más sana será, desde el punto de vista de las emociones."[33]

Este tipo de debate acalorado en un periódico psicológico respetado es poco común en la actualidad. Bergin avivó las brasas de un fuego moribundo y ha seguido argumentando su posición en los periódicos psicológicos tradicionales.[34] Propone que los valores y la ideología influyen sobre los axiomas teóricos; las concepciones de la personalidad y la psicopatología tienen bases tanto subjetivas como empíricas. La literatura sobre la salud mental y la educación están constreñidas por los límites de su aprecio mínimo de las subculturas religiosas de nuestra sociedad, y los factores religiosos están excluidos del manejo de la enfermedad o se los incluye de tal manera como para prejuizgar los resultados.[35]

Tal como se lo describe en el capítulo tres, el argumento de Bergin, que pide una revisión de la literatura empírica más justa con la religión, cuenta con el apoyo de otros científicos sociales. Incluso, parecería que el gobierno de los Estados Unidos estuviera escuchando. El Instituto Nacional de la Ancianidad convocó a una conferencia, en marzo de 1995, para hablar sobre la religión y la salud entre los ancianos, y para estimular la continuación de la investigación empírica sobre el tema.

El llamado de Bergin a una investigación más honesta no ha sido el único. Por ejemplo, la Asociación a Favor de los Valores Espirituales, Éticos y Religiosos publica una revista donde los artículos son evaluados por pares de sus autores, *Counseling and Values.* Algunos títulos típicos de estos artículos son "Los valores espirituales y religiosos en la psicoterapia", "Integrar las experiencias religiosas y el asesoramiento", "Autotrascendencia: la integración de los fines y los medios en el asesoramiento que tiene en cuenta los valores" y "Asesoramiento religioso: para usarlo, no para tenerle miedo". Esta revista publica artículos sobre temas de importancia para los consejeros que reconocen la esterilidad espiritual de la psicoterapia moderna. Los participantes activos de esta asociación y los autores de las contribuciones que publica no se han identificado de manera definida con grupo religioso alguno (aunque se trata predominantemente de cristianos protestantes). En su mayoría, han abandonado la corriente dominante de la psicología. Algo que los separa, a su vez, de la industria del asesoramiento cristiano que se describe en el capítulo cuatro es su intento de integrar la psicología y la religión en su trabajo erudito.

Este grupo no ha intentado escribir para el público laico y no adopta de manera fácil las teorías psicológicas y psiquiátricas que van poniéndose de moda. Antes bien, las cuestiona. Bergin es un modelo para este grupo de profesionales reflexivos. En general, todos los artículos de la revista contienen por lo menos una referencia a Bergin. Otros eruditos a los que los autores de estos artículos hacen referencia constantemente son Robert Bella y sus colegas, sociólogos, que ponen en tela de juicio el individualismo y aislamiento de la actual sociedad norteamericana en *Habits of the Heart* (Hábitos del corazón). Este periódico también es conspicuo por la ausencia de referencias a los artículos de los representantes más famosos de la industria del asesoramiento cristiano, tales como James Dobson, Frank Minirth, Paul Meier, Tim LaHaye y David Seamands. La asociación parecería salir al encuentro de la necesidad de discutir académicamente la relación entre la psicología y los valores de las comunidades de fe. Con una influencia fuerte de los psicólogos, ha subrayado la psicoterapia, dejando casi sin desarrollar las cuestiones de valores que se presentan en las terapias biológicas. Son muy pocas las oportunidades en las que se puedan encontrar artículos escritos por psiquiatras. El surgimiento de esta Asociación ayuda a llenar el vacío que perciben muchos psicólogos orientados a la docencia académica y los teólogos y consejeros cristianos.

El constructo "espíritu" puede servir como un puente que los psiquiatras y los cristianos evangélicos utilicen para conectarse con las personas que participan en el movimiento *New Age*. Así mismo, el constructo "alma", tal como lo emplean escritores como Thomas Moore, es un puente para muchas personas que buscan algo para curar su sufrimiento emocional, más allá de lo científico y de la religión tradicional. Hay una considerable superposición entre los conceptos *New Age* de espíritu y el interés actual en el alma, y no puede trazarse una línea divisora unívoca. Sin embargo, el alma, o la falta de alma, ofrece un punto de contacto excelente cuando los psiquiatras y los cristianos evangélicos buscan llegar a los que sufren en el plano de sus emociones. Las personas que sufren expresan, en muchas y muy variadas formas (tal como se lo ilustró anteriormente), aquello que la psiquiatría tradicional y el cristianismo evangélico no alcanzan: el "corazón y alma" de su sufrimiento.

Grupos de autoayuda

Los grupos de autoayuda están por todas partes en la sociedad occidental. El ímpetu con que se desarrollaron estos grupos y su valor para la sociedad exceden en mucho el vacío que produce la falta de conversación entre la psiquiatría y el cristianismo. Sin embargo, ciertas características de los grupos de autoayuda destacan la ausencia de esta conversación. Tomamos como ejemplos dos movimientos de autoayuda, aunque podrían describirse muchos otros.

Alcohólicos Anónimos (AA) se estableció en 1935 y es hoy, probablemente, la organización más útil, en los Estados Unidos, para ayudar a las personas que sufren del abuso y la dependencia del alcohol. AA opera de manera muy similar a una comunidad religiosa, incluyendo una base doctrinaria. Los doce pasos que propone como camino para la superación del alcoholismo reflejan el credo que da forma a AA, tanto como otros credos dan forma a un grupo religioso. AA tiene un fuerte matiz de este carácter. Los doce pasos incluyen los siguientes:

—Admitimos que no ejercemos poder sobre el alcohol, que no podemos manejar nuestra vida.

—Hemos llegado a creer que un Poder mayor que nosotros mismos puede restaurarnos a la cordura.

—Hemos tomado la decisión de poner nuestras vidas en las manos de Dios, tal como cada uno de nosotros lo entiende.

—Buscamos, por medio de la oración y la meditación, mejorar nuestro contacto consciente con Dios tal como cada uno de nosotros lo entiende, orando solamente por el conocimiento de su voluntad para con nosotros y el poder para llevarla a la práctica.

Estos pasos son virtualmente los mismos que los del enfoque cognitivo-conductista que usa la industria del asesoramiento cristiano para tratar el alcoholismo y el abuso de drogas. De hecho, la industria referida se ha apropiado del enfoque en doce pasos, utilizándolo como si fuera un tratamiento cristiano.

Sin embargo, AA logra algo que es muy difícil para los consejeros cristianos: ofrece una comunidad de apoyo fuerte que ejerce una gran influencia sobre el individuo. En la mayoría de las ciudades, grandes o pequeñas, de los Estados Unidos, las reuniones de AA están disponibles siete días por semana. Al nuevo alcohólico abstinente se le recomienda asistir a noventa reuniones en noventa días. La clave del éxito de AA es el apoyo no ambivalente que proporciona. Las personas que lo brindan tienen problemas similares. Aun después de meses y años de abstinencia, los participantes asisten a dos o tres reuniones semanales y asumen la responsabilidad de seguir a los abstinentes recientes que hace poco se han integrado a AA o aquellos que han vuelto a beber en exceso. Cada miembro nuevo tiene el número de teléfono de un miembro experimentado, al que puede llamar las veinticuatro horas del día, los siete días de la semana. El grupo es reconocido por su disposición a correr en ayuda de la persona que está luchando por abstenerse de tomar un trago.

Un segundo grupo que llena el vacío son los Samaritanos. Este grupo también ha existido durante más de cuarenta años, sobre todo en el Reino Unido. Responden a unos 2,5 millones de llamadas por año y tienen 200 grupos con 23.500 voluntarios disponibles.[36] Los Samaritanos están disponibles telefónicamente las veinticuatro horas del día, por medio de visitas personales por las tardes, y también por carta. Los siete principios y la práctica de los Samaritanos establecen que la ayuda en todo caso será confidencial, que no se emitirá juicio ni se dará consejo. No se pueden transmitir opiniones de carácter espiritual, político o filosófico; se han de aceptar plenamente las opiniones o sentimientos de los individuos. El grupo está disponible para personas que se debaten con una amplia gama de problemas, que pueden ir desde dificultades financieras hasta pensamientos suicidas. La diferencia de los Samaritanos con Alcohólicos Anónimos es que sus voluntarios no necesariamente han padecido los mismos problemas que las personas a quienes sirven. Los Samaritanos relacionan a las personas que atienden con el grupo, no con un individuo dentro del grupo (en el caso de AA, la clave de su éxito es la relación entre individuos). Los Samaritanos comparten con AA una característica clave: "Estamos con usted siempre."

En el mejor de todos los mundos posibles, la Iglesia debería desempeñar este papel. Sus miembros con problemas deberían estar tan dispuestos y sentirse tan cómodos para usar los recursos de la Iglesia como lo están para llamar a AA o a los Samaritanos. La incapacidad de la Iglesia para brindar estos servicios de apoyo, sin embargo, en parte llevó al surgimiento de estos grupos voluntarios de autoayuda. Hay muchas personas que son activas en su Iglesia mientras que, al mismo tiempo, trabajan en grupos como AA o los Samaritanos. Los servicios de apoyo de AA o de los Samaritanos se han integrado muy bien en las iglesias, aunque muchas iglesias han intentado desarrollar grupos de apoyo para alcohólicos o drogadictos, o "teléfonos rojos" para el público en general. Los psiquiatras son perfectamente conscientes del valor de grupos tales como AA y, por lo tanto, los entienden y aceptan, y se mantienen abiertos a conversar con ellos. La conversación entre las psiquiatría y el cristianismo se fortalecería si la Iglesia estuviera del mismo modo disponible todo el tiempo. La Iglesia no está disponible de este modo, y los psiquiatras lo saben muy bien.

La teología narrativa

En años recientes, se ha planteado un debate muy exaltado entre los teólogos,[37] en torno del recurso de algunos a la importancia de lo narrativo y la historia. Desde la antigüedad, se han usado historias para guiar a los cristianos en la ética y la teología. Una razón es que las historias superan una barrera que muchos perciben: los principios absolutos, las prescripciones y las reglas no pueden servir de guías en y por sí mismas al crecimiento y el desarrollo moral de los cristianos. Stanley Hauerwas, uno de los proponentes de la teología narrativa, defiende su punto de vista de la siguiente manera: "Lo que necesitamos no es un principio o un fin sino una narración que nos trace un mapa para que podamos vivir de manera coherente dentro de la diversidad y los conflictos que circunscriben y dan forma a nuestra existencia moral."[38]

Como otros movimientos que se describen en este capítulo, la teología narrativa no surgió por la falta de diálogo entre la psiquiatría y el cristianismo. Antes bien, la teología narrativa se dirige a cuestiones que forman parte del núcleo de debates especializados dentro de la teología y la ética de nuestros días. Sin embargo, refleja el vacío instalado entre el cristianismo y la psiquiatría. Específicamente, la teología narrativa sugiere que las personas que sufren han perdido su capacidad para comprender y recibir ayuda contando su historia dentro de un contexto más amplio. En otras palabras, la historia de una persona puede aportar significado a un sufrimiento de otra manera sin significado.

La teología narrativa tiene sus raíces en los inicios del siglo XX o, por lo menos, fue "redescubierta" en esa época. Richard Niebuhr (véase capítulo dos) subrayó la importancia de la narración y fue una de las personas que la trajo al primer plano en el discurso teológico del siglo XX. En *The Meaning of Revelation* (El significado de la revelación), Niebuhr sugiere que desde tiempos antiguos la historia ha sido uno de los medios clave que los cristianos han tenido para interpretar el significado.

> Lo que llevó a los cristianos, en el pasado, a confesar su fe contando la historia de su vida, fue mucho más que la necesidad de un ejemplo vívido o de un razonamiento analógico. No se trataba de una parábola que podía reemplazarse con otra; era irreemplazable y no susceptible de traducción. Un impulso interno irresistible, antes que una elección voluntaria, los llevaba a hablar de lo que sabían, contando la historia de Jesucristo y de su relación con Dios a través de él.[39]

En otras palabras, la historia de una persona es la narración de la relación de esa persona con la comunidad de fe, una relación no sólo con los miembros de su comunidad sino con la historia más amplia que dio forma a la comunidad.

Las discusiones en torno a la teología narrativa no están relacionadas solamente con la historia de vida del cristiano individual sino también con la narración histórica de la comunidad cristiana, de la Iglesia. Es la interacción entre las dos, de la historia individual dentro del contexto de la historia más amplia, lo que forma el corazón de la teología narrativa. Sugiero en el capítulo seis que la narración es tan importante para encontrar significado en el sufrimiento emocional como lo es, según sus proponentes, encontrar significado en el desarrollo moral de los cristianos. Niebuhr, por ejemplo, sugiere que el cristiano individual aprende sobre su yo moral dentro del contexto de la respuesta que recibe de la comunidad cristiana. ¿Puede decirse lo mismo con respecto al yo emocional?

Hauerwas, siguiendo esta lógica, cree que el desarrollo de la vida cristiana debe suceder dentro de la comunidad que nace de una transformación del yo por medio de la dirección de un amo.[40] La vida cristiana, por lo tanto, se entiende mejor como una narración, creada con la ayuda de otro que provee la habilidad de proporcionar a las personas la posibilidad de reclamar sus acciones como propias. Nuestras acciones intencionales están entretejidas en la descripción de nuestra identidad y carácter, y se convierten en el lenguaje por medio del cual describimos nuestro carácter y conducta.[41]

La historia, del mismo modo, ha sido una parte integral de la psiquiatría del siglo XX. Aun cuando el acento está puesto de manera primaria en la historia de vida del individuo, los psiquiatras sociales de mediados de siglo, como Alexander Leighton, intentaron unir la historia del individuo con la historia de la comunidad (véase capítulo seis). Estos psiquiatras concibieron el dolor emocional en el contexto de la comunidad. La trayectoria de la historia de vida personal no podía abstraerse de la historia de vida de la comunidad. Por ejemplo, si una comunidad integrada como la comunidad pesquera cohesiva de Nova Scotia* se desarrolló hasta llegar a ser un centro industrial urbano, en el tiempo de la vida de un residente en la comunidad, los cambios en la comunidad no pueden sino afectar su bienestar emocional. En otras palabras, los psiquiatras sociales no ignoran las historias de vida individuales en las que se concentra el psicoanálisis, pero pueden ampliar los horizontes de estas historias de tal manera que también incluyan a la comunidad.

Sin embargo, la psiquiatría moderna ha abandonado en gran parte la historia del individuo y la historia de la comunidad en la que el individuo vive. Las presiones del horario han limitado la narración de historias por los individuos. Quizá el optimismo de los sesenta, la era de oro de los psiquiatras sociales, ha cedido lugar a una creencia resignada en que los males de la sociedad no pueden cambiarse y sólo pueden empeorar. Por lo tanto, las preocupaciones sociales, y más aún el activismo social, deben evitarse.

---

* Una isla habitada principalmente por pescadores en un principio, sobre la costa oeste de los Estados Unidos. (N. de T.)

Los psiquiatras podrían beneficiarse de un diálogo sobre las preocupaciones sociales con los cristianos evangélicos, que siguen creyendo que la historia de la comunidad es importante y puede modificarse por medio de la acción social. Los cristianos evangélicos podrían beneficiarse con una dosis sana de realismo.

La necesidad de conversación

A lo largo de este libro, he sugerido que las fuerzas históricas que han dado forma a la psiquiatría y al cristianismo (especialmente, el cristianismo evangélico) también contribuyeron a la ausencia de conversación entre la psiquiatría y el cristianismo, la narrativa del diálogo. Estas fuerzas incluyen el acento sobre el yo, con exclusión de la comunidad, que ha hecho menos pertinente a la Iglesia como una fuente de sanidad para el dolor emocional, tanto para el psiquiatra como para el consejero cristiano. Barbara (véase capítulo uno) y su madre, desde mi perspectiva, experimentaron la curación que puede ofrecer la comunidad cristiana, mucho más que mi propia asistencia. De manera similar, el énfasis en la gratificación inmediata ha socavado la paciencia que se necesita para "trabajar" la historia personal y el sufrimiento propio, y ha contribuido a la aceptación fácil, por parte del cristiano, de las soluciones prescritas, de manera individual, por los grupos de autoayuda.

Los psiquiatras y los cristianos, en cierta medida, han perdido su curiosidad intelectual con respecto a las preguntas que se plantean mutuamente, de manera natural, tales como el papel de la relación en la curación de las emociones. Los psiquiatras no leen los clásicos religiosos que nos describen en nuestra historia narrativa. Los consejeros cristianos no exploran la trama íntima de la neuropsiquiatría moderna y su tendencia a aislar a las personas. La atención pastoral, de una base más amplia, y las teorías psiquiátricas de mediados de siglo han cedido lugar a la especialización con anteojeras. Los psiquiatras se han convertido en técnicos y los consejeros cristianos en tecnócratas con la prescripción de fórmulas fáciles para la vida. La falta de conversación entre los psiquiatras y los cristianos puede entenderse, por lo tanto, dentro del contexto de la historia de las relaciones entre la psiquiatría, por un lado, y la teología y el asesoramiento cristianos, por el otro. ¿Hay algo que falta, o las tendencias que presenciamos son inevitables y, por lo tanto, no pueden cuestionarse? Creo que estas tendencias sugieren que hay algo que falta.

Joseph English, expresidente de la Asociación Psiquiátrica Estadounidense, aparentemente experimenta la misma preocupación. Católico devoto, English ha desafiado a la psiquiatría a buscar en sus propios valores una vez más, regresando a sus orígenes religiosos:

> ¿Podemos mantener nuestros valores profesionales sin un reconocimiento consciente de sus orígenes en la tradición judeo-cristiana, así como en las otras grandes religiones? ¿No sugiere esto, por lo menos, una razón para que la psiquiatría y la religión mantengan un diálogo continuo e importante? Y, pese a nuestras diferencias, ¿no hay siquiera la posibilidad de una alianza entre la psiquiatría y la religión, relacionada con los valores y objetivos que compartimos?[42]

English, como muchos de nosotros en la psiquiatría, está buscando en el diálogo entre la psiquiatría y el cristianismo, algo más que el simple acomodamiento. Sin embargo, ¿cómo puede encontrarse ese algo más? En el próximo capítulo, sugiero un enfoque para empezar una conversación seria, un enfoque basado en los supuestos que compartimos los psiquiatras y los cristianos. Pese a lo cual tengo conciencia plena de que apenas si sugiero un punto de partida, una mesa común a la que podemos sentarnos tanto los psiquiatras como los cristianos. ¿Quién sabe a dónde puede llevar la conversación? Mi propia predicción es que la conversación, si se dirige verdaderamente al vacío que yo percibo, será difícil y amenazadora. La conversación sacará tanto a los psiquiatras como a los cristianos de sus zonas de comodidad. El debate será inevitable, pero no es necesario que sea vitriólico. Las culturas chocarán, pero no llevarán a guerras culturales.

¿Por qué hemos de arriesgarnos a una conversación y quizás a oponer la psiquiatría y el cristianismo entre sí cuando hoy estamos tan cómodos? ¡Porque la comodidad no funciona! Las personas reales que sufren problemas emocionales graves no están siendo ayudadas tan bien como podrían serlo. Podemos estar tratando la enfermedad mental, pero no nos interesan las personas en sus comunidades de fe. Creo que podemos ganar con una conversación. Ganar visión de nosotros mismos y una atención de calidad superior para los que sufren. El riesgo es necesario; debe tolerarse la vulnerabilidad. No creo que ninguno de nosotros encontrará una integración cómoda y al mismo tiempo honesta. Pero el fracaso en alcanzar una integración final puede estar compensado por una mayor sensibilidad hacia las personas que sufren problemas emocionales.

6

El cuidado de las almas y las mentes

Conversación entre la psiquiatría y el cristianismo

En una reunión de psiquiatras interesados en la interfaz entre la psiquiatría y el cristianismo, Armand Nicholi, de la Universidad de Harvard, describió un proyecto sumamente interesante. Nicholi dirige un seminario para alumnos de la carrera, titulado "Dos visiones del mundo". En este seminario, les pide a los alumnos que lean algunas selecciones de textos de Freud —extraídas de *El malestar en la cultura, Tótem y tabú* y *Moisés y el monoteísmo*— que describen la visión del mundo de Freud. También les pide a los alumnos que lean algunos textos seleccionados de C. S. Lewis, tales como *Mere Christianity, Miracles* y *The Problem of Pain.*[1] Los participantes en estos seminarios son una mezcla de cristianos, personas de otras confesiones religiosas y personas que no profesan fe alguna. Las contrastantes visiones del mundo de Freud y Lewis estimulan un debate animado, a veces exaltado, pero rara vez, entre estos estudiantes, una discusión amenazadora. Nicholi mostró una filmación en cinta de una de las sesiones del seminario, un inspirador intercambio entre alumnos de los trasfondos más diversos.

Yo le pregunté a Nicholi si creía que este tipo de intercambio sería posible en un grupo de psiquiatras profesionales con similar diversidad de trasfondos. Estuvimos de acuerdo en que sería difícil. La flexibilidad en el pensamiento y la disposición a arriesgar una declaración de fe, sea ésta cual fuera, muy a menudo se osifican a medida que vamos entrando en años. Además, durante nuestras carreras, acumulamos mucho equipaje, primero como médicos, después como psiquiatras, equipajes que hacen mucho más compleja la conversación sobre nuestras visiones del mundo. Me imagino que algo similar podría decirse de los teólogos cristianos maduros. Los psiquiatras que estaban sentados alrededor de la mesa envidiaban la libertad, la espontaneidad y la energía de los estudiantes que aparecían en la cinta de vídeo. Todos los estudiantes demostraron el valor de hablar y arriesgarse a un ataque frontal a su visión del mundo. Ningún estudiante aceptaba las visiones del mundo de Freud o de Lewis sin correcciones críticas. La discusión era compleja, pero nunca hasta el punto de enmudecer el intercambio de ideas.

Un enfoque integrado

¿Cómo iniciamos una conversación significativa entre la psiquiatría y el cristianismo? La conversación anterior llegó a las alturas y después desapareció, creo, debido al exceso de ideología, la falta de teoría y, francamente, la falta de valentía por ambos lados. Los psiquiatras se estremecerían con el pensamiento de que nuestra especialidad está plagada de ideología. Los neuropsiquiatras fueron muy rápidos en criticar la carga ideológica no científica del psicoanálisis, hacia mediados del siglo XX. De hecho, fue esta crítica del psicoanálisis la que abrió la puerta al enfoque empírico en la clasificación que culminó en el DSM-III en 1980 y la declinación subsecuente del psicoanálisis como forma de terapia aceptada (véase capítulo dos). La ideología explícita del psicoanálisis, sin embargo, ha sido reemplazada por la ideología implícita de la neuropsiquiatría actual. Desde mi punto de vista, la ideología que está por detrás de la neuropsiquiatría sigue tan arraigada como la ideología del psicoanálisis en la ideología de las ciencias sociales del siglo XIX y la fe en el método científico.

Algunos pueden cuestionar si la psiquiatría no es en realidad una especialidad médica basada en las ciencias sociales, por oposición con las ciencias físicas. En la medida en que trabajemos con personas que viven en comunidades y expresan sus enfermedades mentales por medio del lenguaje, estaremos por lo menos tan arraigados en las ciencias sociales como en las moléculas. El método científico respalda tanto a las ciencias físicas como a las ciencias sociales. En los hechos, se fertilizan de manera cruzada mutuamente.

¿Cuál era la ideología que respaldaba las ciencias sociales durante el siglo XIX? Creo que hoy no hay una ideología predominante en las ciencias sociales; pero no siempre fue así. El positivismo, la creencia de que las ciencias "naturales" ofrecen el único modelo válido para todo conocimiento humano, gobernó las ciencias sociales durante el siglo XIX. La objetividad estaba allí, afuera, más allá de los seres humanos. La única manera de ser científicos era no estando contaminado por valores.[2] Esta ideología domina hoy a la psiquiatría quizá más de lo que domina a la física nuclear. Los físicos aprendieron, muy temprano en el siglo XX, que el proceso de observar los fenómenos subatómicos perturba esos fenómenos. En otras palabras, la observación está, por definición, prejuiciada; de ahí el principio de incertidumbre de Werner Heisenberg. Los psiquiatras modernos, en contraste, tienen una confianza implícita en su habilidad para observar sin prejuicio tanto las moléculas como las conductas; creen que su relación con lo que observan no interfiere con la observación.

Esta fe en la objetividad, este positivismo entre los neuropsiquiatras, quizás haya surgido como una reacción contra las afirmaciones percibidas como no científicas del psicoanálisis. Durante fines de la década del sesenta y principios del setenta, el psicoanálisis fue causa de embarazo para los psiquiatras. Cuando interactuaba con colegas médicos de otras especialidades, durante mis estudios, me sentía como un vendedor de autos usados que intentaba "ubicar" entre mis colegas, cirujanos con muy poco tiempo libre y acostumbrados a manejarse con alta tecnología, un producto de calidad inferior, que no había sido probado y que, por lo general, no funcionaba. Pude ganar su atención solamente cuando empecé a hacer cosas que funcionaban, y que funcionaban rápidamente. Recetar drogas o sesiones de electrochoque a mis pacientes con depresiones graves funcionaba, y lo hacía de manera prácticamente inmediata. Estas prácticas demostraban su efectividad según el método científico.

Volvía a la medicina mientras practicaba la neuropsiquiatría. Lo mismo sucedía con mis colegas psiquiatras. Un respetado colega, mayor que yo, proclamó en una de las primeras reuniones del Colegio Estadounidense de Neuropsicofarmacología (ACNP, siglas en inglés) que la psiquiatría *era* y *solamente era* la psiquiatría biológica. La ACNP muy pronto eclipsó a la Asociación Psicoanalítica de los Estados Unidos y se convirtió, según creo, en la principal reunión de psiquiatras durante la década del ochenta. Los descubrimientos nuevos en la neurobiología y la psicofarmacología se multiplicaron de manera geométrica.

Por desgracia, la teoría se fue quedando atrás de los descubrimientos. Algunos psiquiatras, tales como Leston Havens y Ed Hundert, han intentado integrar la filosofía, la psiquiatría y la neurociencia, pero son pocos los psiquiatras modernos que leen sus obras. El campo ha crecido a un ritmo demasiado rápido como para soportar la carga adicional de la teoría, sobre todo porque la teoría de hoy puede caducar con el descubrimiento de mañana. O quizá sea que la lucha en el campo teórico nos arranca de nuestra zona cómoda. Sea como fuera, aun cuando hoy los psiquiatras pueden experimentar la necesidad de fundamentos teóricos más profundos para comprender la información masiva que está emergiendo de la neurobiología, no parecerían saber por dónde se empieza. No hemos sido educados para pensar la teoría. Hemos sido, en cambio, educados para asimilar información y seguir algoritmos, tal como se nos prescribe que debemos hacerlo.

Los teólogos cristianos y los consejeros no son diferentes. El estudio de la religión ha llegado a ser una disciplina altamente especializada. En la teología, que en una época se consideraba equivalente al desarrollo de una teoría que abarca todo, una teología sistemática, los esfuerzos de amplio alcance han disminuido. Paul Tillich no vaciló en escribir una teología sistemática (y muy abarcadora), sin dejar de lado sus incursiones en el arte y la cultura.[3] Mis colegas en la Facultad de Teología de Duke admiten, sin embargo, que su campo no ha producido un Niebuhr o un Tillich en muchos años. Esto no debiera sorprendernos. Tanto la psiquiatría como el cristianismo deben trabajar desde una base de conocimientos mucho más compleja, voluminosa y confusa. Una teoría abarcadora, una visión del mundo, es muy difícil de producir y de defender. Los que hoy sean tan presuntuosos como para proponer una teoría comprehensiva con toda probabilidad serán ignorados o ridiculizados. ¿Podemos, sin embargo, sin una teoría, mantener una conversación significativa?

Un comentario del antropólogo Clifford Geertz, emitido en 1973 con respecto al trabajo de la antropología sobre la religión, dice más o menos lo mismo:

> Hay dos características del trabajo antropológico sobre la religión realizado desde la Segunda Guerra Mundial, que me sorprenden por lo

> curiosas cuando se las compara con las del trabajo anterior y posterior a la Primera Guerra. Una es que no se hicieron progresos teóricos de gran importancia. Se vivió del capital conceptual de los antepasados, agregando muy poco, excepto algunos pocos enriquecimientos empíricos. La segunda es que los conceptos que usan se extraen de una única tradición intelectual, estrechamente definida. No hay nadie a quien se le ocurra buscar ideas analíticas en otros lugares: en la filosofía, la historia, la ley, la literatura o en las ciencias "duras". Y se me ocurre que estas dos características curiosas no dejan de estar relacionadas entre sí.[4]

Creo que, durante los últimos veinticinco años, se han hecho pocos progresos teóricos importantes para la comprensión de la interfaz entre el cristianismo y la psiquiatría. En contraste, ha habido progresos en la integración de la filosofía, la psiquiatría y la neurociencia, progresos muy pertinentes para la conversación de la psiquiatría y el cristianismo.

Edward Hundert, por ejemplo, nos ha provisto una síntesis magistral, un "análisis sintético" de estas tres grandes áreas de investigación.[5] Tomando la dialéctica de G. W. F. Hegel y las categorías de Emanuel Kant como puntos de partida, Hundert argumenta a favor de una ontología (una ciencia de la existencia de la humanidad) y una fenomenología (el estudio de la experiencia vivida). Relaciona la fenomenología del espíritu, o el devenir del conocimiento de Hegel con las observaciones seminales de Jean Piaget sobre la construcción progresiva de la realidad y cómo esa construcción puede extraviarse en la enfermedad mental. Entonces, continúa su síntesis de estas tres áreas de investigación diversas explorando nuestro conocimiento actual sobre cómo el cerebro y sus receptores externos dan forma y son formados por una interacción dinámica, interacción que, filosóficamente, se retrotrae hasta la antigüedad y fue formulada en la era moderna por Kant.

El concepto clave de Hundert es la "intersubjetividad", que reconoce la naturaleza dinámica y subjetiva del crecimiento y el desarrollo de las personas en relación con otros. Sin embargo, los teólogos y los psiquiatras no han hecho su aporte al progreso de nuestra comprensión de la interfaz crítica entre la neuropsiquiatría y la religión, quizá la relación intersubjetiva más importante que hay. Hundert se detiene justo antes de explorar esta interfaz, pero es posible que nos ofrezca una avenida de exploración por medio de la síntesis de la filosofía y la neuropsiquiatría a través de la psiquiatría.

Creo que los paradigmas que en la actualidad impulsan el trabajo empírico, tanto de los psiquiatras como de los consejeros cristianos, provienen de tradiciones intelectuales estrechas pero sobre todo mal conocidas, que no retroceden a lo filosófico y mucho menos a lo teológico. Las tradiciones que han evolucionado se apoyan sobre teorías implícitas tales como las que sustentan la biología evolutiva, o sobre ideologías que no son concebidas de manera tan cuidadosa, aunque se las proclama en voz alta. En este libro, he intentado describir estas tradiciones y demostrar hasta qué punto estructuran los escritos de los psiquiatras y los consejeros cristianos.

La psiquiatría y el cristianismo, creo, pueden liberarse de sus actuales paradigmas estrechos por medio de una conversación y un debate significativos, aunque por momentos puedan ser acerbos. Quizá se me acuse de ser exageradamente optimista cuando sugiero que podemos sentarnos a la misma mesa, como lo hacen aquellos estudiantes de Harvard, explorando las preguntas verdaderamente más duras y abriéndonos al ataque frontal de nuestras cosmovisiones tanto personales como profesionales. Tales conversaciones, sin duda, llevarán a enfrentamientos que la mayoría de nosotros podría evitar de manera fácil desempeñando sus papeles respectivos dentro de nuestros actuales y cómodos confines. Un desafío a nuestras teorías implícitas sobre el sufrimiento emocional, a las cuales nos aferramos con fuerza, las hayamos o no pensado de manera cuidadosa, servirá para despertar nuestras mentes y estimular nuestras almas. Hay algo de la osadía del alumno que todavía sobrevive en cada uno de nosotros. Creo que nos uniríamos a la conversación, si supiéramos por dónde empezar.

¿Cuáles son los elementos necesarios para esta conversación? No se necesita una teoría fija como punto de partida, aunque sí se necesita el deseo de desarrollar una teoría más comprehensiva. Tanto los psiquiatras como los teólogos o los consejeros cristianos deben estar dispuestos a expandir tanto sus límites teóricos como los empíricos. Sugiero lo siguiente. Primero, debe haber algunos supuestos compartidos por los psiquiatras y los teólogos y los consejeros cristianos. De no ser así, la conversación muy pronto se descarrilaría en un conflicto irreconciliable. Segundo, dados estos supuestos, los psiquiatras y los cristianos debieran iniciar una conversación significativa por medio del proceso de hacer preguntas sobre las personas reales en las comunidades reales, así como preguntas sobre los progresos en las neurociencias, tal como lo describí en el capítulo uno. Estas conversaciones no garantizan un acomodamiento o integración mejores. Asegurarán, eso sí, una evaluación de cada campo de investigación y una autoevaluación más profunda de las personas que participan en la interfaz, se trate de psiquiatras, consejeros cristianos o pacientes. Si venimos a la mesa de conversación o debate después de haber trabajado con personas que experimentan sufrimientos emocionales, dejaremos la mesa más sobrios, mejor informados y, creo, más eficientes en la atención de esas personas.

Más abajo, delineo los que yo creo que serían los supuestos que deben compartir los psiquiatras con los teólogos o los consejeros cristianos para que surja una conversación significativa. No soy tan ingenuo como para creer que todos los psiquiatras y consejeros cristianos teológicos están interesados en mantener esta conversación. Tanto los psiquiatras como el cristianismo, especialmente el cristianismo evangélico, son demasiado pluralistas y están lo necesariamente fragmentados como para ponerse de acuerdo en los supuestos que se necesitan para empezar la conversación. Sin embargo, hay muchas personas, tanto en la psiquiatría como en el cristianismo, que comparten los supuestos necesarios para iniciar la conversación. Los que participan no deben necesariamente ser cristianos que aceptan la filosofía mecanicista que sustenta a ciertas terapias, ni necesitan ser psiquiatras que aceptan la validez de la fe cristiana. Lo único que se necesita es que estén presentes alrededor de la mesa, y dispuestos a participar en una conversación y un debate abiertos y honestos.

También creo que la conversación debe darse en niveles múltiples. Dadas las áreas de preocupación y actividad compartidas, la psiquiatría institucional y la Iglesia debieran mantener diálogos como los que ejemplifica la visita del presidente de la Asociación Estadounidense de Psiquiatría al Vaticano. Estos avances públicos no aseguran por sí mismos un diálogo significativo. Sin embargo, constituyen manifestaciones públicas de la eliminación de las barreras percibidas, lo cual, a su vez, puede abrir la oportunidad del diálogo. Los profesionales individuales de la psiquiatría y los miembros de la comunidad cristiana deben intentar el diálogo, aun si encuentran que están hablando en planos diferentes de la realidad y hay confusión con respecto a los objetivos. Por lo menos, tanto los psiquiatras como los cristianos pueden reconocer mejor el lenguaje, para no mencionar los supuestos, del otro. Por último, los psiquiatras cristianos deben conducir un diálogo interior y evitar la tentación de compartamentalizar sus vidas. ¿Cuáles son los supuestos compartidos gracias a los cuales la conversación es posible?

Supuestos compartidos

La humanidad existe en un estado en el que se debate por alcanzar significados. Creo que todos los seres humanos experimentan anhelos. El debate sobre la naturaleza de estos anhelos es significativo y no es necesario el consenso con respecto a sus orígenes para que pueda darse la conversación entre la psiquiatría y el cristianismo. Algunos sugieren que los anhelos juegan un papel, simplemente, en la preservación de las condiciones psíquicas esenciales; es decir, mantienen la homeostasis.[6] Otros sugieren que los anhelos pueden reducirse a algunas explicaciones simples y específicas. Por ejemplo, anhelamos la comida debido a nuestra necesidad específica de alimentarnos, o anhelamos conocer a Dios porque hay Dios. Jean-Jacques Rousseau, por ejemplo, creía que los anhelos pueden reducirse al anhelo primario de la alimentación y el abrigo, y que todos los otros anhelos son elaboraciones sobre estos anhelos primarios.[7] Anselmo formuló la prueba ontológica de la existencia de Dios: que debe haber Dios porque reconocemos algo de lo que no puede concebirse que exista otra cosa mayor.[8]

La explicación tradicional freudiana de los anhelos espirituales deja poco lugar para mucho más que la existencia de alguien capaz de experimentar deseos. La realización de los deseos, especialmente la realización del deseo del padre poderoso perdido, es una razón necesaria y suficiente para la existencia de Dios en la mente de la humanidad. El argumento ontológico, mientras tanto, deja poco lugar para las distorsiones de este anhelo o para su integración con otros que puedan presentarse en medio de problemas emocionales graves. Porque hay Dios, las personas buscan, de manera natural, cuál es la naturaleza de ese Dios verdadero. Las explicaciones tanto de Anselmo como de Freud dejan de lado el estudio de los fenómenos de los anhelos espirituales y sociales, fenómenos que son observables para cualquiera que estudie la humanidad. Creo que los anhelos, especialmente los que aspiran a un valor, significado o relación, son más primarios de lo que muchos pensadores están dispuestos a aceptar.

Cuando yo ingresé a la psiquiatría por primera vez, me interesaron mucho los escritos del psiquiatra social Alexander Leighton. Él reconoce estos anhelos e intenta colocarlos dentro de una teoría comprehensiva que no explica su origen (sea que el anhelo parta de la necesidad de alimentarse o de la necesidad de Dios) pero sí intenta comprender su contexto. En aquel entonces, yo sabía muy poco sobre las enfermedades psiquiátricas, aunque sí me preocupaban las ideologías reduccionistas de la psiquiatría psicoanalista y del cristianismo fundamentalista. Leighton me proveyó de una apertura para la conversación entre la psiquiatría y el cristianismo (aunque ésta no era la meta primaria de su obra).

Leighton describe estos anhelos como sentimientos, una unión del pensamiento y de los afectos, según la combinación de las urgencias básicas y de los factores conscientes.[9] Sugiere que los sentimientos deben considerarse en el contexto de la historia de vida del individuo que los experimenta, su evolución en el curso del crecimiento y de la experiencia, y también su progresiva diferenciación con respecto a los instintos básicos y el uno del otro. Los sentimientos básicos que incluye el anhelo, según Leighton, son

—la seguridad física;

—la satisfacción sexual;

—la expresión de la hostilidad;

—la expresión del amor;

—conseguir el amor;

—conseguir el reconocimiento;

—la expresión de la espontaneidad (llamada de distintas maneras, fuerza positiva, creatividad, volición);

—conseguir y conservar la pertenencia a un grupo humano definido;

—el sentimiento de pertenecer a un orden moral y hacer lo correcto, estando en y siendo de un sistema de valores.[10]

Algunos se sentirán obligados a cuestionar la lista de sentimientos de Leighton, especialmente el anhelo de un orden moral. Empíricamente, sin embargo, pocos pueden cuestionar que la humanidad presente este sentimiento. Ed Hundert, por ejemplo, en *Optical Illusion: On Nature and Nurture, Knowledge and Values* (Ilusión óptica: Sobre la naturaleza y el sustento para el crecimiento, el conocimiento y los valores), acepta el orden moral, pero lo ubica en un contexto evolucionario biológico.[11] Alasdair MacIntyre, en *After Virtue* (Después de la virtud), ha argumentado que, aun cuando hayamos perdido nuestra comprensión (tanto teórica como práctica) de la moralidad, no hemos perdido nuestra preocupación por el significado, dentro de los individuos o en subculturas, ni el impulso inherente hacia la moralidad, dentro del individuo.[12] Los cristianos entienden los orígenes de un orden moral (un aspecto de la espiritualidad, si el lector lo prefiere) como derivado de una fuente trascendente. Para los propósitos de la conversación entre la psiquiatría y el cristianismo, no es necesario ponerse de acuerdo sobre el origen de este sentimiento, sino solamente que se reconozca el sentimiento en sí.

La lista de los sentimientos que constituyen anhelos se funda en una perspectiva particular de las relaciones comunales, de las cuales el anhelo de un orden moral es solamente un aspecto. Él, entonces, me lleva a cerrar el círculo donde empezó este tema. La psiquiatría es sobre el alma, si por "alma" queremos decir la persona en relación con su Dios percibido y los otros seres humanos. Para entender el sufrimiento emocional, tanto el psiquiatra como el cristiano deben reconocer a las personas dentro de este contexto.

El sufrimiento emocional debe entenderse desde la perspectiva de la persona que sufre. Los psiquiatras tienden a diagnosticar desórdenes psiquiátricos. Los consejeros cristianos tienden a identificar estrategias de reacción mal adaptadas, basadas en desviaciones de las conductas adaptativas que derivan de las Escrituras. Desde la perspectiva de las personas que experimentan el sufrimiento emocional, sin embargo, el desorden psiquiátrico y la respuesta mal adaptada se combinan. Estas personas sufren. Sufren por el dolor emocional y por una conducta desordenada. Para ellos, sin embargo, estas dos son una y una misma cosa. Barbara, Jason (véase capítulo uno) y muchos otros entienden sus problemas de una manera diferente a la mayoría de los psiquiatras. Para estas personas, empapadas en la tradición cristiana, el dolor emocional no puede separarse de la relación que cada uno mantiene con Dios, a quien se lo percibe, frecuentemente, como fuertemente presionado y en medio de un gran dolor emocional. Dios, en muchos casos, es visto como el enemigo y no como un apoyo en medio del sufrimiento.

Las personas que están padeciendo un sufrimiento profundo ven su dolor de un modo diferente que el típico consejero cristiano, que invoca a Dios para que cure el dolor. Los que sufren no están convencidos de que Dios va a curar el dolor que Él mismo les ha enviado. Tanto los psiquiatras como los cristianos deben entender el sufrimiento emocional desde la perspectiva de la persona que sufre. Reconociendo y aunando sentimientos con respecto al sufrimiento, el psiquiatra o el consejero cristiano inician una relación con la persona, que puede conducir a la curación.

El sufrimiento emocional se da dentro de la historia de vida de la persona. Ninguna experiencia personal, o pensamiento, si vamos al caso, puede aislarse de la historia de vida de la persona. La respuesta de Betty al alivio de los síntomas (véase capítulo uno) está determinada en gran parte por su historia de brindar ayuda y recibirla. Cada individuo es una emergencia continua, desde la concepción hasta la muerte, influenciada tanto por la predisposición hereditaria como por las experiencias vividas con el entorno físico y social. En otras palabras, no podemos entender a una persona si no reconocemos que es el producto de una historia de vida previa en cuanto interactúa con la situación presente.[13]

Las creencias y acciones religiosas, así como el sufrimiento emocional, están entretejidas en la trama de la historia de vida personal. Una gran parte de lo que hemos aprendido por medio de las ciencias psicológicas nos informa de manera directa sobre la historia de vida de la persona. Los estudios de la memoria, del desarrollo de la personalidad, del crecimiento intelectual y social, y de las transiciones críticas en la vida (tales como la adolescencia), contribuyen a nuestra comprensión de la historia de vida. Como psiquiatras o consejeros cristianos, tenemos acceso a apenas una pequeña ventana sobre esa historia y, por lo tanto, podemos no reconocer la necesidad que tiene la persona de integrar el sufrimiento emocional a su historia de vida. El significado de la historia de vida, especialmente la historia de la vida espiritual de la persona, es crítica para la conversación entre los psiquiatras y los teólogos y consejeros cristianos.

La historias personales giran en torno al contexto de relaciones. La historia de vida de una persona gira dentro del contexto de una relación. El énfasis en el individualismo, en la sociedad estadounidense, tiende a ahogar nuestro reconocimiento del impacto del entorno sociocultural sobre el crecimiento y el desarrollo. Los seres humanos están íntimamente conectados a muchas unidades autointegrantes, basadas en esquemas de relaciones interpersonales, comunicaciones, símbolos y costumbres, tales como la familia, el vecindario, el lugar de trabajo y la comunidad religiosa. La tradición cristiana y la iglesia local o parroquia son componentes claves de ese entorno sociocultural para millones de estadounidenses, así como también para personas de otros lugares del mundo.

La comunidad evangélica de los Estados Unidos ha evolucionado de manera rápida en los últimos años. A cualquier profesional de la salud mental que atiende a cristianos evangélicos puede serle útil conocer esta evolución. Los evangélicos han desarrollado su propia subcultura en medio de una cultura estadounidense pluralista. Al mismo tiempo que los cristianos evangélicos luchan en la arena política contra el aborto o a favor de la oración en las escuelas públicas, han desarrollado un imperio mediático con la televisión y estaciones de radio (no solamente programas), publicaciones y grupos de apoyo. Han desarrollado una red de escuelas privadas, que van desde el jardín de infantes hasta la Universidad. Muchas familias evangélicas están eligiendo, en la actualidad, educar a sus hijos en el hogar. Se han retirado, progresivamente, de la sociedad secular. El surgimiento de la industria del asesoramiento cristiano, paralela a la psicología y psiquiatría seculares, es solamente parte de un movimiento separatista más amplio entre los evangélicos. Mientras los evangélicos tienden a retirarse, influyen en las relaciones dentro de la sociedad estadounidense, por su peso numérico e influencia política.

La psicología y la psiquiatría dan forma a las relaciones dentro del medio ambiente sociocultural. Martin Gross describe la sociedad estadounidense como

> la más ansiosa, emocionalmente insegura y analizada de las poblaciones en la historia de la humanidad. Son los ciudadanos de la sociedad psicológica contemporánea. Si ésta tiene que ver con sus profesionales, el psiquiatra y el psicólogo, que han construido una estructura profesional elaborada para hacerse cargo de nuestras necesidades emocionales... su ciudadano es un nuevo modelo de hombre occidental, que depende de los otros para recibir una guía con respecto a qué es lo real y qué es lo falso.[14]

Cuando Gross publicó su libro *The Psychological Society,* en 1978, apenas si anticipaba el surgimiento de la neuropsiquiatría, concentrándose, en cambio, en la influencia de la psicoterapia. Hoy las psicoterapias seculares de todo tipo están sitiadas. Las organizaciones de la salud (HMO) y las compañías de atención médica se niegan a pagar servicios que no son de "eficacia demostrada". Para la psicoterapia, esto significa diez o menos sesiones por año provistas por el servicio, con una sustancial carga compartida (frecuentemente, el 50 %) con el paciente. Aunque algunas poseen los recursos para atenderse fuera del sistema, muchos otros, que en el pasado hubieran buscado y recibido psicoterapias de los psiquiatras, ya no lo hacen más. En su ausencia, para el sufrimiento emocional grave la norma es, hoy, la prescripción de algún psicofármaco, junto con unas pocas visitas para control de la medicación. Todavía vivimos en una sociedad psicológica, pero ahora la que manda es la neuropsiquiatría, y ésta ignora o deprecia el papel de las relaciones, el papel del alma, en el sufrimiento emocional.

Reconocer la influencia del cristianismo evangélico y de la neuropsiquiatría en la sociedad no es suficiente. El psiquiatra debe estudiar la cultura cristiana evangélica, así como comprenderla y ser capaz de experimentar sus mismos sentimientos. El cristiano evangélico debe reconocer a la psiquiatría y ser capaz de sentir como ella, especialmente cuando la ve presionando hacia terapias rápidas, individualistas, dentro de nuestro sistema de atención de la salud, en rápida evolución. Aunque los movimientos socioculturales actuales son complejos y confusos, son fuerzas poderosas que dan forma a la manera de pensar y actuar de los psiquiatras y los cristianos.

La atención y cura de los sufrimientos emocionales deben compartirse dentro de una sociedad. Ningún desorden psiquiátrico es provincia exclusiva del psiquiatra. Ninguna experiencia de depresión existencial profunda es provincia exclusiva de la Iglesia. Sugerir que la psiquiatría y la Iglesia deben trabajar juntas para ofrecer una atención amplia de las personas que sufren problemas emocionales graves, para poder ofrecerles un tratamiento abarcador e intensivo, es decir mucho menos de lo que verdaderamente hay para decir. La mujer esquizofrénica que pertenece a una comunidad de cristianos, tal como Barbara (véase capítulo uno), será atendida, necesariamente, por esa comunidad, sea efectivo ese tratamiento o no. Esa misma mujer estará recibiendo tratamiento mental profesional y probablemente también medicaciones. Tampoco están solos, la Iglesia y el psiquiatra, en la atención de la mujer esquizofrénica. El gobierno nacional y el estatal brindan ciertos beneficios a los que ni pueden trabajar debido a sus problemas psiquiátricos, como por ejemplo el seguro social de incapacidad.

La sociedad también restringe a estas personas, en cuanto ciertas conductas no serán toleradas (conductas peligrosas para ellos mismos o para los demás): estas conductas pueden llevar a la institucionalización o al aislamiento con respecto a la sociedad. Como las filas de los sin techo están llenas de personas con esquizofrenia, muchos de los programas y las agencias sociales se ocupan de las personas que sufren este desorden. La Iglesia evangélica está entre los muchos grupos que intentan ministrar a los sin techo, aunque se ve frustrada en sus intentos porque no entiende la enfermedad mental. Los psiquiatras y los teólogos y consejeros cristianos deben apreciar los papeles respectivos que juegan en el cuidado de las personas que padecen sufrimiento emocional, e informarse mutuamente.

La teoría no puede quedarse muy detrás de la práctica en el cuidado de las almas. Freud tenía razón cuando sugería que los procesos psicológicos y las creencias y conductas religiosas están entretejidos inevitablemente. Foucault estaba en lo correcto cuando sugería que la enfermedad mental no puede extraerse de manera objetiva del contexto de la sociedad en el que se etiqueta a las personas como mentalmente sanas o mentalmente enfermas. La humanidad, por naturaleza, busca clasificar y explicar los fenómenos, tanto psicológicos como religiosos, que observa. Nuestras acciones están basadas en teorías explícitas o implícitas. Tanto la psiquiatría como el cristianismo están construidos sobre un conjunto de conceptos, más sus interrelaciones.

Los conceptos importantes para la conversación entre la psiquiatría y el cristianismo son numerosos, pero incluyen “sufrimiento emocional”, “sentimientos morales”, “historia de vida” y “alma”. Me he referido a estos conceptos a lo largo de todo este libro, pero no he intentado establecer una teoría que los integre, ni he planteado hipótesis que podría derivar de una tal teoría. Como ya se lo ha señalado anteriormente, no es el propósito de este libro proponer una teoría de este tipo. Sin embargo, el lector no debe pensar que yo supongo un enfoque teórico de lo que veo, escucho, siento o creo. Estoy trabajando en una teoría todo el tiempo. Pienso, estableciendo relaciones, dibujo diagramas, intento mis propias definiciones de los conceptos, todo al servicio de explicar el sufrimiento emocional grave que experimentan los que están deprimidos de manera grave.

No se debe esperar que los psiquiatras o los cristianos se ocupen de los que padecen sufrimientos emocionales sin proponer teorías sobre los fenómenos que observan. Es posible que estas teorías no sean manifiestas y rara vez cristalicen, pero surgirán, evolucionarán y entrarán en conflicto si las mentes de los profesionales están vivas. La discusión de estos conflictos teóricos fortalece nuestra comprensión y nuestra capacidad para cuidar con mayor eficacia a las personas que experimentan sufrimiento emocional. Sin mente, ni la psiquiatría ni el cristianismo teóricos pueden sobrevivir.

En el mar de la diversidad, pueden encontrarse islas de comunidad. Nadie podría sostener razonablemente que los Estados Unidos son una cultura unificada, sea como una nación cristiana o como una sociedad secular. Las guerras culturales, que James Davison Hunter sugiere, son una lucha por definir a los Estados Unidos como diferentes subculturas o quizá el resultado del deseo de restablecer una cultura que en una época se percibió como más unificada y que ahora se ha vuelto más diversa.[15] Sin embargo, las subculturas no dividen simplemente de un lado la izquierda y del otro la derecha, los liberales contra los conservadores o lo secular contra lo religioso. Tenemos una cultura mucho más diversa que eso.

Dentro de esta diversidad cultural, existen islas de unidad. A veces, hay grupos que parecen más unificados pero que de hecho consisten en muchas culturas que se unen en un mismo frente durante períodos breves en pro de una causa común, tal como el alineamiento de los cristianos fundamentalistas, los judíos ortodoxos y los católicos conservadores en la batalla que los opone a sus contrapartes percibidas, por el control de la cultura estadounidense.[16] Es más frecuente que, por períodos más prolongados, grupos más pequeños pero que profesan valores similares, se unan entre sí.

Los teólogos Stanley Hauerwas y William Willimon, en su libro *Resident Aliens* (Alienígenas residentes), exploran la así llamada condición de alienígenas de los cristianos en el Occidente secular y sugieren que aceptar la identidad de alienígenas residentes puede brindar a los cristianos un marco de referencia para relacionarse y apoyarse los unos a los otros. Citan al apóstol Pablo —"Nuestra ciudadanía está en el Cielo" (Flp 3, 20)— y proponen el concepto de la comunidad cristiana como una colonia. "Una colonia es una cabeza de playa, un puesto de intercambio comercial, una isla de una cultura en medio de otra."[17]

Hauerwas y Willimon llevan este razonamiento un paso más allá. La Iglesia, en tanto colonia extranjera implantada entre extraños, es

> un lugar donde se reiteran los valores del hogar y se los transmite a los más jóvenes, un lugar donde el lenguaje y el estilo de vida que distinguen a los alienígenas residentes se cultivan y refuerzan con amor... Ser residente pero extranjero es una fórmula para una soledad que pocos de nosotros podemos soportar. Es casi imposible servir como solitarios, porque nuestra soledad puede, con demasiada facilidad, convertirse en orgullo puritano u odio de sí mismo. Los cristianos sólo pueden sobrevivir apoyándose los unos a los otros, diciéndonos que no estamos solos, que Dios está con nosotros. La amistad, por lo tanto, no es un accidente de la vida cristiana.[18]

Para que una conversación entre la psiquiatría y el cristianismo sea significativa, los psiquiatras deben reconocer no solamente la fuerza potencial sino la fuerza actual de la cultura cristiana y, en especial, las comunidades cristianas individuales. La autoridad y la influencia de la iglesia cristiana local (parroquia) han declinado durante los últimos años entre los cristianos evangélicos, pero la Iglesia sigue siendo una institución importante. Es posible que la iglesia llegue a ser más influyente en el futuro, si los cristianos reconocen que son verdaderamente una minoría en una sociedad pluralista y que la acción política no nos devolverá la que era percibida como "una nación bajo Dios" por las generaciones pasadas.

Los cristianos, del mismo modo, deben reconocer la comunidad o, por lo menos, la necesidad de la comunidad, entre los psiquiatras. Es difícil encontrar la unidad entre los psiquiatras, o aun el deseo de la unidad. Los psiquiatras, sin embargo, son alienígenas entre los profesionales del cuidado de la salud. En la actualidad, la tendencia en la psiquiatría es borrar las fronteras entre ella y el resto de la medicina, como lo he explicado en todo este libro. El énfasis en la neuropsiquiatría y el modelo médico empírico son ejemplos de este regreso a la medicina en general. Sospecho, sin embargo, que esta tendencia no persistirá. Hay mucho de único en el cuidado de los enfermos mentales y las características de los individuos que eligen ocuparse de ellos, de tal modo que los psiquiatras pueden muy bien volver a reclamar sus fronteras comunales.

La psiquiatría floreció durante los períodos en los que su identidad era clara y distinta. En el momento en que explotó la neuropsiquiatría y la psiquiatría se convirtió en una especialización más aceptada, la cantidad de personas que buscan capacitarse como psiquiatras ha disminuido. Son muchos los factores que contribuyen a esta declinación del interés en la psiquiatría, tales como el énfasis en la asistencia primaria. Pero, creo, puede resurgir un sentimiento de distinción dentro de la comunidad psiquiátrica, similar al que se experimentaba durante la era de Freud, que invertiría la tendencia hacia la declinación. Tratar a los enfermos mentales, los "locos", siempre ha sido una tarea solitaria. Del mismo modo en que el psiquiatra no puede entender plenamente y conversar con el cristiano mentalmente enfermo sin apreciar en alguna medida la comunidad de fe, los cristianos evangélicos no pueden entender ni conversar con el psiquiatra a menos que valoren la comunidad psiquiátrica.

Un valor unificador primordial entre los psiquiatras durante los primeros años del siglo XX fue una cierta unidad moral basada en los principios éticos (aunque no religiosos) de Freud. Con la caída en desgracia del psicoanálisis, la unidad moral de la psiquiatría ha sido reemplazada por una diversidad moral, incluso, quizás, un caos moral. Alasdair MacIntyre es, en general, pesimista sobre el actual caos moral, que él describe como una nueva edad oscura, en nuestra sociedad como un todo. Sin embargo, cree que hay una oportunidad, e incluso una necesidad, de reinstalar "formas locales de comunidad, en las que las buenas costumbres y la vida intelectual y moral puedan mantenerse durante la edad oscura".[19]

MacIntyre cree que nuestra sociedad puede ir aún más lejos. Sugiere que puede hacerse referencia a las posiciones rivales y aun incompatibles sobre cuestiones morales, y quizá incluso resolverse, cuando reconozcamos que las diferentes posiciones no subsisten totalmente aisladas, sino que están arraigadas en diferentes tradiciones de justificación. Si estas tradiciones morales vivas solamente pueden comprenderse, "el problema de la diversidad no se abandona, sino que se transforma de tal manera que la solución se vuelve posible".[20] MacIntyre podría haber estado escribiendo sobre la psiquiatría moderna. La psiquiatría, en último término, se ocupa del cuidado de las personas que experimentan los sufrimientos posiblemente más devastadores que plagan a la humanidad: los sufrimientos en el plano de las emociones.

La reconsagración a esta tarea moral, creo, es el llamado a la comunidad entre los psiquiatras.

James Davison Hunter, sin embargo, cree que llegar al acuerdo en medio del desacuerdo y la diversidad de la sociedad requerirá más de nosotros.[21] Aunque no habla directamente a los psiquiatras, Hunter sugiere una serie de pasos prácticos que, si los psiquiatras los aplicaran a la psiquiatría, podrían restablecer la comunidad profesional. Primero, debe cambiarse el entorno del discurso público. En particular, sería muy útil reinstalar un debate genuino, porque la retórica extremista aislada es difícil de mantener en un entorno discursivo. Hace algunos años, este tipo de debate se instituyó como un programa regular durante las reuniones anuales de la Asociación Psiquiátrica de los Estados Unidos. En mi opinión, esos debates arrojaron mucha luz sobre diversos conflictos en la psiquiatría, como por ejemplo el cambio de la nomenclatura más teórica y basada en el psicoanálisis del DSM-II, a la más empírica y neuropsiquiátrica del DSM-III (véase capítulo tres).

Segundo, Hunter propone que todas las facciones rechacen el impulso a la inmovilidad pública. Sugiere que las personas que están en medio de un debate tienden a abstenerse de hablar debido al exceso de retórica que emiten los extremos. Hay pocos psiquiatras que, en su filosofía, sean mecanicistas puros o teístas puros. Estos profesionales y académicos que ocupan posiciones intermedias deben unirse a la conversación si ha de restablecerse la comunidad dentro de la profesión.

Tercero, Hunter sugiere que la sociedad debe reconocer lo sagrado dentro de las diferentes subculturas. Por "sagrado", entiende lo no negociable, aquello que define los límites de cada subcultura. Si se espera de los psiquiatras que construyan la comunidad, la profesión debe reconocer los elementos no negociables de sus miembros. Durante años, la psiquiatría ha sido percibida como una profesión que no reconoce aquello que es sagrado para el cristiano evangélico, conservador. Cuando los cristianos empezaron a sentirse más cómodos en la profesión, otros grupos muy diversos también empezaron a sentirse cómodos: como los musulmanes, los afroamericanos, las mujeres y los homosexuales. La profesión ya no es un club exclusivo para varones blancos no religiosos. Sin embargo, la aceptación de los grupos diversos no ha estado acompañada por un movimiento paralelo hacia el respeto de esa diversidad. Por ejemplo, ¿puede la psiquiatría respetar de manera simultánea a los cristianos conservadores y a la comunidad *gay*? Quizá no, pero se ha hecho muy poco esfuerzo para establecer la comunidad de manera cruzada entre no negociables diversos. Creo que, si la profesión ha de sobrevivir, debe identificar y reconocer estos no negociables respectivos. También creo que los elementos comunes que son esenciales para la profesión pueden encontrarse dentro de la diversidad.

Por último, Hunter sugiere que los grupos deben reconocer las debilidades inherentes, incluso los peligros, de sus propios compromisos morales. Aquí la psiquiatría (así como el cristianismo evangélico) tiene mucho trabajo por hacer. Muchos psiquiatras no han tenido en cuenta las implicaciones morales de la neuropsiquiatría moderna. Suponen que está libre de valores, del mismo modo en que la comunidad psicoanalítica, en el pasado, expuso una psiquiatría libre de valores, al mismo tiempo que degradaba los valores y la moral de los cristianos conservadores y de otras tradiciones de fe (tales como el judaísmo ortodoxo y el islam).

Por supuesto, estos mismos principios se aplican al cristianismo evangélico, aun cuando haya una diferencia cualitativa entre la psiquiatría y el cristianismo cuando vienen a la mesa de la conversación. Los psiquiatras no perciben su identidad común en la misma medida en que los cristianos perciben la suya. La identidad, en último término, se basa en creencias y valores, no en hechos. Los cristianos, pese a su diversidad, reconocen que su identidad se basa en una única tradición de fe. Los psiquiatras, en contraste, no están tan confiados en que tienen una identidad, porque muy pocas veces hablan sobre los valores en los que basan su práctica.

Una vieja tradición entre los críticos de la psiquiatría, tales como Foucault (véase capítulo tres), sugiere que la psiquiatría es una herramienta bien dispuesta por medio de la cual la sociedad controla a las personas cuya conducta se desvía de las normas sociales. La psiquiatría puede ser culpable de ser esta clase de instrumento a fines del milenio pero, si en realidad es así, no lo hace de manera consciente. Los psiquiatras muy rara vez hacen referencia a las implicaciones sociales más amplias de sus acciones, porque están orientados hacia los individuos, especialmente durante la última década del siglo XX. Fue en la época del movimiento a favor de la salud mental de las décadas del cincuenta y el sesenta cuando, por última vez, la psiquiatría puso su mira en la sociedad como un todo.

En contraste, el cristianismo está, por su naturaleza, interesado en la comunidad. Hoy, los cristianos evangélicos están dando pasos políticos para imponer una forma a la comunidad amplia. Creo, personalmente, que estos pasos están mal aconsejados y son, en último caso, perjudiciales para la Iglesia. Sin embargo, el cristianismo evangélico toma estos pasos con la convicción de que serán todo un éxito.

El cristianismo no está solo cuando expresa su preocupación por la condición moral de la sociedad. La psiquiatría, en tanto profesión, ha expresado también su preocupación por los males de la sociedad. Los psiquiatras sociales de las décadas del cincuenta y sesenta, afianzados en el psicoanálisis, la sociología y antropología, se concentraron en los males sociales. Su prescripción para la sociedad estaba impulsada por valores y propiciaba una estimulante apertura, el apoyo mutuo y un apoyo especial para los que experimentaban sufrimiento en el plano de las emociones. Tales expresiones comunales de interés y valores sociales podrían volver a surgir entre los psiquiatras hoy.

En todo caso, para que la conversación sea significativa, el cristianismo debe entender los valores subyacentes, no solamente los hechos, que impulsan a la psiquiatría.

El viaje apenas ha comenzado

El cuidado y la cura de almas no son nuevos. Sin embargo, el anhelo de bienestar emocional y físico nunca ha estado tan segregado como tiende a estarlo en la sociedad moderna. En las sociedades antiguas, el curador del cuerpo y el del alma eran una sola y misma persona, tal como el chamán entre los americanos nativos o el sabio entre los hebreos.[22] Aun durante los primeros años de la psiquiatría como especialidad médica, apenas si existía una conversación entre la psiquiatría y el cristianismo. Cuando la conversación empezó, la dominaba la metáfora del debate entre Freud y Dios. Aquel debate, cargado de energía en nuestros días, ha terminado.

Son otros los factores que dominan nuestro discurso sobre la atención del sufrimiento emocional. He concentrado este libro en mis preocupaciones sobre la neuropsiquiatría y el asesoramiento cristiano basado en el sentido común. Sin embargo, el costo de la atención de la salud ha surgido como la determinante última del cuidado de aquellos que padecen sufrimientos emocionales. Las personas que sufren, por ejemplo Jason, pueden, con mucha facilidad, resultar ignoradas. Apenas si ha comenzado, por lo tanto, la necesidad de una conversación. La conversación y el debate, por lo menos, van a mantenernos concentrados en las necesidades de las personas que sufren. En el mejor de los casos, aprenderemos a tratarlas como personas reales y a valorar sus almas y mentes tanto como las nuestras propias.

Creo que es adecuado terminar este libro con una historia de mi relación con un cristiano que experimentaba sufrimiento emocional. Esta historia no me dejó planteándome preguntas, como fue el caso con los otros pacientes que ustedes ya conocen. Me da confianza, en cambio, con respecto a las posibilidades de explorar la interfaz entre la psiquiátría y el cristianismo, y reclamar el alma del psiquiatra así como la mente del cristianismo evangélico.

El largo viaje de Richard

Conocí a Richard hace unos veinte años, cuando él tenía cincuenta y ocho de edad. Me trajo a Tom, su hijo, para que lo tratara. Yo acepté a Tom como paciente. Tom tenía veintiocho años en aquella época y había sido hospitalizado en varias ocasiones, por síntomas de secundarios a agudos de esquizofrenia. Sin embargo, entre las internaciones, Tom había conseguido mantener el mismo empleo como gerente de sistemas en una empresa de computación.

Al principio, mi interacción con Richard se daba en el curso de sus visitas breves, cuando acompañaba a Tom a sus controles de medicación, cada tres meses. Después de un año de que me hiciera cargo de Tom, éste experimentó un episodio psicótico agudo. Estuvo internado durante tres semanas. Era difícil convencerlo de la necesidad de tomar sus remedios. Richard se convirtió en mi mejor aliado en mi trabajo con Tom, y yo me sentí agradecido por la forma en que Richard apoyaba a su hijo. El constante monitoreo de Richard era, sin duda, lo que le permitía a Tom funcionar tan bien como lo hacía.

Sin embargo, la atención de Richard no estaba dirigida sólo a su hijo Tom. Richard era un abogado exitoso en una ciudad pequeña de Carolina del Norte, y era conocido y respetado por aceptar casos difíciles y defender a los menos privilegiados. Richard también era miembro de la Junta de Diáconos de la Iglesia bautista local y también de la Junta de la Escuela.* Su energía era excepcional para su edad (¡o cualquier edad, si vamos al caso!). Cuanto mejor conocía a Richard, más admiraba sus incansables esfuerzos por ayudar a los demás. Sabía mucho sobre las enfermedades psiquiátricas, dados los muchos años que había estado ayudando a Tom, y reconocía la necesidad de grupos de apoyo para que los miembros de la familia del enfermo colaboraran en el cuidado de las personas que padecían sufrimientos emocionales graves. Inició un Capítulo Regional de la Asociación Nacional para los Enfermos Mentales (ANEM).

Cinco años después de haber conocido a Richard, su esposa, Kay, fue tocada por el mal de Alzheimer. Richard se retiró de su actividad profesional como abogado, para dedicarse de lleno al cuidado de su esposa. Kay fue afectada por un tipo de la enfermedad que avanza rápidamente, y sus habilidades mentales y físicas declinaron de manera precipitada durante los cuatro años siguientes. Richard, de algún modo, se pudo arreglar para atenderla en su casa, hasta seis meses antes de su muerte (en este período, fue puesta en un hogar asistencial). Durante la enfermedad de Kay, Richard mantuvo su ayuda de apoyo a Tom. Durante este período, Tom debió ser hospitalizado dos veces, pero en general estaba funcionando mejor que antes de la enfermedad de su madre. Empezó a asistir con mayor frecuencia a la iglesia donde su padre era diácono y entró a integrar un equipo de *softball* (donde descubrió que tenía talento como lanzador). Tom, además, salía con amigas frecuentemente, aunque no estaba interesado en casarse. Richard estaba encantado con la progresiva independencia que Tom manifestaba.

Durante la enfermedad de Kay, sin embargo, Richard me pidió por primera vez que lo atendiera por sus propios problemas. Las responsabilidades de atención de la enferma, junto con su preocupación por el futuro de Tom, habían precipitado en él una depresión moderadamente grave. Pese a la gravedad de sus síntomas (tenía dificultades para dormir, perdió el apetito y bajó alrededor de cinco kilos de peso, le resultaba difícil concentrarse y sentía que cada una de las cosas que hacía le costaba un gran esfuerzo), Richard no abandonaba nunca la tarea de atender a su esposa y Tom, como los amigos íntimos de Richard, no podía creer que Richard estuviera padeciendo un sufrimiento emo-

* Los "diáconos" de la iglesia bautista son laicos que integran el cuerpo gobernante de cada iglesia local. En los Estados Unidos, las escuelas públicas son administradas por una junta de personalidades reconocidas en el medio local. (N. de T.)

cional. Richard se sentía culpable por estar deprimido, y especialmente por desear que Kay no viviera mucho más. Sentía que quizá Dios lo estaba sometiendo a una prueba y que él no estaba respondiendo como debía en esta situación.

En el pasado, creía Richard, cada vez que Dios lo había enfrentado con un desafío, él había logrado salir airoso, fueran las alternativas de la enfermedad de Tom o la defensa como abogado de un cliente poco popular. Sin embargo, entendía el carácter biológico de la depresión, reconocía que estaba bajo mayor presión que nunca antes y creía que necesitaba tratarse con una droga antidepresiva.

Yo estuve de acuerdo con él y le receté Nortriptyline, una droga para el tratamiento de la depresión. Dentro de los tres meses, prácticamente todos los síntomas desaparecieron. Richard siguió tomando la droga seis meses más y después pudo discontinuar su uso.

Después de la muerte de Kay, Richard (que para ese entonces tenía sesenta y seis años de edad) empezó a trabajar como voluntario en la escuela intermedia local, primero como auxiliar en las oficinas administrativas y después como consejero informal y tutor para los chicos que necesitaban atención individual. Este trabajo le encantaba, y todos lo querían por el trabajo que hacía. También empezó a trabajar de manera más activa en su iglesia, visitando a los solitarios que no podían salir de sus casas debido a una enfermedad. En sus palabras, Richard deseaba ser "una fuente de inspiración y estímulo para los demás". Experimentó episodios periódicos de depresión durante los siguientes ocho años, ninguno tan grave como el primero, y respondían perfectamente bien a un breve tratamiento con Nortriptyline. Durante estos episodios, no creí que fuera necesario practicar ningún tipo de psicoterapia con Richard, más allá del simple apoyo.

A los setenta y seis años, Richard experimentó un ataque al corazón bastante grave que le dañó permanentemente la mayor parte del órgano. Pocos creían que iba a sobrevivir, pero lo hizo. Sin embargo, Richard no recuperó totalmente sus funciones físicas y, durante el año siguiente, Tom se vio obligado a cuidar a su padre, ocupándose de la mayoría de las tareas de la casa, tales como cocinar y salir de compras. A Tom, su nuevo papel de cuidador de su padre parecía venirle muy bien y se desempeñaba de acuerdo con las necesidades, sin que tuviera que abandonar su trabajo y otras actividades particulares fuera de su casa.

Richard me dijo: “No podría estar más orgulloso de Tom. Ahora creo que, cuando yo falte, Tom será capaz de cuidarse a sí mismo.” Richard también estaba favorablemente sorprendido por el apoyo y la atención que recibió de su iglesia y de la comunidad. El año que siguió a su ataque al corazón se llenó de banquetes en su honor y distintos premios por sus abnegados servicios a la comunidad.

Richard, sin embargo, distaba mucho de estar contento. Tres meses después del ataque, volvió a estar gravemente deprimido, con una depresión que, según su expresión, “se sentía diferente” con respecto a los episodios que había experimentado en el pasado. El Nortriptyline le permitía dormir pero no consiguió eliminar su profunda tristeza y su inesperada ira. Primero me pidió que probáramos otras drogas contra la depresión, como Prozac, Zoloft y Paxil. Ninguna alivió sus síntomas. Volvimos a Nortriptyline, como el mejor antidepresivo, dadas las circunstancias.

Tanto Richard como yo nos descorazonamos. Un día, durante una visita que hizo a mi consultorio, Richard me dijo: “Estoy peleándome con Dios.”

Le pedí que me explicara qué quería decir, y me respondió: “Siempre tuve todas las cosas bajo control. Siempre fui yo el que se encargaba de los problemas, he sido ‘la mano de Dios’. Ahora Dios me ha quitado su mano. Pero es más que eso. Yo creía que entendía mi relación con Dios, pero ahora me siento separado, tanto de Dios como de la gente que me rodea. Estoy aislado. No me interprete mal. Mis amigos me han apoyado tanto como podría exigirles. Sin embargo ellos conocían al viejo Richard, el Richard fuerte. Conocían al Richard que tenía confianza en Dios y en sí mismo, que nunca se rendía. Sin embargo, hoy, esta confianza está desvaneciéndose. ¿Qué pasaría si les dijera que estaba sosteniendo una lucha con Dios, que Dios me había abandonado y que eso no me gustaba nada? ¿Qué pasaría si les dijera que estaba gritándole a Dios, cuestionando su buen juicio? Todo lo hecho en el nombre de Dios y a favor de la comunidad sería en balde. De manera que aquí estoy, solo aunque rodeado de los otros, aparentemente bendecido por un Dios amante pero sintiéndome maldito por el ‘Amo del Universo’ que ha decidido trastornar, al final de mi vida, todo el significado de lo que he sido.”

En un nivel, no tenía dificultad para diagnosticar el problema de Richard. Sufría de una depresión resistente al tratamiento, que no es poco común después de una enfermedad física grave. Además, Richard tenía toda la razón del mundo para sentirse deprimido, pese a todo lo que decía sobre sus "bendiciones". Había ayudado a los otros y mantenido el control durante toda su vida adulta, y sus logros eran inmensos. Uno de los peores temores de Richard debía ser convertirse en una carga para aquellos a quienes él mismo había dedicado su vida, su cuidado y su apoyo. Sin embargo, creo que su peor temor era la percepción de que su relación con Dios —que él era la mano o el instrumento de Dios— estaba siendo puesta en tela de juicio.

Richard sabía tan bien como yo mismo por qué estaba deprimido y a la vez enojado. ¿Cómo podía yo ayudarlo?

Mis herramientas tradicionales de psiquiatra no servían para nada. La medicación no estaba dando resultado. Una terapia de sentido común hubiera caído en saco roto. Por ejemplo, podría haberle dicho a Richard que había ganado el derecho a dejar de preocuparse y soportar presiones, y que podía aceptar la ayuda de los otros. Richard no sólo no hubiera prestado oídos a este consejo, sino que, además, hubiera pensado que yo, después de tantos años, en realidad no lo conocía bien. Las interpretaciones psicoanalíticas hubieran sido igualmente inútiles. Le hubiera podido pedir a Richard que se explayara sobre su enojo con Dios, asociando ese enojo con la proyección de su impotencia en la presencia de un padre poco misericordioso, como había sido en realidad su padre. Sin embargo, lo más probable es que Richard no hubiera aceptado la asociación de su actual enojo hacia Dios con el enojo hacia su padre en el pasado. Dios era un problema para Richard, en el aquí y ahora. Dios era real para Richard, y la tensión entre Dios y Richard era tan real como su frustración por no poder, ni él ni yo, resolver su problema con fármacos. Dentro del marco de la obra de Alexander Leighton, el sentimiento religioso de Richard era tan real como su necesidad de seguridad física.

Sentía que estaba en la misma posición que los amigos de Job (el personaje bíblico a quien Dios había maldecido con todas las aflicciones imaginables), intentando explicar por qué todo esto le estaba pasando pero, al mismo tiempo, incapaces de aliviar su sufrimiento. No quería repetir el error de los amigos de Job, porque todos ellos le ofrecieron consejos muy sabios, pero ninguno de esos consejos le sirvió a Job de algún modo, y ninguno de sus amigos se quedó junto a él mientras sufría. Sabía que la contribución más beneficiosa que podía hacer al problema de Richard, en ese momento, era mantener nuestra relación.

Le dije a Richard que no tenía una respuesta. Mis oraciones en su favor no eran más valiosas para aliviar su depresión que las suyas propias. De manera que escuché, tal como Richard me lo había pedido, una y otra vez, su protesta: "¿Por qué Dios me ha enviado esta miseria, al final de una vida larga y productiva? Me hubiera podido llevar rápidamente, cuando sufrí mi ataque de corazón. Hubiera podido dejarme morir con dignidad."

Me intrigó esa palabra. Le pregunté: "¿Qué quieres decir con 'dignidad'?"

Me dijo que estaba confundido en todo lo concerniente a sus relaciones con Dios y con la humanidad. Había perdido confianza en lo que sabía de Dios y de las formas que actuaba en el mundo. Había perdido confianza en el sentido de su vida.

Le confesé que yo también estaba confundido. No me sentía mejor dotado que Richard para predecir las cosas que Dios haría y sus razones para hacerlas. Yo tampoco tenía una garantía de que mi destino en el futuro no sería como el de Richard.

Cuando hablé de mis propios temores con Richard, me estaba colocando en una zona incómoda. No soy yo el que debe revelar sus temores a mis pacientes, y yo tenía tanto deseo como Richard de mantener las cosas bajo control. Sin embargo, mi confesión a Richard pareció cambiar el tono de nuestra relación.

Desde ese momento en adelante, escuché menos comentarios, por parte de Richard, sobre su enojo con Dios. No hubo respuestas, pero la pregunta pasó a un segundo plano. Casi no hablaba de su propia imagen desdibujada. Me contaba cómo hacía día a día para seguir funcionando, de alguna manera, y me contaba de la gran ayuda que recibía de Tom. Sin embargo, él quería seguir viéndome de manera regular.

Volví a ver a Richard un mes después de mi confesión. Durante los cuatro meses siguientes, estaba demasiado débil como para hacer el viaje a Durham. Después de esta ausencia suya, yo pasé por su casa, al regresar de una reunión con profesionales. Hablamos más como amigos, como compañeros en un largo viaje, que como doctor y paciente. Sentí que, en esa visita, sería la última vez que vería a Richard con vida. Creo que él sintió lo mismo. Aunque nos despedimos como si él fuera a pasar por mi oficina, para una consulta, cualquiera de aquellos días.

Dos semanas después, Richard murió, mientras yo estaba pasando mis vacaciones en Europa. Sigo viéndolo a Tom, quien ha estado bien después de la muerte de Richard, especialmente porque encontró un gran apoyo en la iglesia. Uno de los antiguos amigos íntimos de Richard, el más íntimo, había asumido el papel contenedor que jugaba Richard durante las crisis periódicas de su hijo.

Hasta hoy, me resulta difícil describir a Richard como un "caso". Mi relato, que ustedes han leído, no hace justicia a lo que en realidad sucedió, ni a mis sentimientos en nuestra relación, y tampoco, por cierto, a los sentimientos de Richard. Pero sé, sin embargo, que la relación de Richard con su Dios y con su psiquiatra, una cuestión de alma, si quieren llamarla así, fue la clave de alguna forma de solución, hacia el final de su vida. También sé que Richard me empujó hasta el límite de mi capacidad para comprender su situación, tanto como psiquiatra cuanto como cristiano. Es decir, no puedo pensar en Richard solamente como una persona que traté y a quien respeté; pienso en él como un recordatorio de lo difícil que es mi tarea de atender a personas que experimentan sufrimientos emocionales graves.

Sin embargo, Richard no me deja con una pregunta sin respuesta, como sucede con Jason, Barbara y Betty. Aun cuando no sea capaz de expresar en palabras lo que sucedió, tengo la confianza de haber cruzado una barrera con él en nuestra relación como doctor y paciente, una barrera para la que ni la psiquiatría ni el asesoramiento cristiano tienen explicaciones fáciles. Mantuvimos una conversación que, desde la perspectiva psiquiátrica, era terapéutica y caló hondo, hasta nuestra almas, las de los dos.

Por esta razón, la historia de Richard me hace experimentar la confianza de que una conversación significativa —que a veces puede ser un debate— entre la psiquiatría y el cristianismo nos haría avanzar en el camino de sanar las emociones.

Notas

Introducción

1. El término *alma* es, en el mejor de los casos, nebuloso. En este libro no lo uso como un constructo teológico o psicológico sino como una indicación de la experiencia subjetiva de la persona, y el reconocimiento de la experiencia subjetiva por el terapeuta u otras personas que entran a desempeñar un papel de ayuda con quienes padecen de sufrimientos emocionales. La persona no *tiene* un alma sino que *es* un alma. Da respuesta a la pregunta "¿Quién soy en relación con otras personas y con Dios?" Por lo tanto, "alma" trasciende los conceptos de "personalidad", "yo" e "identidad". Sea lo que fuera que un terapeuta, o un teólogo, si vamos al caso, piense sobre la existencia y naturaleza de "Dios", el reconocimiento del alma es un reconocimiento de la experiencia subjetiva de la persona, no solamente en relación con el mundo sino también ante Dios.
2. Rainer María Rilke, *Letters to a Young Poet*, Nueva York, W. W. Norton, 1934, pp. 57-58; el subrayado es mío. (Hay numerosas versiones en castellano, por ejemplo: *Cartas a un joven poeta,* Madrid, Alianza.)
3. La descripción de estas personas se ha modificado de manera que no puedan ser reconocidas (a fin de mantener la confidencialidad). Sin embargo, hay en sus historias elementos que no han sufrido cambios. Describo mis interacciones con estas personas para que usted, el lector, pueda compartir preguntas a las que no he dado respuesta.

Capítulo 1: Historias y preguntas

1. Paul Tournier, *The Meaning of Persons,* Nueva York, Harper & Row, 1957.
2. William Styron, *Darkness Visible: A Memoir of Madness,* Nueva York, Random House, 1990. (Hay versión castellana: *Esa visible oscuridad*, Barcelona, Grijalbo.)
3. William Styron, *The Confessions of Nat Turner,* Nueva York, Random House, 1966.
4. Peter Kramer, *Listening to Prozac,* Nueva York, Penguin, 1993.
5. Melvin Konner, "Out of Darkness", *The New York Times Magazine,* 2 de octubre de 1994, pp. 70-73.

Capítulo 2: Conversación y debate

1. En todo el libro hago referencia al sufrimiento emocional grave. Sin embargo, no intento definir específicamente este sufrimiento. Una definición explícita, como lo explico más adelante, es una de las tendencias que socavan el alma de la psiquiatría. Para ser más nítidos, sin embargo, no me estoy refiriendo a la angustia general de la sociedad, tal como, por ejemplo, la describe el extenso poema de W. H. Auden "La edad de la ansiedad". En cambio, me refiero a los sentimientos extremadamente dolorosos y alienados que describe muy bien William Styron en *Darkness Visible: A Memoir of Madness*: "En la depresión... el dolor no da tregua... No se abandona, siquiera por un momento muy breve, la cama de clavos. Se la lleva consigo, sea donde fuera que uno vaya... La situación del que está herido y camina... el que sufre de depresión... se encuentra, como un herido en la guerra, arrojado a las situaciones sociales y familiares más intolerables. Allí debe, pese a la angustia que devora su cerebro, presentar un rostro lo más parecido que pueda con aquel que se asocia a los acontecimientos comunes y el compañerismo" (Nueva York, Modern Library, 1949, pp. 166-187).
2. San Agustín, *Confessions*, trad. E. B. Pusey, Nueva York, Modern Library, 1949, pp. 166-187. (Hay traducción al castellano; entre otras: *Confesiones*, Buenos Aires, Lumen, 1998.)
3. Robert Burton, *The Anatomy of Melancholy*, ed. Floyd Dell y Paul Jordan Smith, Nueva York, Tudor, 1927, p. 8.
4. Ibíd., p. 100.
5. F. G. Alexander y S. T. Selesnik, *The History of Psychiatry: An Evaluation of Psychiatric Thought and Practice from Prehistoric Times to the Present*, Nueva York, New American Library, 1966.
6. Ibíd. p. 140.
7. E. Brooks Holifield, *A History of Pastoral Care in America*, Nashville, Abingdon, 1983, p. 15.
8. William Perkins, *The Whole Treatise of the Cases of Conscience,* ed. Thomas Merrill; William Perkins (1558-1602), Nieuwkoolp, Holanda, 1977, tal como es citado en Holifield, *History of Pastoral Care,* pp. 70-71.
9. Thomas Szasz, *The Myth of Mental Illness*, Nueva York, Harper & Row, 1974.
10. Jane Murphy, "Psychiatric Labelling in Cross Cultural Pespective", *Science,* 191 (1976): 1019.
11. Jose Barchilon, introducción a *Michel Foucault: Madness in Civilization,* trad. Richard Howard, Nueva York, Vintage, 1965, pp. v-viii.
12. Stanley Jackson, *Melancholia and Depression: From Hippocratic Times to Modern Times,* New Haven, Yale University Press, 1986, p. 328.
13. Holifield, *History of Pastoral Care*, pp. 70-71.
14. Alexander and Selesnick, *History of Psychiatry,* pp. 151.
15. Ibíd., p. 152.

16. *Diagnostic and Statistical Manual of Mental Disorders* (DSM-III, DSM IIIR, DSM IV), Washington, American Psychiatric Association, 1980, 1987, 1994.

17. Alexander and Selesnick, *History of Psyquiatry,* pp. 212-13.

18. Ibíd., p. 213.

19. Ibíd., p. 173.

20. William James, *The Varieties of Religious Experience: A Study in Human Nature,* Cambridge, Harvard University Press, 1902. (Hay versión castellana: *Las variedades de la experiencia religiosa.*)

21. Auguste Comte, *A General View of Positivism,* trad. J. H. Bridges, Nueva York, Robert Speller & Sons, 1975.

22. John Bunyan, *Pilgrim's Progress* (1678); reimpresión: Nueva York, Dodd, Mead, 1909. (Hay versión en castellano.)

23. David M. Wulf, *Psychology of Religion: Classic and Contemporary Views,* Nueva York, John Wiley & Sons, 1991.

24. Ibíd. p. 271.

25. Ibíd. p. 272; Ernest Jones, *The Life and Work of Sigmund Freud*, vol. 3, *The Last Phase*, Nueva York, Basic Books, 1957, p. 20. (Hay una reciente reedición en castellano: *Vida y obra de Sigmund Freud*, Buenos Aires, Lumen-Hormé.) Heinrich Meng y Ernst Freud, *Psychoanalysis and Faith: The Letters of Sigmund Freud and the Problem of God,* trad. Eric Mosbacher, Nueva York, Basic Books, 1963, p. 63.

26. Peter Gay, *Freud: A Life of Our Time*, Nueva York, Doubleday, 1988, pp. 617-618. Hay versión en castellano: *Freud, una vida de nuestro tiempo*, Barcelona, Paidós.)

27. Ibíd. pp. 11-12.

28. Ludwig Buchner, *Kraft und Stoff: Empirisch-Naturphilosophische Studien,* Leipzig, 1855, tal como aparece en Hans Kung, *Freud and the Problem of God,* trad. Edward Guinn, New Haven, Yale University Press, 1979, pp. 5-6.

29. Ludwig Feuerbach, *The Essence of Christianity,* ed. E. Graham Waring y F. W. Strothmann, Nueva York, Frederick Unger, 1957. (Hay versión en castellano: *La esencia del cristianismo,* Madrid, Trotta.)

30. Sigmund Freud, *The Future of an Illusion* (1927), en *Standard Edition of the Complete Psychological Works of Sigmund Freud* (24 volúmenes), ed. J. Strachey, Londres, Hogarth/Institute of Psycho-analysis, 1953-1964, pp 1-156. Hay traducciones en castellano: *El futuro de una ilusión,* Madrid, Biblioteca Nueva; Buenos Aires, Amorrortu.

31. Sigmund Freud, *The Psychopatology of Everyday Life*, en Standard Edition, 6:258-259. Traducción al castellano: *Psicopatología de la vida cotidiana.*

32. Sigmund Freud, *Leonardo Da Vinci and a Memory of His Childhood*, en Standard Edition, 11:57-137. (*Un recuerdo de la infancia de Leonardo Da Vinci.*)

33. Floyd Westendorp, "The Value of Freud's Illusion", *Journal of Psychology and Theology,* 3 (1975): 83-89.

34. Carl G. Jung, *The Integration of Personality,* Nueva York, Farrar & Reinhert, 1939; Carl G. Jung, *The Structure and Dynamics of the Psyche,* vol. 8 of *The Co-*

llected Works, Nueva York, Pantheon, 1960; John D. Carter, "Personality and Christian Maturity: A Process Congruity Model", *Journal of Psychology and Theology* 2 (1974): 190-201.

35. Wulff, *Psychology of Religion*, pp. 432-433.
36. Carl G. Jung, *Psychotherapists of the Clergy,* vol 11, *The Collected Works,* segunda edición, Princeton, Princeton University Press, 1932, p. 334.
37. Heinrich Meng y Anna Freud, *Psychoanalysis and Faith*, Nueva York, Basic Books, 1963; Westendorp, "Vallue of Freud's Illusion", pp. 82-89.
38. Meng and Freud, *Psychoanalysis and Faith,* p. 127.
39. Westendorp, "Value of Freud's Illusion", pp. 82-89.
40. Gregory Zilboorg, *Psychoanalysis and Religion,* Nueva York, Farrar, Straus & Cudahy, 1962; Küng, *Freud and the Problem of God,* New Haven, Yale University Press, 1929.
41. Zilboorg, *Psychoanalysis and Religion,* p. 97.
42. Karl Menninger, *Whatever became of Sin?*, Nueva York: Hawthorn, 1973, p. 189.
43. Ibíd., p. 224.
44. Thomas Jobe, "American Soul Doctrine at the Turn of the Century: Toward the Psyquiatry of the Spiritual", en *Religious and Ethical Factors in Psychiatric Practice,* ed. Don S. Browning, Thomas Jobe y Ian Evison, Chicago, Nelson-Hall, 1990, pp. 107-128.
45. Paul Tillich, "You're Accepted" en *The Shaking of the Foundations,* Nueva York, Charles Scribner's Sons, 1948, pp. 153-163.
46. Don S. Browning, Thomas Jobe y Ian S. Evison, editores, *Religious and Ethical Factors in Psychiatric Practice*, Chicago, Nelson-Hall, 1990, p. 34.
47. Paul Tillich, *The Theology of Culture*, Nueva York, Oxford University Press, 1959. (Hay versión en castellano.)
48. Paul Tillich, *The Courage to Be*, New Haven, Yale University Press, 1952, pp. 52-53. (Hay versión en castellano.)
49. Ibíd. p. 52.
50. Paul Tillich, *Systematic Theology,* Chicago, University of Chicago Press, 1952, 1:212; Browning, Jobe y Evison, *Religious and Ethical Factors,* p. 35.
51. Browning, Jobe y Evison, *Religious and Ethical Factors,* p. 30. Reinhold Niebuhr, *Beyond Tragedy,* Nueva York, Charles Scribner's, 1937.
52. Reinhold Niebuhr, *Moral Man and Inmoral Society,* Nueva York, Charles Scribner's Sons, 1932, p. xi.
53. Reinhold Niebuhr, "Human Creativity and Self-Concern in Freud's Thoughts", en *Freud and the Twentieth Century,* ed. Benjamin Nelson, Gloucester, Peter Smith, 1974.
54. Reinhold Niebuhr, *The Nature and Destiny of Man,* Nueva York, Charles Scribner's Sons, 1941, 1:43.
55. Ibíd., p. 42. Browning, Jobe and Evison, *Religious and Ethical Factors,* p. 31.

56. Browning, Jobe and Evison, *Religious and Ethical Factors,* p. 32.
57. H. Richard Niebuhr, "A Story of Our Life", in *The Meaning of Revelation,* Nueva York, Macmillan, 1941, pp. 43-81.
58. Robert Burns, "To a Louse" (1786).
59. Niebuhr, "Story of Our Life", p. 43.
60. Arnold Cooper, Allen Frances y Michael Sacks, "The Psychoanalytic Model", en *Psychiatry,* ed. R. Michels et al., Filadelfia, Lippincott, 1990, p. 1:11.
61. Browning, Jobe y Evison, *Religious and Ethical Factors,* pp. 19-20, 34-38; Paul Ricoeur, *Freud and Philosophy*, New Haven, Yale University Press, 1970.
62. Ricoeur, *Freud and Philosophy,* p. 8.
63. Wulff, *Psychology of Religion,* pp. 303-304.
64. Ricoeur, *Freud and Philosophy,* pp. 4.
65. Holifield, *History of Pastoral Care,* pp. 244-246.
66. Anton Boisen, *The Exploration of the Inner World,* Nueva York, Harper and Row, 1936, pp. 266-267, tal como se lo cita en Howard J. Clinebell, *Basic Types of Pastoral Counseling*, Nashville, Abingdon, 1966, p. 276.
67. Clinebell, *Basic Types,* p. 28.
68. Paul Tillich, *The Religious Situation,* trad. por H. Richard Niebuhr, Nueva York, Meridian, 1932, tal como lo cita Holifield, *History of Pastoral Care,* pp. 151-153.
69. Rollo May, *The Springs of Creative Living: A Study of Human Nature and God,* Nashville, Abingdon, 1939, tal como Holifield lo describe en *History of Pastoral Care,* pp. 251-253.
70. Holifield, *History of Pastoral Care,* p. 259.
71. William Glasser, *The Identity Society,* Nueva York, Harper & Row, 1972.
72. Holifield, *History of Pastoral Care,* p. 262.
73. Erich Fromm, *Man for Himself* , Nueva York, Rinehart, 1947; Erich Fromm, *The Art of Loving*, Nueva York, Harper & Row, 1956, tal como lo describe Holifield en *History of Pastoral Care,* pp. 283-285. (Hay versión castellana: *El arte de amar,* Barcelona, Paidós.)
74. Holifield, *History of Pastoral Care,* pp. 295-298.
75. Ibíd., p. 300. Véanse referencias en Holifield sobre el extenso debate entre Niebuhr y Rogers.
76. Ibíd. p. 311.
77. Albert Outler, *Psychotherapy and the Christian Message,* Nueva York, Harper, 1954.
78. Holifield, *History of Pastoral Care,* p. 347.
79. A. T. Grounds, "Lectures on Heaven: An excursion into the Playground of the Theologies", *British Medical Journal* 283 (1981): 2664, tal como es citado por Robert Sevensky, "Religion, Psychology and Mental Health, *American Journal of Psychotherapy* 38 (1984): 73.

80. John D. Carter, "Secular and Sacred Models of Psychology in Religion", *Journal of Psychology and Theology* 5 (1977): 197-208.
81. Feuerbach, *Essence of Christianity,* p. 65.
82. Earl Biddle, *Integration of Psychiatry and Religion,* Nueva York, Collier, 1955.
83. Ibíd. p. 8.
84. Edgar Draper et al., "On the Diagnostic Value of Religious Ideation". *Archives of General Psychiatry* 13 (1965): 202-207.
85. Carl Christensen, "Religious Conversion", *Archives of General Psychiatry* 9 (1963), 207-216.
86. Stephen Carter, *The Culture of Disbelief,* Nueva York, Basic Books, 1992.
87. H. E. Kagan, *Psychiatry and Religion,* Cleveland, Minnie K. Lansberg Memorial Foundation, 1952, tal como lo cita Kenneth Apple, "Psychiatry and Religion", en *American Handbook of Psychiatry,* ed. Silvaro Arieti, Nueva York, Basic Books, 1974, 1:993.
88. O. Hobart Mowrer, *The Crisis in Psychiatry and Religion,* Princeton, Van Nostrand, 1961, p. 60.
89. Jay E. Adams, *Competent to Counsel,* Grand Rapids, Baker Book House, 1970, p. xvii.
90. Ibíd.
91. Una serie de publicaciones recientes, que han sido ampliamente difundidas por la Asociación Internacional de Cientologistas, a través de un grupo denominado Comisión de Ciudadanos a favor de los Derechos Humanos, es descaradamente antipsiquiátrica. Entre los títulos de estas publicaciones figuran "La psiquiatría está destruyendo la religión" y "Psiquiatría: la traición final". El blanco de estos ataques es la psiquiatría tal como se practicaba hacia mediados de siglo. Freud, por lo tanto, es su cuco preferido.
92. Küng, *Freud and the Problem of God.*
93. Appel, "Psychiatry and Religion", p. 992.
94. Viktor Frankl, *The Doctor and the Soul: From Psychotherapy to Logotherapy,* Nueva York: Alfred A. Knopf, 1955; Erik Erikson, *Childhood and Society,* Nueva York, W. W. Norton, 1953. (Hay versión castellana: *Infancia y sociedad*, Buenos Aires, Lumen-Hormé.)
95. Stanley Hauerwas, *A Community of Character: Toward a Self Constructive Christian Social Ethic,* Notre Dame, University of Notre Dame Press, 1981.
96. Sigmund Freud, *Totem and Taboo: Some Points of Agreement Between the Mental Lives of Savages and Neurotics,* en *Standard Edition,* 13:1-161. (Traducción castellana: *Tótem y tabú.*)
97. Ibíd., 13: 141-142.
98. Karl Marx, *Critique of the Hegelian Philosophy of Right* (1844), tal como lo cita John Bartlett, *Familiar Quotations,* Boston, Little, Brown and Company, 1980, p. 562.

99. Sigmund Freud, *The Future of an Illusion,* en *Standard Edition,* 21:17-18.
100. Steven S. Gould, entrevista en *Raleigh News and Observer,* 7 de abril de 1994.
101. Gary Collins, *Christian Counseling: A Comprehensive Guide,* Waco, Word, 1980, pp. 86, 91-92.
102. Albert Camus, *The Myth of Sisyphus,* trad. Justin O'Brien, Londres, Penguin, 1975, p. 11. (Hay versión castellana: *El mito de Sísifo,* Buenos Aires, Losada.)
103. *Diagnostic and Statistical Manual of Mental Disorders,* 4.ª edición (DSM-IV).
104. Lillian H. Robinson, ed., *Psychiatry and Religion: Overlapping Concerns,* Washington, American Psychiatric Press, 1986; J. Roland Fleck y John D. Carter, *Psychology and Christianity: Integrative Readings,* Nashville, Abingdon, 1981.
105. Roy S. Hart, "Psychiatry and Religion: We Need More than Rapprochement", *Psychiatric News,* 20 de mayo de 1994.
106. Sharon Begley, "One Pill Makes You Larger, and One Pill Makes You Smaller...", *Newsweek,* 7 de febrero de 1994, pp. 37-43.

Capítulo 3: La psiquiatría pierde su alma

1. Vance Packard, *The Hidden Persuaders,* Nueva York, David McKay, 1957. (Versión castellana: *Persuasores ocultos,* Buenos Aires, Sudamericana.)
2. Martin Gross, *The Psychological Society,* Nueva York, Random House, 1978.
3. Franz Alexander y T. M. French, *Studies in Psychosomatic Medicine,* Nueva York, Ronald, 1948.
4. Jerry Foder, "The Mind-Brain Problem", *Scientific American* 244, (1981): 114-123; Donald Mender, *The Myth of Neuropsychiatry,* Nueva York, Plenum, 1994, p. 38.
5. Silvano Arieti, *Interpretation of Schizofrenia,* Nueva York, Basic Books, 1974.
6. Hannah Greene, *I Never Promised You a Rose Garden,* Nueva York, Rinehart and Winston, 1969.
7. Frieda Fromm-Reichmann, *Principles of Intensive Psychotherapy,* Chicago, University of Chicago Press, 1950; tal como lo describe Franz Alexander y Sheldon Selesnick, *The History of Psychiatry,* Nueva York, Mentor, 1966, p. 406.
8. Melvin Sabshin, "Turning Points in Twentieth Century American Psychiatry", *American Journal of Psychiatry* 147 (1990): 1267-74.
9. Nathan Ackerman, *The Psychodynamics of Family Life,* Nueva York: Basic Books, 1958; Eric Berne, *Games People Play,* Nueva York, Grove, 1964. (Versión castellana: *Juegos en que participamos,* México, Diana.)
10. George Mora. "Historical and Theoretical Trends in Psychiatry", en *Comprehensive Textbook of Psychiatry,* tercera edición, ed. Harold Kaplan, Alfred Freedman y Benjamin Sadock, Baltimore, Williams and Wilkins, 1980, pp. 4-98.
11. Thomas S. Szasz, *The Myth of Mental Illness,* Nueva York, Harper & Row, 1961.
12. Ibíd., p. 262.

13. Jay E. Adams, *Competent to Counsel,* Grand Rapids, Baker Book House, 1970.

14. Michel Foucault, *Madness and Civilization,* trad. Richard Howard Nueva York, Vintage, 1965.

15. E. Fuller Torey, *The Mind Game: Witch Doctors and Psychiatrists,* Nueva York, Emerson Hall, 1972.

16. Hannah H. Decker, *Freud, Dora and Vienna, 1900,* Nueva York, Free Press, 1991.

17. Sabshin, "Turning Points", p. 1271.

18. F. Adams, *The Genuine Works of Hippocrates,* Baltimore, Williams and Wilkins, 1939, p. 366; Michael R. Tremble, *Biological Psychiatry,* Nueva York, John Wiley and Sons, 1988, p. 1.

19. Paul Churchland, *The Engine of Reason, the Seat of the Soul* Cambridge, MIT Press, 1994; Daniel Dennett, *Consciousness Explained,* Nueva York, Little, Brown, 1991.

20. Peter Kramer, *Listening to Prozac,* Nueva York, Penguin, 1993.

21. Sharon Begley, "One Pill Makes You Larger, One Pill Makes You Smaller", *Newsweek,* 7 de febrero de 1994, pp. 34-43.

22. David Wulff, *Psychology of Religion,* Nueva York, John Wiley, 1991, p. 54.

23. Robert Burton, *The Anatomy of Melancholy,* Nueva York, Tudor, 1938, p. 968.

24. Wulf, p. 42; G. Stanley Hall, *Adolescence: Its Psychology and its Relations to Physiology, Anthropology, Sociology, Sex, Crime, Religion and Education,* Nueva York, D. Appleton, 1904, pp. 295-301.

25. G. Stanley Hall, *Life and Confessions of a Psychologist,* Nueva York, D. Appleton, 1923, p. 574; Wulff, *Psychology of Religion,* p. 43.

26. Arnold J. Mandell, "Toward a Psychobiology of Trascendent: God in the Brain", ponencia presentada en el simposio sobre propiedades emergentes del cerebro en la Undécima Conferencia Anual Invernal de Investigaciones sobre el Cerebro, Keystone, Colorado, enero de 1978.

27. F. J. Hacker, *Crusaders, Criminals and Crazies,* Nueva York, Bantam, 1978; William Sargant, *Battle for the Mind: Physiology of Conversion and Brain-washing,* Londres, Heinemann, 1957; George A. Sheehan, *Advice and Philosophy for Runners,* Nueva York, Simon & Schuster, 1978.

28. Edward O. Wilson, *On Human Nature,* Cambridge, Harvard University Press, 1978, p. 192.

29. Ernst Mayr, *Toward a New Philosophy of Biology: Observations of an Evolutionist,* Cambridge, Harvard University Press, 1988, p. 82.

30. Ibíd., p. 83.

31. Edward Hundert, *Philosophy, Psychiatry and Neuroscience: A Synthetic Analysis of the Varieties of Human Experience*, Nueva York: Oxford University Press, 1989.

32. Arnold M. Cooper, "Will Neuropsychiatry Influence Psychoanalysis?", *American Journal of Psychiatry* 142 (1985): 1395-402.

33. Sabshin, "Turning Points", p. 1274.

34. Kramer, *Listening to Prozac*, p. 300.

35. Ibíd.

36. Ibíd.

37. Begley, "One Pill Makes You Larger", p. 42.

38. Aldous Huxley, *Brave New World*, Nueva York, Harper & Brothers, 1932, p. 170-171. (Hay versiones castellanas: *Un mundo feliz*, Barcelona, Plaza & Janés, México, Porrúa.)

39. José Ortega y Gasset, *The Revolt of the Masses*, Nueva York, W. W. Norton, 1932. (Original castellano: *La rebelión de las masas*, Madrid, Revista de Occidente.)

40. Ibíd., p. 114.

41. *Diagnostic and Statistical Manual of Mental Disorders*, 3.ª edición (DSM-III), Washington, American Psychiatric Association, 1980.

42. *Diagnostic and Statistical Manual of Mental Disorders*, 3.ª edición revisada (DSM-IIIR), Washington, American Psychiatric Association, 1987; *Diagnostic and Statistical Manual of Mental Disorders*, 4.ª edición (DSN-IV), Washington, American Psychiatric Association, 1994.

43. Percy W. Bridgman, *The Logic of Modern Physics,* Nueva York, Macmillan, 1948.

44. DSM-IV.

45. David Lukoff , Francis Lu y Robert Turner, "Toward a More Culturally Sensitive DSM-IV: Psycho-religious and Psycho-spiritual Problems", *The Journal of Nervous and Mental Diseases* 180 (1992): 673-82.

46. David Larson, psiquiatra, cristiano evangélico consagrado y buen amigo mío, ejemplifica este enfoque. Él y su esposa Susan escribieron *The Forgotten Factor in Physical and Mental Health: What Does the Research Show?*, Arlington, National Institute for Healthcare Research, 1992; el factor olvidado es la religión. Creo que tienen razón cuando afirman que la respuesta a preguntas sobre el tema confirman que la creencia religiosa está asociada con una menor frecuencia de enfermedades mentales. Sin embargo, no estoy seguro de que esa pregunta estimule una conversación significativa entre los psiquiatras y los cristianos, aun cuando el caso fuera el contrario, o sea que la creencia religiosa estuviera asociada con una mayor frecuencia de enfermedades mentales. En el mejor de los casos, la identificación estimula a los psiquiatras y los cristianos a sentarse alrededor de una misma mesa e iniciar la conversación. Por esta razón, he participado en la redacción de varias ponencias con el Dr. Larson; estos datos, sin embargo, sí desafían la percepción de que la religión crea tensiones mentales. En el peor de los casos, creo que la asociación estadística se convierte en el tema de la conversación.

47. Franz Alexander y Sheldon Selesnick, *The History of Psychiatry*, Nueva York, New American Library, 1966, pp. 328-330.

48. Alexander Lief, *The Common Sense Psychiatry of Adolf Meyer*, Nueva York, McGraw-Hill, 1943, p. X.

49. Aaron T. Beck, *Cognitive Therapy and Emotional Disorder*, Nueva York, International University Press, 1976.

50. Ibíd. p. 17.

51. Anthony Burgess, *A Clockwork Orange*, Nueva York, Ballantine, 1962. (Hay versión castellana: *La naranja mecánica*, Buenos Aires, Minotauro.)
52. B. F. Skinner, *Walden II*, Nueva York, Macmillan, 1948.
53. Gerald L. Klerman et al., *Interpersonal Pychotherapy of Depression*, Nueva York, Basic Books, 1984.
54. Arthur Kleinman, *Rethinking Psychiatry: From Cultural Cathegory to Personal Experience*, Nueva York, Free Press, 1988.
55. Ibíd., p. 32-33.
56. Harold Bloom, *The American Religion: The Emergence of a Post Christian Nation*, Nueva York, Simon & Schuster, 1992, p. 257. (Hay versión castellana: *La religión en los Estados Unidos,* México, FCE.)
57. David D. Burns, *Feeling Good: The New Mood Therapy*, Nueva York, Signet, 1981. La contratapa del libro de Burns, que describe la terapia cognitiva para el público lego, dice: "Usted siente de la manera que piensa... Este libro... delinea... un programa sistemático para controlar las distorsiones del pensamiento... y lograr una vida rica en puntos fuertes, seguridad con respecto a sí mismo y logros." ¿Puede maravillarnos que la terapia del sentido común de Aaron Beck atraiga al público religioso en los Estados Unidos?
58. Kleinman, *Rethinking Psychiatry*, p. 132.
59. Ibíd., p. 133.
60. Thomas A. Harris, *I'm OK, You're OK: A Practical Guide to Transactional Analysis*, Nueva York, Harper & Row, 1967.
61. Thomas Moore, *Care of the Soul: A Guide for Cultivating Depth and Sacredness in Everyday Life*, Nueva York, Harper, 1992, pp. xi-xii.
62. Jeffrey H. Boyd, *Soul Psychology*, Cheshire, Soul Research Institute, 1994, p. 47.

Capítulo 4: El cristianismo pierde la cabeza

1. Sydney E. Ahlstrom, *A Religious History of the American People*, New Haven, Yale University Press, 1972, p. 1080.
2. Richard Coleman, *Issues of Theological Warfare: Evangelicals and Liberals*, Grand Rapids, Eerdmans, 1972.
3. Ahlstrom, *Religious History,* p. 909.
4. Ronald Numbers, *The Creationists The Evolution of Scientific Creationism*, Berkeley, University of California Press, 1992.
5. Ahlstrom, *Religious History*, p. 912.
6. Ibíd. p. 913.
7. H. L. Mencken, "Protestantism and the Republic", en *Prejudice*, ed. Wilber C. Abbot, Nueva York, Alfred A. Knopf, 1926, pp. 104-5, 115, tal como lo cita Ahlstrom, *Religious History*, pp. 915-916.
8. Ahlstrom, *Religious History*, p. 915.

9. Mark A. Noll, *The Scandal of the Evangelical Mind*, Grand Rapids, Eerdmans, 1994.
10. J. I. Packer, *Fundamentalism and the Word of God*, Londres, Inter-Varsity Fellowship, 1958, p. 9.
11. Carl F. H. Henry, *The Uneasy Conscience of Modern Fundamentalism*, Grand Rapids, Eerdmans, 1947, tal como lo cita Coleman, *Issues of Theological Warfare*, p. 25.
12. Billy Graham, entrevista en *Christianity Today*, 7 de noviembre de 1969, p. 34; tal como lo cita Coleman, *Issues of Theological Warfare*, p. 26.
13. Ahlstrom, *Religious History*, p. 959.
14. Harold Bloom, *The American Religion: The Emergence of a Post-Christian Nation*, Nueva York, Simon & Schuster, 1992.
15. Robert N. Bellah et al., *Habits of the Heart: Individualism and Commitment in American Life*, Berkeley, University of California Press, 1985, p. 235.
16. Bloom, *American Religion*, p. 219.
17. Paul Tournier, *The Doctor's Case Book in Light of the Bible*, trad. Edwin Hudson, Nueva York, Harper & Row, 1954. Paul Tournier, *The Meaning of Persons*, trad. Edwin Hudson, Nueva York, Harper & Row, 1957.
18. Tournier, *Meaning of Persons*, pp. 118-119.
19. Ibíd., p. 233.
20. Tournier, *Doctor's Case Book*, p. 39.
21. Albert Outler, *Psychotherapy and the Christian Message*, Nueva York, Harper and Row, 1954.
22. Ibíd. p. 8.
23. Ibíd. p. 7-8
24. Ibíd., p. 244.
25. Ibíd. p. 247.
26. Ibíd., p. 255.
27. Ibíd. p. 257.
28. Norman Vincent Peale, *The Power of Positive Thinking*, Nueva York, Prentice-Hall, 1952. (Hay versión castellana: *El poder del pensamiento tenaz*, México, Grijalbo.)
29. Tim LaHaye, *How to Win over Depression*, Grand Rapids, Zonderwan, 1974.
30. James D. Mallory Jr., *The Kink and I: A Psychiatrist's Guide to Untwisted Living*, Wheaton, Victor, 1973.
31. Gary Collins, "Popular Christian Psychologies: Some Reflections", *Journal of Psychology and Theology* 3 (1975): 127-132.
32. John D. Carter, "The Psychology of Gothard and Basic Youth Conflict Seminar", *Journal of Psychology and Theology* 2 (1975): 249-259.
33. Eric Berne, *Games People Play*, Nueva York, Grove, 1964; Frederick S. Perls, *Gestalt Therapy Verbatim*, Nueva York, Bantam, 1970; Carl R. Rogers, *On Beco-*

ming a Person, Boston, Houghton Mifflin, 1961. (Versión castellana: *El proceso de convertirse en persona,* Buenos Aires, Paidós, 1974.)

34. Bruce Larson, *Living on the Growing Edge,* Grand Rapids, Zondervan, 1968.
35. Viktor Frankl, *Man's Search for Meaning*, Nueva York, Beacon, 1963. (Hay versión castellana: *El hombre en busca de sentido,* Barcelona, Herder.) Larson reduce los escritos de Frankl a un nivel que puede comprender cualquier persona que haya completado la escuela secundaria. Se concentra en problemas que tiene todo el mundo, no los problemas emocionales más graves, y cita frecuentemente las Escrituras. Aunque hace referencias a teólogos cristianos tales como Dietrich Bonhoeffer, y psiquiatras no cristianos como Frankl, no ofrece referencias o una bibliografía de sus escritos, algo que incurriría en anatema para la academia. En otras palabras, Larson intenta no dar la imagen de un autor académico, y ésta es una de sus características como consejero cristiano popular.
36. Larson, *Living on the Growing Edge,* p. 42.
37. Ibíd.
38. La Haye, introducción a *How to Win over Depression.*
39. Ibíd.
40. Ibíd.
41. LaHaye, *How to Win over Depression.*
42. David Seamands, *Healing for Damaged Emotions,* Wheaton, Victor, 1983.
43. Ibíd. p. 65.
44. Ibíd.
45. Joseph Wolpe, *Psychotherapy by Reciprocal Inhibitions,* Palo Alto, Stanford University Press, 1958.
46. Bernie S. Siegel, *Love, Medicine and Miracles*, Nueva York, Harper & Row, 1986.
47. Ibíd. p. 4.
48. Ibíd., p. 152.
49. Robert Schuller, *Tough Times Never Last, but Tough People Do!,* Nashville, Thomas Nelson, 1983, pp. 9-10.
50. George Marsden, *Reforming Fundamentalism: Fuller Seminary and the New Evangelicalism,* Grand Rapids, Eerdmans, 1987, p. 233.
51. Ibíd.
52. Ibíd., p. 234.
53. Ibíd.
54. William P. Wilson, *The Grace to Grow: The Power of Christian Faith in Emotional Healing,* Waco, Word, 1984.
55. E. Mansell Pattison, "Social and Psychological Aspects of Religion in Pshychotherapy", *Journal of Nervous and Mental Diseases* 141 (1966): 586-596.
56. Directory of the Psychiatric Section of the Christian Medical Society, 1985.
57. Hendrika Vande Kemp y H. Newton Malony, *Psychology and Theology in Western*

Thought (1672-1965): A Historical and Annotated Bibliography, Millwood, Kraus International, 1984.

58. Wilson, *Grace to Grow,* pp. 87-95.
59. Folleto publicitario, New Life Centers.
60. Tim Stafford, "Franchising Hope", *Christianity Today,* 18 de mayo de 1992.
61. Phillip Guerin, "Family Therapy: The First Twenty Five Years" en *Family Therapy: Theory and Practice,* ed. Phillip Guerin, Nueva York, Gardner, 1976, pp. 2-22.
62. Nathan Ackerman, "The Family as a Social and Emotional Unit, *Bulletin of the Kansas Mental Hygiene Society,* 1937.
63. James Dobson, *Dare to Discipline,* Wheaton, Tyndale House, 1970.
64. Haim Ginott, *Between Parent and Child: New Solutions to Old Problems*, Nueva York, Avon, 1965.
65. Dobson, *Dare to Discipline,* pp. 13-14.
66. Ibíd., p. 69.
67. James Davison Hunter, *Culture Wars: The Struggle to Define America*, Nueva York, Basic Books, 1991, p. 64.
68. C. W. Socaides, *The Overt Homosexual*, Nueva York, Grune and Straton, 1968; Ervin Bieber, *Homosexuality: A Psychoanalytic Study*, Nueva York, Basic Books, 1962.
69. *Psychiatric News,* 15 de abril de 1994, p. 18.
70. Memorándum de Russsell Brubaker y Richard Heckmann a todos los miembros de la sección psiquiátrica en torno al inminente voto sobre la homosexualidad y el aborto, fechado el 2 de mayo de 1994.
71. Stephen L. Carter, *The Culture of Disbelieve*, Nueva York, Basic Books, 1993, p. 4.

Capítulo 5: Llenar el vacío

1. Reynolds Price, *A Whole New Life: An Illness and a Healing*, Nueva York, Atheneum, 1994, pp. 49-50.
2. Donald A. Schon, *The Reflective Practitioner: How Professionals Think in Action*, Nueva York, Basic Books, 1983.
3. Margaret Gerteis et al., "Medicine and Health from the Patient's Perspective", en *Through the Patient' s Eye Understanding and Promoting Patient-Centered Care,* ed. Margaret Gerteis et al., San Francisco, Jossey-Bass, 1993, pp. 1-18.
4. Ibíd. p. 6.
5. Eric Cassel, *The Nature of Suffering and the Goals of Medicine*, Nueva York, Oxford University Press, 1991, p. vii.
6. Arthur Kleinman, *The Illness Narratives: Suffering and the Human Condition*, Nueva York, Basic Books, 1988.
7. Ibíd., pp. xiii-xiv.

8. Patricia Churchland, *Neurophilosophy: Towards a Unified Science of the Mind-Brain*, Cambridge, MIT Press, 1986, p. ix.

9. "In Search of the Sacred", *Newsweek,* 28 de noviembre de 1994, p. 53.

10. George Marsden, *Religion and American Culture*, Nueva York, Harcourt, Brace, Jovanovich, 1990, p. 254.

11. Harold Bloom, *The American Religion,* pp. 181-188.

12. Ibíd. p. 184.

13. Thomas Moore, *Care of the Soul: A Guide for Cultivating Depth and Sacredness in Everyday Life*, Nueva York, Harper, 1992.

14. Ibíd. p. 137.

15. Ibid, p. 203.

16. M. Scott Peck, *The Road Less Traveled: The New Psychology of Love, Traditional Values and Spiritual Growth*, Nueva York, Simon & Schuster, 1978.

17. Ibíd., pp. 11-12.

18. Ibíd., p. 185.

19. Ibíd., p. 186.

20. Ibíd., p. 69.

21. Irving D. Yalom, *Existential Psychotherapy*, Nueva York, Basic Books, 1980. (Hay versión castellana: *Psicoterapia existencial,* Barcelona, Herder.)

22. Ibíd., pp. 4-5.

23. Ludwig Binswanger, "Freud's Conception of Man in Light of Anthropology", en *Being in the Wold,* trad. Jacob Needleman, Nueva York, Harper & Row, 1963; Ludwig Binswanger, "The Case of Ellen West: An Anthropological-Clinical Study", *Schweizer Archiv fur Neurologie und Psychiatrie* 53, (1945): 255-277. Dieter Wyss, *Psychoanalytic Schools from the Beginning to the Present*, trad., Gerald Onn, Nueva York, Jason Aronson, 1973, pp. 384-404.

24. Wyss, *Psychoanalytic Schools,* p. 395.

25. Yalom, *Existential Psychotherapy,* p. 355.

26. Ibíd., p. 401.

27. Ibíd., p. 355.

28. Ibíd.

29. Ibíd., p. 482.

30. Ibíd., pp. 45-46.

31. Robert Coles, *The Spiritual Life of Children,* Boston, Houghton Mifflin, 1990, p. xvi.

32. A. E.Bergin, "Psychotherapy and Religious Values", *Journal of Consulting and Clinical Psychology* 48 (1980): 95-105.

33. Albert Ellis, "Psychotherapy and Atheistic Values: A Response to A. E. Bergin's 'Psychotherapy in Religious Values', *Journal of Consulting and Clinical Psychology,* 48 (1980): 635-639.

34. A. E. Bergin, "Values and Religious Issues in Psychotherapy and Mental Health", *American Psychologist* 46 (1991): 394-403. A. E. Bergin y J. E. Jensen, "Religiosity and Pychotherapist: A National Survey", *Psychotherapy* 27 (1990); 3-7.
35. A. E. Bergin, "Religiosity and Mental Health: A Critical Re-evaluation and Meta-analysis", *Professional Psychology: Reasearch in Practice* 14 (1983): 170-181.
36. Di Stubbs and Ben Finny, "The Samaritans", ponencia presentada en una reunión de Research into Aging, Londres, 12 de noviembre de 1994.
37. Stanley Hauerwas y L. Gregory Jones, *Why Narrative? Readings in Narrative Theology,* Grand Rapids, Eerdmans, 1989.
38. Stanley Hauerwas, *A Community of Care: Toward a Constructive Christian Social Ethic,* Note Dame, University of Notre Dame Press, 1981, p. 144.
39. H. Richard Niebuhr, *The Meaning of Revelation*, Nueva York, Macmillan, 1941, p. 45.
40. Hauerwas, *Community of Care,* p. 127.
41. Stanley Hauerwas y David Burrell, "From System to Story: An Alternative Pattern for Rationality in Ethics", en *Truthfulness and Tragedy: Further Investigation in Christian Ethics,* ed. Stanley Hauerwas, Notre Dame, University of Notre Dame Press, 1977, pp. 15-39.
42. Joseph English, en *Psychiatric News,* 4 de noviembre de 1994, p. 8.

Capítulo 6: El cuidado de las almas y las mentes

1. Sigmund Freud, *Civilization and its Discontents,* 21: 57-145; *Moses and Monotheism: Three Essays*, 23:7-137; *Totem and Taboo*, 13: 1-161; todos estos en *Standard Edition of the Complete Works of Sigmund Freud,* ed. J. Strachey, 24 vol., Londres, Hogarth, 1953-1974. C. S. Lewis, *Mere Christianity*, Nueva York, Macmillan, 1952; C. S. Lewis, *Miracles*, Nueva York, Macmillan, 1947; C. S. Lewis, *The Problem of Pain*, Nueva York, Macmillan, 1962.
2. Bruce Lawrence, *Defenders of God*, Nueva York, Harper & Row, 1989, pp. 61-62.
3. Paul Tillich, *Systematic Theology*, 3 volúmenes, Chicago, University of Chicago Press, 1976; Paul Tillich, *On Art and Architecture,* ed. John Dillenberger y Jane Dillenberger, Nueva York, Crossroads, 1987.
4. Clifford Geertz, *The Interpretation of Cultures*, Nueva York, Crossroad, 1987. (Hay versión castellana: *La interpretación de las culturas,* Barcelona, Gedisa.)
5. Edward M. Hundert, *Philosophy, Psychiatry and Neuroscience: Three Approaches to the Mind*, Oxford, Oxford University Press, 1989; Leston Havens, *Approaches to the Mind: Movement of Psychiatric Schools from Sects Toward Science*, Boston, Little, Brown, 1973.
6. Robert N. Wilson, "Continuities in Social Psychiatry", en *Further Explorations in Social Psychiatry,* ed. Berton H. Kaplan, Robert N. Wilson y Alexander H. Leighton, Nueva York, Basic Books, 1976, p. 7.

7. Jean-Jacques Rousseau, *A Discourse on the Origin of Inequality,* trad. G. D. H. Cole, Nueva York, Everyman Library, 1964. (Hay versión castellana: *El origen de la desigualdad entre los hombres,* México, Grijalbo.)
8. San Anselmo, *The Proslogion,* trad. Hermana Benedicta Ward, Nueva York, Penguin, 1973. (Hay versión castellana.)
9. Alexander Leighton, *My Name is Legion*, Nueva York, Basic Books, 1951, p. 232.
10. Ibíd., p. 148.
11. Edward M. Hundert, *Lessons from an Optical Illusion: On Nature and Nurture, Knowledge and Values*, Cambridge, Harvard University Press, 1995, pp. 184-197.
12. Alasdair MacIntyre, *After Virtue,* segunda edición, Notre Dame, University of Notre Dame Press, 1984.
13. Leighton, *My Name is Legion,* p. 228.
14. Martin L. Gross, *The Psychological Society*, Nueva York, Random House, 1978, pp. 3-4.
15. James Davidson Hunter, *Culture Wars: The Struggle to Define America*, Nueva York, Basic Books, 1991.
16. Ibíd., p. 43.
17. Stanley Hauerwas y William H. Willimon, *Resident Aliens,* Nashville, Abingdon, 1989, pp. 11-12.
18. Ibíd., pp. 12-13.
19. MacIntyre, *After Virtue,* p. 263.
20. Alasdair MacIntyre, *Whose Justice? Which Rationality?,* Notre Dame, University of Notre Dame Press, 1988; Hunter, *Culture Wars,* pp. 315, 319.
21. Hunter, *Culture Wars,* pp. 320-325.
22. John T. McNeill, prefacio a *A History of the Cure of Souls*, Nueva York, Harper & Brothers, 1951.

Este libro se terminó de imprimir en el mes de enero de 2002
en el Establecimiento Gráfico **LIBRIS S.R.L.**
MENDOZA 1523 • (B1824FJI) LANÚS OESTE
BUENOS AIRES • REPÚBLICA ARGENTINA